公認心理師・臨床心理士のための
福祉心理学入門

塩谷隼平・吉村夕里・川西智也 著

Shumpei Shioya, Yuri Yoshimura, & Tomoya Kawanishi

北大路書房

はじめに

　近年，児童虐待問題や超高齢社会，心身の障害への関心の高まりを背景として，福祉のさまざまな領域で働く心理職が増えてきた。2017年9月には公認心理師法が施行され，公認心理師試験出題基準（ブループリント）の大項目に「福祉に関する心理学」も並んだ。

　本書『公認心理師・臨床心理士のための福祉心理学入門』は，この出題基準に準拠するテキストとして企画したものである。全15章で構成されているため，大学の科目である「福祉心理学」や大学院の科目である「福祉分野に関する理論と支援の展開」ではちょうど半期分の教科書として，1章を1回の講義で扱うことができる。また，出題基準のキーワードにも対応し，公認心理師試験の試験対策の参考書としても活用できる。

　さらに大切なこととして，本書は公認心理師を目指す学生さんに向けて単に試験勉強のための知識を伝える内容のみならず，既に福祉の現場に出ている心理職の実践にも役立つ手引書として，多職種連携による実践を成すための教養書として，必須の知識や心得を網羅することを目指した。そのために，まず1章で福祉領域における心理学の概要について説明したあと，2〜6章を児童福祉（塩谷），7〜10章を障害者福祉（吉村），11〜14章を高齢者福祉（川西）の三領域に分けて構成し，それぞれの現場での実体験を念頭に置きながら執筆するとともに，お互いが執筆した内容の「査読者」ともなった。そして15章では，各領域の心得とやりがいについて，三名それぞれで記した。

　書名に公認心理師だけでなく「臨床心理士」も含めたことには，児童・障害者・高齢者それぞれの現場で，まだ実践経験が浅く戸惑っている若い臨床家や，心理職としてどのような役割を果たすことができるのだろうかと悩んでいる臨床家の方々にもぜひ本書を手に取ってほしいという，筆者らの願いが込められ

ている。各領域の執筆者の「書きぶり」の違いも味わいながら，それぞれの現場の雰囲気をつかんでほしい。

　福祉領域の魅力は，乳幼児から高齢者まで，また障害を抱えた人や生活困窮者などさまざまな背景をもち多くの経験を積んだ人たちと出会えることである。すべての人々の幸福を目的とした well being としての福祉の対象は社会的弱者だけではない。支援する側もこの出会いを通して臨床家として成長するだけなく，自分が生きる世界を色鮮やかに広げることができる。本書を読むことが，読者にとってその出会いへの架け橋になれば嬉しく思う。

　さいごに，企画から完成まで支え続けてくれた北大路書房の森光佑有さんに感謝したい。日々，私に多くのことを教えてくれている児童養護施設の子どもたちの幸せを願いつつ。

　　2021年3月　執筆者を代表して

塩 谷 隼 平

目　次

1章　福祉心理学とは

1節　福祉とは

1-1　福祉のイメージ

　みなさんは「福祉」と聞いてどのようなイメージをもつだろうか。大学の心理学の授業で、「福祉と聞いて思い浮かべるキーワードや言葉は？」と質問したところ、最も多い回答は「介護（介護施設や介護職も含む）」で、次に多い回答が「高齢者」であった。多くの大学生にとって、福祉と聞いて思い浮かべる領域は高齢者福祉であり、そのイメージの中心に高齢者介護があることがわかる。

　しかし、福祉分野は高齢者福祉だけではない。日本における福祉に関する法律の基本となる社会福祉六法は、**児童福祉法**（1947年公布）、**身体障害者福祉法**（1949年公布）、**生活保護法**（1950年公布）、**知的障害者福祉法**（1960年公布）、**老人福祉法**（1963年公布）、**母子及び寡婦福祉法**（1964年に母子福祉法が公布され、1981年に改正）から構成されており、対象となる年齢も子どもから高齢者と幅広い。それに加え、1993年に**障害者基本法**が成立し、1995年に精神保健法が**精神保健福祉法**（正式名称：精神保健及び精神障害者福祉に関する法律）に改正され、精神障害者も福祉の対象として明確に位置づけられた。さらに2013年には**障害者総合支援法**が施行されて障害者の定義に難病も含まれるようになり、2014年に母子及び寡婦福祉法が**母子及び父子並びに寡婦福祉法**に改正し、2016年には**発達障害者支援法**が制定された。福祉分野の扱う問題は歴史とともに広がっていき、身体的または精神的な障害や難病のほか、経済的な困窮やひとり親家庭の支援も含まれており、それぞれが抱える困難さも多岐にわたっ

1

ている。

　福祉の辞書的な意味を調べると「（公的扶助による）生活の安定や充足。また，人々の幸福で安定した生活を公的に達成しようとすること」とある（岩波国語辞典　第8版）。従来の福祉のイメージが救貧的・慈恵的・恩恵的な保護を中心とした狭義の公的なサービスに限定されがちなのに対して，広義の福祉ではwell-beingの側面が強調され，個人を権利主体として認め，より積極的に個人の権利を尊重して自己実現を社会的に保障することを目的としている。福祉の対象は社会的弱者や生活困窮者だけなく，すべての人に広がっており，大学生がイメージするよりも身近なところに福祉が存在している。

1-2　共生社会の実現を目指して

　現代社会における福祉のキーワードの一つが共生社会の実現である。障害を抱える人も抱えない人も，さまざまな特徴をもつ人々が，すべて分け隔てなく暮らすことのできる社会の構築が求められている。そのために必要な三つの理念について説明する。

　①ノーマライゼーション　ノーマライゼーションとは，身体障害や精神障害，また知的能力障害などの発達障害を抱える人たちを施設に隔離するのではなく，すべての人が同じ地域社会の一員として，あるがままに受け入れられ，その人らしく生きていく共生社会を構築するために社会や環境の仕組みをつくり変えていくことをいう。ノーマライゼーションについては7章の2節で説明するが，障害者福祉だけでなく，高齢者福祉，児童福祉でも用いられ，現代の社会福祉を支える重要な理念となっている。

　②インテグレーション　インテグレーションとは，障害があることを前提として健常者のなかに統合して差別を受けることなく地域社会のなかで暮らしていけるように援助することを指す。しかし，障害と非障害に分ける二元論であるとの批判もある。

　③ソーシャルインクルージョン　それに対し，ソーシャルインクルージョ

ンでは，障害というラベルそのものを撤廃し，すべての人々を孤独や孤立，排除や摩擦から援護し，健康で文化的な生活の実現につなげるよう，社会の構成員として包み支え合うことを目的とした理念である。

いずれにしても，障害というレッテルを貼って地域社会での暮らしから排除するのではなく，共に生きる社会を実現することを目指しており，そのためには，障害の本質をよく知り，必要な配慮をしていくことが前提となる。

1-3　合理的配慮

障害をもつ人の人権が障害をもたない人と同じように保障され，教育や就業，その他の社会生活に平等に参加できるよう，それぞれの障害特性や困りごとに合わせて行われる配慮のことを**合理的配慮**と呼ぶ。2016年に施行された**障害者差別解消法**（正式名称：障害を理由とする差別の解消の推進に関する法律）により，合理的配慮が行政・学校・企業などの事業者に求められるようになった。合理的配慮は障害を抱えた人を特別に優遇するということではなく，共生社会を実現するための基盤となる。

合理的配慮の意義を理解する際に，Equality（平等）とEquity（公正・公平）の違いを考えることが助けとなる。**平等**とは全員に対して同じものを与えることを意味するが，それが正常に機能するのは全員のスタート地点が同じである場合に限られる。**公正・公平**は同じ機会への人々のアクセシビリティを確保することであり，最初に公正さが担保されて初めて平等を得ることができる。新型コロナウイルス感染症緊急経済対策として，2020年4月，全国民に10万円が給付されたできごとを例にとると，全員に同じ金額が給付されたことは「平等」ではあった。しかし，新型コロナウイルスによる影響は人によって大きく異なっており，一律に給付するのではなく，より困難な状況にある人に多くの額を給付したほうが「公正・公平」であったとも考えられる。合理的配慮も同じであり，その人が抱える障害によって，教育機会や就業機会が平等に確保できないならば，公正さを支えるための準備や配慮をしなければならない。

1–4　日本が抱える福祉に関する問題

少子高齢化

　日本の総人口は2019年10月時点で1億2616万人で，9年連続で減少しており，2045年には1億642万人まで減少すると推計されている。国際連合は，65歳以上の人口が全体の7%以上の社会を**高齢化社会**，14%以上を**高齢社会**，21%以上を**超高齢社会**と定義している。日本は1970年に高齢化社会を迎え，1994年に高齢社会に突入し，2007年には超高齢社会となった。その後も高齢化は進み，2019年には65歳以上の人口が全体の28.4%に達している。急速な高齢化は，国民年金，医療，介護などの社会保障の問題に大きな影響を与え，認知症などの問題も生じている。この問題については11章と12章で詳しく説明する。

　同時に**少子化**の問題にも直面しており，総人口における15歳未満の人口は，1970年は24.0%であったが，2019年は12.1%で過去最低となっている。少子化には，将来の労働力人口の減少やそれに伴う経済的な損失，社会保障の担い手の不足，地域社会の活力減退のほかに，子ども同士の交流不足による社会性発達への負の影響などさまざまな問題を孕んでいる。2019年の出生率（人口1000人対）は7.0人で，ここ10年以上減少し続けている。また，2018年の合計特殊出生率（一人の女性が15歳から49歳までに産む子ども数の平均）は1.42で（厚生労働省，2019），この数値が2を超えない限り，少子化と人口の減少が続くことになる。

貧困と格差

　近年，正規雇用の減少と非正規雇用の増加などにより雇用が不安定となり，低賃金，失業などの問題が生じ，**貧困**と**格差**の問題へと結びついている。その影響もあり，生活保護の受給者が増加しており，1995年に約88万人だったが，2017年は約214万人に増えている（社会保障審議会，2017）。

　貧困を示す指標として，所得の中央値の半分（貧困線）以下の所得しか得ていない世帯員の割合である**相対的貧困率**がある。2018年は15.4%で，子ども

の割合をみると13.5％であり，日本の子どもの約7人に1人が貧困状態にあるといえる。親の貧困が子どもの教育格差につながり，その格差がその後の不安定な就労を生み，貧困に連鎖していくという悪循環が生じている。そのため，2014年に**子どもの貧困対策法**（子どもの貧困対策の推進に関する法律）が施行され，子どもの将来が生まれ育った環境によって左右されない社会の実現を目指している。しかし，2018年のひとり親家庭の相対的貧困率は48.1％と高い状態が続いており，貧困と格差の問題は日本社会の大きな問題として横たわっている。

2節　福祉心理学

2-1　福祉心理学とは

　このような福祉に関する問題を心理学的に研究する科学，あるいは福祉を必要とする人々に対して心理学的な技法を使って介入，支援を行っていく学問を**福祉心理学**という（大迫，2018）。

　また，福祉心理学は広義と狭義に分けることもできる。**広義の福祉心理学**は心豊かな人間の幸せを実現する心理学と定義され，先述のwell-beingの視点を重視し，福祉の意味を人々の幸せな心の状態や生活をつくることと解釈して，福祉現場に限定されないすべての人が幸せな心の状態で生活するための援助を心理学的に解明する学問である。それに対し，**狭義の福祉心理学**では，保護を中心とした公的なサービスとしての福祉に重点を置き，その対象は児童，障害者，高齢者，女性，暴力・貧困・疾病等の影響を受けている人など社会的弱者と呼ばれる特別な福祉ニーズをもつ要支援者となる。個々の要支援者の実情を把握し，心理的なニーズにも配慮しながら，社会資源の活用によって適切なサービスによる支援を提供していくために心理学の知識やスキルを活用していく学問と定義される。

　日本福祉心理学会の公式ホームページでは，福祉心理学は，well-beingとしての福祉を考え，人間を尊ぶ社会の構築に貢献する心理学であり，サービス利

用者や家族，職員からの福祉心理相談・アセスメント・支援を担うと説明されている。広義の福祉心理学の意味も含めて理解しつつ，実際に福祉ニーズをもった要支援者に対応する狭義の福祉心理学を実践していくのが現実であろう。

2-2　福祉現場における心理職

　しかし，心理学の専門職が実際に活躍している福祉領域は，精神保健福祉と児童福祉くらいである。精神保健福祉領域では，**心理アセスメント**や心理療法の業務を専門にしながら，多職種と協働してデイケアや**心理教育**，**ソーシャルスキル・トレーニング**（Social Skills Training：SST）などを担当することが多い。また，児童福祉領域では，児童相談所の児童心理司や児童福祉施設の心理療法担当職員などが心理の専門職として活躍している。

　その一方で，高齢者福祉，障害者福祉，地域福祉で活躍する心理職はまだ少ないのが現状である。その要因として，福祉の現場では，心理的な支援よりも直接的な生活支援や身体的な機能に対する支援の意識が強いこと，心理面接で用いられる言語的コミュニケーションが成立しにくいこと，社会福祉士や精神保健福祉士などの他の専門職による援助相談業務もあって心理の専門職の必要性が認識されにくいこと，支援内容は関係者を含む周囲の相互作用に対しての働きかけなどの**環境調整**が多いことなどがあげられる。

　伝統的な心理臨床の世界では，要支援者が心理の専門職のいる機関をたずね，そこに日常生活から離れた治療構造を構築して，対話を中心とした心理療法を実施していく外来型のアプローチについての研鑽が積み上げられてきた。しかし，その支援方法を福祉の現場でそのまま実施しようとすると上記で述べた課題に直面する。福祉領域の心理職には，自分たちがしたい支援をするのではなく，福祉現場で期待されるニーズに応える必要もある。

2-3　福祉現場で求められる心理支援

　福祉現場で求められる心理支援の大きなヒントになるのが**コミュニティ心理学**である。山本（1986）は，コミュニティ心理学を「さまざまな異なる身体

的・心理的・社会的・文化的条件を持つ人々が，誰も切り捨てられることなく，ともに生きることを模索するなかで，人と環境の適合性を最大にするための基礎知識と方略に関して，実際に起こるさまざまな心理社会的問題の解決に具体的に参加しながら研究を進める心理学」と定義している。植村ら（2012）や原（2001）がまとめたコミュニティ心理学の理念を参考に，児童虐待への支援の例を通して，福祉現場で求められる心理支援について説明していく。

治療よりも予防を重視

　従来の心理支援は治療・修理モデルが中心で，何か問題が生じてから介入のプロセスが始まることが多い。しかし，問題が起きてから対処するのでは遅すぎる。福祉の現場で求められる支援は，問題が生じることを未然に防ぐ**発達促進モデル**であり，発生する問題によって引き起こされるダメージから，個人やコミュニティを救う予防が優先される。

　キャプラン（Caplan, 1970）は，予防を三段階に分けている。**一次予防**は，問題の発生する前に発生そのものを防ぐ試みである。**二次予防**は，問題の発生後にそれが深刻化・長期化しないように援助に結びつけることである。そして**三次予防**は，問題の再発の防止であり，問題が二次的な不利益を引き起こさないようにすることも含まれる。

　児童虐待の支援でも虐待が起きてから支援を始めるのでは遅い。虐待が表面化した時点で，家族が大きく傷ついており，子どもが命を落とすなど取り返しのつかない状況になっている危険性もある。そのため予防が大切であり，地域の**子育て支援**などを充実させることで子育てをサポートして，家族の健康度を高めて虐待が生じにくくする一次予防や，虐待が深刻な状態になる前に支援が入るようなシステムを構築する二次予防が求められる。

密室から生活場面へ

　精神分析を礎とする心理療法の歴史では，その支援は面接室（カウンセリングルーム）のなかでのみ実施され，そこでのクライエントとセラピストとの関

7

係を中心に支援が展開されてきた。しかし，福祉の現場では，要支援者が現実に問題を抱えながら生活を営んでいる場面や組織に援助者が飛び込んでいく**アウトリーチ**の姿勢も求められる。要支援者は自分の抱えている問題を相談することにうしろめたさを感じていたり，どこに相談すれば解決するのかわからなかったり，時には自分が困っていることを認識することもできないでいる。面接室で待っているだけでは，その人たちを助けることはできない。

　児童虐待でも，虐待をしてしまう親や虐待を受けた子どもが自ら心理支援を求めることは少ない。そのため，支援者が自ら家庭に入っていき援助したり，支援につないだりするための**多職種**による**訪問支援**が求められる。

　もちろん，面接室という安全で安心できる守られた空間だからこそできる支援もあり，従来の心理療法を否定するものでは決してない。しかし，福祉現場で心理療法をする際に，面接室の中で起きていることだけを使って支援を展開していくことは難しく，生活で起きていることと面接室で起きていることをつなげて理解していくことが重要である。

人と環境の適合を図る

　フロイトの心の局所論（意識・前意識・無意識）や構造論（自我・イド・超自我）に始まり，伝統的な心理療法では，個人の心のあり方を支援の中心に置く心理主義または心的内界主義が重視されてきた。そして，個人を変容させて環境への適応を図ることで対処しようとする側面が強かった。しかし，福祉の現場では，不適合が存在する際に個人と環境の両方に働きかけて適合をもたらす環境調整が求められる。要支援者の内的世界だけなく，その個人の環境条件や環境との相互作用も重視する必要がある。その視点をもつことで支援の幅が大きく広がる。

　虐待を受けた子どもが心理療法によって回復しても，その子どもが生活している家庭を安全な場所にしなければ，虐待が繰り返されてしまう。子どもとともに家族も支援し，子どもと家族との関係性を改善していかなければ根本的な解決はない。また，家族に変化を求めることが難しい場合は，子どもの生活す

る環境を変えるという選択肢を選ぶことになる。

強さとコンピテンスの強調

　伝統的な心理支援では，個人の弱さや病的な側面に焦点を当てて治療を実践する医学モデルが重視されてきた。それに対して，福祉の現場では，要支援者のもつ強さや**コンピテンス（有能性）**などの健康な側面にも着目することが大切である。コンピテンスとは，環境との相互作用における支配感およびそこからくる有能感，強さの感覚のことであり，それを重視することによって支援の幅も広がる。

　児童虐待が生じた家族を支援する際にも，家族の病的な側面だけに注目して支援をしようとすると，ますます閉鎖的になってしまう可能性もある。彼らのもつ健康さにも目を向け，家族の姿勢を開放的にしていく支援が求められる。

多様性の尊重

　ダイバーシティという言葉とともに，教育機関や企業でも人の多様性について注目されるようになったが，人との違いに欠陥や逸脱などのラベルを貼るのではなく，人間の差異や多様性を当然のこととして認めることは，福祉の理念である共生社会の構築にもつながる。多くの人と異なっていることは決して劣っていることを意味するのではない。人種，民族，性別，職業，障害や病気，ライフスタイルなどの多様性を認めることで，社会が真に豊かになっていく。福祉の現場で支援が必要になる人の多くは主流とは異なるマイナーな存在であり，多様性の尊重は支援の土台となる。

　児童虐待という問題の背景にもさまざまな家族の営みがあり，支援者が虐待と決めつけてしまうことで，見えなくなってしまう家族の思いや背景もある。子どもや親の安全を最優先にしながら，多様性への尊重を忘れずに，奥行きをもった支援をしていくことが求められる。

選択肢の提供

たったひとつのサービスが誰にとっても最善であるとは限らない。福祉の現場でも，多様な選択肢を提供して，要支援者が自分にとっての最適の支援を自分自身で選べることが理想である。また，選択するという行為が，要支援者の主体性を高める。

例えば，児童養護施設で，虐待を受けた子どもの心理支援を実践する際にも，個人心理療法のほかにもさまざまな集団心理療法を準備し，子どもたちが自分のニーズに合わせてどの心理療法を受けるかを主体的に決めることで，心理療法を受けることだけでなく，自分が受けたい心理療法を選ぶ（また，選ばない）という行為にも子どもの主体性を成長させる意味をもたせることができる。

2-4　多職種との連携，そして協働

公認心理師法の第42条に，「公認心理師は，その業務を行うに当たっては，その担当する者に対し，保健医療，福祉，教育等が密接な連携の下で総合的かつ適切に提供されるよう，これらを提供する者その他の関係者等との連携を保たなければならない」と明記されており，他の専門職・行政・団体等の役割を理解して**連携**していくことは公認心理師として必須事項である。福祉分野の心理職にも，表1-1に示したようなさまざまな専門職との**協働**関係をもとにしたチームアプローチが必要となる。また，福祉分野以外にも，要支援者と関係する医療領域，教育領域，司法領域，産業領域との連携が求められる。

協働の際に重要となるアプローチが**コンサルテーション**である。コンサルテーションとは，ある専門のコンサルタントが，ある専門のコンサルティの相談を受け，適切な助言を行うことである。コンサルティの自主性が尊重され，コンサルタントの助言を採用するかはコンサルティの判断による。また，コンサルティの仕事に関係ない個人的問題にまでは立ち入らないのが原則とされている。例えば，児童福祉施設で働く心理職にとっては，子どもの生活支援を専門とする児童指導員や保育士との間で行われるコンサルテーションが重要な仕事となる。

表1-1　福祉分野における業務とそれを担う専門職（福島，2018, p.404を一部改変）

主たる業務	職種	活躍分野	支援の主な視点
相談業務マネジメント	社会福祉士	福祉分野全般	人と環境の相互作用の調整
	精神保健福祉士	精神保健福祉分野	
	ケアマネージャー（介護支援専門員）	高齢者福祉	要介護高齢者の生活（QOL, ADL）の維持と介護サービスのマネジメント
生活支援	介護福祉士	高齢者福祉障害者福祉	高齢者，または障害者の生活の支援と維持
	保育士	児童福祉	子どもの生活と発達の支援
	児童指導員		
医療支援	医師	医療分野	病気などからの回復
	看護師		医療の生活支援も含む
	保健師		疾病の予防
	薬剤師		薬剤管理
リハビリテーション	理学療法士	高齢者福祉障害者福祉	残存機能の活用もしくは回復
	作業療法士		
	聴覚・言語療法士		
就労支援	ジョブコーチ	障害者福祉	就労に向けた環境との適合

　福祉領域におけるチームアプローチのなかで，心理職には心理アセスメントに基づくコンサルテーションが求められており，他の専門職にとって役立つ情報を，彼らが実践できるかたちで伝えることが重視される。その土台となるのは，お互いの仕事への理解であり，それぞれの専門性を尊重する姿勢が不可欠である。

2-5　新参者としての心理職

　福祉分野における支援の現場において，心理職は新参者であることが多い。そこで，効果的に心理支援を実施していくためには，もとからいる支援者の専門性への敬意を忘れずに，その現場のニーズに合わせて柔軟に心理職としての専門性を発揮していくことが求められる。本書では，児童福祉，障害者福祉，高齢者福祉の三領域に分けて，それぞれの現場で，心理職が福祉心理学的な支援をどのように展開しているかについて概説していく。

考えてみよう

- 福祉と聞いて思い浮かべるキーワードや言葉をなるべく多くあげ，整理してみましょう。
- 自分の今までの人生と現在の生活において，福祉がどのように関係しているか考えてください。

さらに学びを深めたい人のために

下川昭夫（編）(2012). コミュニティ臨床への招待：つながりの中での心理臨床　新曜社

中島健一（編）(2018). 公認心理師の基礎と実践17　福祉心理学　遠見書房

2章　児童福祉の現場

　新型コロナウイルスの感染拡大抑制のため，全国の小・中学校と高等学校などが一斉休校したときは，学校に行けないことで，子どもたちは学ぶ場が失われ，もともと問題を抱えていた家庭ではその影響が深刻になった。政府の施策に子どもの権利が置き去りにされているという批判の声もあがったが，子どもの権利擁護の意識が高まったのは，実はごく最近のことである。

1節　子どもという概念の誕生

1-1　児童とは

　日本では，ほぼ全ての子どもが小・中学校で義務教育を受けており，高等学校への進学率も97％を超えている。子どもたちのにぎやかな登下校の様子や，公園で元気に遊ぶ姿は，ごくありふれた日常の光景である。しかし，現在の私たちにとって当たり前である児童や子どもという概念が昔からあったわけではない。フランスの歴史学者アリエス（Ariès, 1960）は，ヨーロッパでは中世に至るまで，子どもという概念が存在せず，母親や乳母による介助の必要がなくなる7歳くらいになると大人たちと一緒にされて仕事などに参加し，「小さな大人」として扱われていたと述べている。その後，17世紀以降の学校教育の発展に伴い，義務教育を受け終わるまでは子どもという考えが浸透し，子どもと大人が明確に区分されるようになっていった。子どもは人類の誕生以来ずっと存在していたが，その概念が生まれたのは中世以降であり，さらにその権利が認められるようになったのは近代以降となる。

1-2 児童労働と子どもの権利

　子どもが労働力として使われることを**児童労働**という。かつて世界中で多くの子どもがさまざまな労働に従事し，時には児童買春の対象として搾取されてきた。日本でも昔から人身売買を伴う児童労働が行われており，江戸時代には子どもが商家に丁稚奉公に出され，明治時代には製糸工場などで多くの子どもたちが働いていた。国際労働機関（ILO）は1973年に就業を認める最低年齢に関する条約をつくり，労働を禁止する最低年齢を「義務教育年齢及び，いかなる場合にも，15歳を下回らないもの」とし，「健康，安全又は道徳を損なう恐れのある業務につかせることができる最低年齢は，18歳を下回らないもの」と定めた。

　さらに，子どもの基本的人権の保障の啓発に大きく寄与したのが，1989年に国際連合の総会で採択され，1990年に発行された「児童の権利に関する条約（**子どもの権利条約**)」（表2-1）である。18歳未満の児童を「権利をもつ主体」と位置づけ，大人と同様にひとりの人間としての人権を認め，子どもの生存，発達，保護，参加という包括的な権利を実現・確保するために必要となる具体的な事項を規定した。2019年時点で196の国と地域が締約しており，日本も1994年に158番目の批准国となった。

　しかし，現在でも，世界を見渡すと10人に1人の割合で貧困などを背景に児

表2-1　子どもの権利条約の一般原則

---

① 生命，生存および発達に対する権利
　すべての子どもの命が守られ，もって生まれた能力を十分に伸ばして成長できるよう，医療，教育，生活への支援などを受けることが保障される。

② 子どもの最善の利益
　子どもに関することが行われる時は，「その子どもにとって最もよいこと」を第一に考える。

③ 子どもの意見の尊重
　子どもは自分に関係のある事柄について自由に意見を表すことができ，大人はその意見を子どもの発達に応じて十分に考慮する。

④ 差別の禁止
　すべての子どもは，子ども自身や親の人種，性別，意見，障がい，経済状況などどんな理由でも差別されず，条約の定めるすべての権利が保障される。

童労働に従事する子どもがおり，その半数は健康や安全，道徳的発達が危険にさらされる危険有害労働である（国際労働機関，2017）。子どもの権利がきちんと保障されているとはとてもいえない。また，日本も2019年に国連の子どもの権利委員会から，「女子高生サービス（JKビジネス）」が買春および性的搾取の促進につながっているために禁止するよう勧告を受けており，日本の子どもの権利も大人たちに脅かされている。

　長い人類の歴史をみれば，子どもの概念や権利が認められるようになったのはごく最近であり，その保障は道半ばである。たとえ，ふだんは安全な場所で生きる子どもであっても自然災害などの大きな問題が生じれば，弱者として危機にさらされる可能性が高い。そのため，すべての子どもが福祉の対象であり，その権利や最善の利益を保障していく必要がある。

2節　日本の児童福祉

2-1　児童福祉法

　日本の児童福祉の土台となっているのは，1947年に制定された**児童福祉法**である。児童福祉の総合的かつ根本的な法律であり，その時々の社会のニーズに合わせて改正を繰り返しながら現在に至っている。2017年に改正された現在の児童福祉法は，第1章「総則」，第2章「福祉の保証」，第3章「事業，養育里親及び養子縁組里親並びに施設」，第4章「費用」，第5章「国民健康保険団体連合会の児童福祉法関係業務」，第6章「審査請求」，第7章「雑則」，第8章「罰則」で構成されている。総則の第1条で「全て児童は，児童の権利に関する条約の精神にのっとり，適切に養育されること，その生活を保障されること，愛され，保護されること，その心身の健やかな成長及び発達並びにその自立が図られることその他の福祉を等しく保障される権利を有する」と定められており，「権利主体としての子ども」という考えが重視されている。

2-2 児童の年齢

　子どもとは何歳までを指すのだろうか。児童福祉法では18歳未満の者を児童とし，1歳未満の者を乳児，1歳から小学校就学の始期に達するまでの者を幼児，小学校就学の始期から18歳に達するまでの者を少年と区分している。そのほか，各種法令による児童等の年齢の区分を表2-2に示した。多くの法令では対象となる年齢は18歳未満である。しかし，18歳になったからといってすべての人が社会的に自立できるわけではない。例えば，児童養護施設などでは，必要があれば20歳まで措置延長が認められている。このように年齢の区分による穴をつくらない継続的な支援が求められる。

2-3 児童相談所の役割

　児童相談所は，児童福祉法（第12条）によって定められた相談措置機関で，都道府県と指定都市に設置が義務づけられている。2016年の児童福祉法改正により特別区にも設置できるようになった。2019年4月時点で，全国に215ヵ所設置されている。児童相談所の基本的な機能は以下の四つである。

　①**市町村援助機能**　市町村による児童家庭相談への対応について，市町村間の連絡や調整，市町村に対する情報の提供，その他必要な援助を行う。
　②**相談機能**　家庭などからの子どもに関する相談のうち，専門的な知識や技術を必要とするものについて，家庭や地域の状況，子どもの生活歴や発達，性格，行動等について専門的な角度から総合的に調査，診断，判定（総合診断）し，それに基づいて援助指針を定めて援助を行う。主な相談の種類は，児童虐待や保護者の家出や死亡，離婚などによる**養育困難**に関する相談である**養護相談**，障害をもつ子どもに関する**障害相談**（療育手帳の判定はここに含まれる），非行に関する**非行相談**，そして不登校やしつけなど子育てに関するさまざまな相談である**育成相談**の四つに分けられる。2018年度に全国の児童相談所が対応した相談件数は50万4856件で，その内訳は養護相談45.3％（22万8,719件），障害相談37.4％（18万8,702件），育成相談8.6％（4万3,594件），非行相談

表2-2　各種法令による児童等の年齢の区分

法律の名称	呼称等	年齢区分
児童福祉法	児童	18歳未満の者
	乳児	1歳未満の者
	幼児	1歳から小学校就学の始期に達するまでの者
	少年	小学校就学の始期から18歳に達するまでの者
児童虐待の防止等に関する法律（児童虐待防止法）	児童	18歳未満の者
児童手当法	児童	18歳に達する日以後の最初の3月31日までの間にある者
母子及び父子並びに寡婦福祉法	児童	20歳未満の者
労働基準法	年少者	18歳未満の者
	児童	15歳に達した日以後の最初の3月31日が終了するまでの者
学校教育法	学齢児童	満6歳に達した日の翌日以後における最初の学年の初めから，満12歳に達した日の属する学年の終わりまでの者
	学齢生徒	小学校又は特別支援学校の小学部の課程を修了した日の翌日以後における最初の学年の初めから，満15歳に達した日に属する学年の終わりまでの者
児童買春，児童ポルノに係る行為等の処罰及び児童の保護等に関する法律	児童	18歳未満の者
インターネット異性紹介事業を利用して児童を誘引する行為の規制等に関する法律	児童	18歳未満の者
少年法	少年	20歳未満の者
刑法	刑事責任年齢	満14歳
民法	未成年者	20歳未満の者
	婚姻適齢	男満18歳，女満18歳
未成年者喫煙禁止法	未成年者	20歳未満の者
未成年者飲酒禁止法	未成年者	20歳未満の者
（参考）児童の権利に関する条約	児童	18歳未満の者

2.6％（1万3,333件）であった（厚生労働省，2018）。なお，図2-3で示す児童虐待に関する相談が養護相談に含まれることもあり，近年では養護相談が増えている。

　③**一時保護機能**　**一時保護**とは，必要に応じて子どもを家庭から離して児童相談所内に付設された一時保護施設などで保護することである。一時保護の具体例として，家出をして宿所がない場合や虐待により子どもを家庭から一時的に引き離す場合に行われる**緊急保護**，適切かつ具体的な援助指針を定めるための**行動観察**，生活指導や心理療法が有効であると判断された場合の**短期入所指導**がある。2015年の全国の対応件数の総数は2万3,276件で，そのうちの約半数（1万1,607件）が虐待を理由にした一時保護であった。一時保護の期間は原則として2ヵ月を超えてはならないとされており，2016年の在所日数の全国平均は30.1日であった（厚生労働省，2018）。

　④**措置機能**　子ども，またはその保護者を児童福祉司，児童委員（主任児童委員を含む），児童家庭支援センター等に指導させる。または子どもを児童福祉施設，指定医療機関に入所させたり，里親に委託したりすることができる。

　児童相談所における相談援助活動の詳細を図2-1に，児童相談所と市町村や関係機関との系統図を図2-2に示した。現在の児童相談所の抱える大きな役割が**児童虐待**の対応である。児童相談所には，必要があれば保護者から子どもを分離して保護する強制的権限を行使することが求められる一方で，保護者と対立的にならず，寄り添って子育てを支援することも求められている。この二律背反する役割を両立させることは非常に困難であり，分離などの権限行使は警察や司法機関に委ね，児童相談所は保護者や子どもに寄り添った支援をするべきであるという意見と，寄り添った支援は市町村に任せ，児童相談所は権限行使機関に徹するべきであるという意見の双方がみられる（遠藤ら，2020）。また，激増する児童虐待の対応のために児童福祉司の増員が進められているが，2018年の児童福祉司一人当たりの年間の対応ケース数は平均155.2件で，虐待相談については平均49.2ケースであり，児童福祉司の負担は高いままである

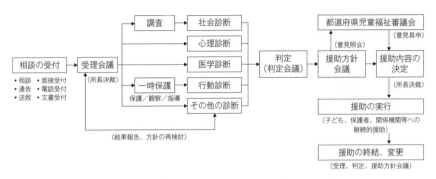

図2-1　児童相談所における相談援助活動の体系・展開
厚生労働省ホームページ「児童相談所の運営指針について」から一部修正して引用

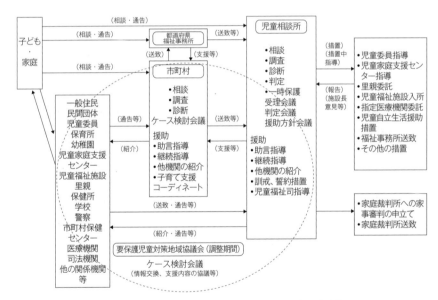

図2-2　市町村・児童相談所における相談援助活動系統図
厚生労働省ホームページ「児童相談所の運営指針について」から引用

（川松, 2020）。児童相談所の職員は，多くの課題を抱えたまま日々の対応に追われている。

2-4　措置制度

　日本の児童福祉は措置制度の下で整備されてきた。**措置**とは行政機関が行う行政上の処分であり，行政が利用者に対して福祉サービスの利用決定を行うことである。児童養護施設などに入所することを「措置する」と言い，措置機関（措置権者）は都道府県や指定都市などの行政であるが，その権限は児童相談所などの専門行政機関の長に委任されている。措置機関は，措置費を負担する義務をおっており，児童福祉施設の入所児童の生活費や教育費，職員の人件費などは措置費から払われている。

　福祉における措置制度に対する批判として，利用者が施設やサービスを選択できないことや，措置費によるケアを受けることで国から世話をされていることへの負い目を感じることなどがあげられる。そのため，社会福祉の各領域では，措置制度から**利用契約制度**への転換が図られてきた。児童福祉の領域でも，1997年の児童福祉法の改正により，保育所や母子生活支援施設が措置施設から利用契約施設に変わった。また，2005年に施行された**障害者自立支援法**により，障害児の施設入所も措置制度から契約制度に移行した。しかし，利用者に選択の自由が与えられた一方で，地域におけるサービス資源が選択できるほど多くはなく，選択するための情報が不足しているなどの課題も残されている。

　また，児童福祉の領域では，措置制度が子どもの権利を守るために重要な役割を果たしている。児童虐待は，本来ならば子どもの利益を最優先に考えてサービスを選択する役割をもつ家庭で起きており，そのような現状において，保護者ではなく，行政機関が子どもに適した環境やサービスを選択する措置制度の意義は大きい。

2-5　児童福祉施設

　児童福祉施設は児童福祉に関する事業を行う施設であり，児童福祉法（第

7条）で，助産施設，乳児院，母子生活支援施設，保育所，幼保連携型認定こども園，児童厚生施設，児童養護施設，障害児入所施設，児童発達支援センター，児童心理治療施設，児童家庭支援センターの11の施設が定められている。社会的養護に関係する児童福祉施設は5章で説明するため，2章では①保育所，②幼保連携型認定こども園，③児童厚生施設，④児童発達支援センターについて説明する。

①**保育所**　保育所とは「保育を必要とする乳児・幼児を日々保護者の下から通わせて保育を行うことを目的とする施設」（児童福祉法第39条）である。日本で最も規模の大きな児童福祉施設であり，2020年4月時点で全国に2万9,461ヵ所あり，259万2,886人の児童が利用している（厚生労働省子ども家庭局保育課，2020）。保育所が正式名称であるが，保育園という通称で呼ばれることも多い。

②**幼保連携型認定こども園**　幼保連携認定こども園とは，「義務教育及びその後の教育の基礎を培うものとしての満3歳以上の幼児に対する教育及び保育を必要とする乳児・幼児に対する保育を一体的に行い，これらの乳児又は幼児の健やかな成長が図られるよう適当な環境を与えて，その心身の発達を助長することを目的とする施設」（児童福祉法第39条の2）であり，2020年4月時点では，全国に1,280ヵ所あり，5万5,718人の児童が利用している（厚生労働省子ども家庭局保育課，2020）。幼稚園のもつ教育機能と保育園のもつ養護機能が一体化したハイブリッド型の施設であり，これからの幼児の支援において大きく期待されている。

③**児童厚生施設**　児童厚生施設とは「児童遊園，児童館等児童に健全な遊びを与えて，その健康を増進し，又は情操を豊かにすることを目的とする施設」（児童福祉施設第40条）であり，2000年では，全国に児童遊園は4,107ヵ所，児童館は4,421ヵ所ある（内閣府，2002）。児童遊園は一見公園のように見え，児童福祉施設であると気づかれないことも多いが，多くの人にとって最も身近な施設といえるかもしれない。

④児童発達支援センター　児童発達支援センターは，「障害児を保護者の下から通わせて支援を提供することを目的とする施設」（児童福祉法第43条）であり，日常生活における基本動作の指導，独立自活に必要な知識技能の付与または集団生活への適応のための訓練を行う福祉型児童発達支援センターと，訓練及び治療を行う医療型児童発達支援センターに区分される。2016年時点で，全国に福祉型が4,219ヵ所，医療型が97ヵ所ある（厚生労働省，2016）。

2-6　保育所が抱える課題

　保育所が抱える大きな課題が**待機児童**の問題である。待機児童とは，子育て中の保護者が保育所に入所申請をしているにもかかわらず入所できずに入所待ちしている状態の児童のことである。各自治体が保育所の増設などにより，利用定員を増やす対策をしてきたが，2020年4月時点で1万2,439人いる（厚生労働省子ども家庭局保育課，2020）。

　2000年にノーベル経済学賞を受賞したヘックマン（Heckman, 2013）は，アメリカにおける大規模な縦断研究を通して，子どもの就学前の教育がその後の人生に大きな影響を与えることを明らかにしている。特に忍耐力，協調性，計画力といった**非認知能力**は幼少期の環境を豊かにすることで高まり，その効果はその後も継続し，将来の所得や健康も向上させるとしている。このような研究結果から，幼児期の教育や保育に関する支援を手厚くすることは，児童福祉の視点からだけでなく，国全体の利益の観点からも重要であるといえる。

3節　日本の子どもが抱える問題

3-1　児童虐待の問題

　現在，児童福祉領域における最大のトピックは児童虐待の問題である。児童相談所における児童虐待の相談件数（厚生労働省，2019）をみると，2018年度は15万9,850件で，統計をとり始めた1990年度（1,101件）の約150倍となっている（図2-3）。児童虐待は子どもの権利を脅かす大きな問題であり，子ども

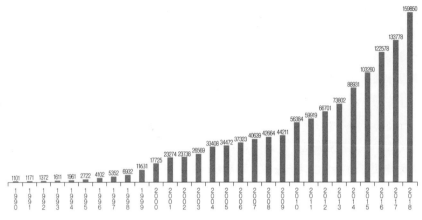

図2-3　児童相談における児童虐待の相談件数 (厚生労働省, 2019)

の心身に甚大な被害をもたらす。児童虐待の定義や歴史，心理的影響は3章で，児童虐待の要因は4章で，被虐待児の心理支援は6章で説明する。

3-2　子どもの貧困とその支援

　1章でも述べたが，現在の日本において，**子どもの貧困**も重大な問題である。近年，子どもの貧困への支援活動としてひとり親家庭への食糧支援やこども食堂が全国に広がっている。**こども食堂**とは，地域住民や自治体，またはNPOなどが主体となり，無料または低価格帯で子どもに食事を提供するコミュニティの場を指す。子どもたちに単に食事を提供するだけでなく居場所としての機能も果たしている。

　『アンパンマン』（やなせたかし作）という幼児に大人気のアニメがある。アンパンでできた顔をもつ正義のヒーローが，空腹で困っている人たちに自分の顔の一部を分け与えながら，人々に迷惑をかけるバイキンマンという宿敵を倒すというのが主なストーリーの流れである。バイキンマンの悪行の背景には空腹があり，子どもたちの弁当や菓子を奪い，食べ物を独り占めしようとして，アンパンマンによって懲らしめられる。アンパンマンには食材をモチーフにし

23

た多種多様なキャラクターが登場するが，そのなかにシチューおばさんがいる。彼女は敵であるバイキンマンにも食べきれないほどのシチューをふるまう。そうすると，バイキンマンは悪さをせず，アンパンマンと戦うこともなく平和な物語が展開される。幼児向けの話ではあるが，子どもの支援に関する大きなヒントが隠されているように思う。

　子どもが起こすさまざまな問題の背景には，貧困による空腹があることが少なくない。こども食堂による支援はそこにダイレクトにアプローチし，しかも，ただ空腹を満たすだけでなく，子どもたちに安全な居場所や健全なコミュニケーションを提供することで，子どもの心身の成長に大きく寄与している。

4節　児童福祉領域の心理職

4-1　児童相談所の心理職

　児童福祉領域で最も多い心理職は，児童相談所で働く**児童心理司**で，2018年の4月時点で1,447人が全国に配置されている（厚生労働省，2020）。主な業務内容は，子ども・保護者等に対する診断面接，心理検査，観察等を実施して，心理学的観点から援助の内容と方針を定める心理診断を行うことである。さらに，子ども・保護者に心理療法を実施し，関係者などに助言指導等を行う。

　児童相談所では，福祉に関する相談に応じる児童福祉司（全国に3,252人が配置）をはじめとして，医師（精神科医，小児科医），保健師，看護師，保育士などさまざまな専門職が働いており，多職種との協働したチームアプローチが必要となる。また，子どもの援助は児童相談所だけでは完結せず，心理職にも警察や家庭裁判所，児童福祉施設などの他機関との連携も求められる。

4-2　児童福祉施設の心理職

　児童福祉施設で心理支援を行う職員を**心理療法担当職員**という。児童養護施設では，被虐待児の入所の増加に伴い1999年に心理療法担当職員の導入が始まり，2006年に常勤化され，2011年には配置が義務化され，施設で働く心

理職は増え続けている。1999年の厚生省（現厚生労働省）の通達では，「虐待等による心的外傷のための心理療法を必要とする児童に遊戯療法やカウンセリング等の心理療法を実施し，児童の安心感・安全感の再形成及び人間関係の修正等を図り心的外傷を治癒することにより，児童の自立を支援すること」を目的として，①心理療法，②生活場面面接，③ケアワーカーへの助言および指導，④処遇検討会議への出席，⑤その他の五つの業務内容があげられている。児童養護施設における心理職の支援については6章で詳細に説明する。

　乳児院や母子生活支援施設，児童自立支援施設などの児童福祉施設においても，心理療法が必要な子どもがいる場合，心理療法担当職員を配置でき，現在，多くの施設で心理療法担当職員が働いている。また，児童心理治療施設では，心理療法担当職員に子どもの総合的な治療・支援において中心的な役割を担うことが求められており，子どもや家族への個別心理療法，集団心理療法だけでなく，①医師と協働して発達的，精神病理学的，心理学的観点からの子どものアセスメントを行い，生活の場の様子，家族や施設職員，子どもたちとの関係を考慮して治療方針を考える**ケースフォーミュレーション**，②家族，ケアワーカー，医師，児童相談所の児童福祉司や学校教員など，子どもの関係者に治療方針を伝え，子どもへの支援が齟齬なく協働できるように調整する**ケースコーディネート**，③このような総合的な治療を進め管理していく**ケースマネジメント**，④子どもとどう関わるかなどについて，ケアワーカーや学校教員の相談にのる**コンサルテーション**などの多くの業務を実施していくことが期待されている（厚生労働省，2014）。

4-3　児童福祉領域の心理職に求められること

　以上のように，児童福祉領域の心理職には，子どもの心理アセスメントや心理療法だけでなく，保護者への心理面接のほか，他機関との連携や多職種との協働が強く求められる。虐待を受けた子どもの心の傷を癒し，子どもが健全に育っていくためにはいろいろな大人の存在が必要であり，心理職にもチームで子どもの育ちを支えていくという視座が大切となる。

考えてみよう

- 現在の日本において，子どもの権利が守られていないと思われる事例や出来事を
  あげ，その支援方法について考えてください。
- 自分が住んでいる地域にどのような児童福祉施設があるか，また，今まで自分が
  利用したことのある児童福祉施設について調べてみましょう。

 さらに学びを深めたい人のために

児童虐待問題研究会 (2020). すぐ役に立つ！　児童相談所のしごとＱ＆Ａ　ぎょうせ
　　い
ピアソン・Ｈ／大田直子 (訳) (2017). ライフ・プロジェクト：7万人の一生からわ
　　かったこと　みすず書房
阿部彩 (2008). 子どもの貧困：日本の不公平を考える　岩波新書

3章　児童虐待の問題

　近年では連日のように児童虐待に関する報道を見聞きするようになった。少子化が進む一方で，2章の図2-3で示したように児童相談所での児童虐待の相談件数が激増しているため，現在の親の力や責任感が低下していると想像する人もいるかもしれない。実態はどうなのか。本章をもとに考えてみよう。

1節　児童虐待とは

1-1　児童虐待の種類

　子ども虐待対応の手引き（厚生労働省雇用均等・児童家庭局総務課, 2013）では，児童虐待の種類として①身体的虐待，②心理的虐待，③性的虐待，④ネグレクトの四つが定義されている。2009〜2018年までの10年間の，児童虐待の種類ごとの相談件数（図3-1）を示しつつ，内容の違いを具体的に説明する。

　①身体的虐待　子どもの身体に外傷が生じる，または生じる恐れのある暴行を加える虐待である。具体的には，子どもの首を絞める，殴る，蹴る，投げ落とす，激しく揺さぶる，熱湯をかける，布団蒸しにする，溺れさせる，逆さ吊りにする，異物を飲ませる，冬に戸外に締め出す，拘束するなどがあげられる。外傷が目立つこともあり，身体的虐待は多くの人がイメージしやすい虐待であろう。虐待の種類ごとの相談件数をみると2012年までは最も割合の多い虐待であったが，その後，割合が減少して2018年度では全体の25.2%（4万256件）となっている。

　②心理的虐待　子どもに著しい心理的外傷を与える言動を行う虐待であ

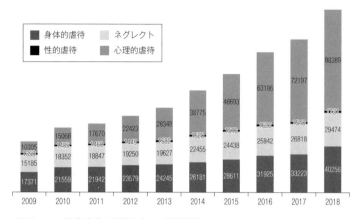

図3-1　児童虐待の種類ごとの相談件数（厚生労働省，2019をもとに作図）

る。言葉による脅かしや脅迫，無視や拒否的な態度，他のきょうだいとの著しく差別的な扱いなどが含まれる。2013年から割合が最も多くなり，2018年では55.3％（8万8,389件）と全体の半数以上を占めている。子どもに直接危害を加えなくても，子どもが見ている場面で親が配偶者などの家族に暴力をふるう**夫婦間暴力**（Domestic Violence：DV）や恋人などに暴行を加える**パートナー間暴力**（Intimate Partner Violence：IPV）など，いわゆる**面前DV**が心理的虐待に含まれると認識されるようになったことが増加の要因である。

　③**性的虐待**　子どもにわいせつな行為をすることやさせることである。子どもへの性交，性的暴行，性的行為の強要，性器を触らせる，性器や性行為を見せる，ポルノグラフィーの被写体などへの強要などがあげられる。2018年の相談件数の割合は1.1％（1,731件）と圧倒的に少ない。これは性的虐待が周囲から隠される虐待であり，外傷なども目立たず，顕在化しにくいためであり，実際の件数はもっと多いと想像される。例えば，身体的虐待を理由に児童養護施設に措置された児童が性的虐待も受けていたことが入所後に判明することもある。また，「援助交際」や「パパ活」などの児童買春の背景に性的虐待によるトラウマの影響が潜んでいることも少なくない。性的虐待では，男性から女児への加害を想定することが多いと思うが，男児も同性または異性の大人から

の性被害を受けていることも知る必要がある。

　④**ネグレクト**　上記の三つが不適切な行為を加える虐待に対して，ネグレクトは必要な養育を行わない虐待である。乳幼児を家に残したまま度々外出する，車の中に放置する，適切な食事を与えない，下着などを長期間不潔なままにする，極端に不潔な環境のなかで子どもを生活させる，子どもを遺棄する，同居人によって子どもが虐待さているにもかかわらずそれを放置するなどがあげられる。2018年の相談件数の割合は18.4％（2万9,474件）であった。子どもを家に閉じ込めて登校させず，必要な教育を受けさせないことを**教育ネグレクト**，病気になった子どもを通院させず適切な治療を受けさせないことを**医療ネグレクト**と呼ぶこともある。また，乳幼児が養育者から適切な保護や情緒的な応答を受けられず，発達に遅れが生じることを**愛情遮断症候群**という。

　身体的虐待に含まれるが，複雑で発見されにいくい虐待を二つ紹介する。

　一つめが**代理ミュンヒハウゼン症候群**（Munchausen Syndrome by Proxy：MSBP）である。これは正常な自分の子どもに不必要な薬を密かに飲ませるなどして病気にしたてて，看病を行うことで優しい親を演じる虐待であり，加害者には母親が多い。懸命に子どもの世話をする愛情あふれた母親に見えるため診断が難しいが，母親が訴える症状が不適当でつじつまが合わず，母親がいるときにのみ症状が起こることなどから明らかになる。

　二つめが，**乳幼児揺さぶられ症候群**（Shaken Baby Syndrome：SBS）で，揺さぶられっ子症候群とも呼ばれる。乳幼児が暴力的に揺さぶられる身体的虐待で，脳に重大な障害を負う可能性もある。加害者は泣いている赤ちゃんをあやしていただけだと主張することも多いが，暴力的でむち打ち様の揺さぶり以外では決して発生しない。SBSの診断では①硬膜下血腫またはくも膜下出血，②眼底出血，③脳浮腫などの3主徴が重視される（厚生労働省雇用均等・児童家庭局総務課，2013）。

1–2 虐待を受けている子どもの年齢

図3-2に2014年度の虐待を受けた子どもの年齢を示した（厚生労働省，2015）。8万8,931件のうち，小学生が34.5％（3万721件）と最も多く，次いで3歳から学齢前児童が23.8％（2万1,186件），0歳から3歳未満が19.7％（1万7,479件）となっており，就学前の乳幼児に虐待のリスクが高いことがわかる。また，年齢が低いほど死亡する危険性も高くなるなど虐待による影響も大きい。2018年に虐待や心中によって死亡した73人のうち約4割が0歳であった（社会保障審議会児童部会，2020）。中高生になると虐待の割合は減るが，性的虐待を含め決して虐待を受ける可能性がないとはいえない。

1–3 児童虐待の歴史

児童虐待の相談件数が激増するグラフをみると児童虐待は近年の問題のように感じるかもしれない。しかし，児童虐待は「古くて新しい問題」といわれており，昔話や古典でも描かれている。例えば，フロイトがエディプス・コンプレックスの概念を着想するうえで参考にした古代ギリシャ悲劇である「オイディプス王」の物語では，生まれたばかりの主人公が父親によって山に捨てられるという児童虐待のテーマがみられる（永井，2021）。また，有名な童話である「シンデレラ」でも，主人公が継母に心理的虐待を受ける場面が描かれている。子どもの間引きや身売りが題材になっている昔話も多く，児童虐待という問題が紀元前から繰り返し存在していたことがわかる。次に，日本の児童虐待

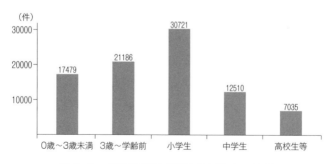

図3－2　虐待を受けた子どもの年齢（2014年度）

の歴史を，第二次世界大戦後から，五つの時代に分けて振り返っていく。

①1940〜1950年代　戦後の混乱した社会の荒波が弱者である子どもたちものみ込んでいった時代である。5章で詳しく説明するが，戦争孤児が街にあふれ，貧困による捨て子や，子どもの身売りが激増するなど，多くの子どもが虐待的な環境に置かれていた。この社会状況を背景に1947年に**児童福祉法**が制定されたが，虐待的な環境がすぐに改善されることはなかった。

②1960〜70年代初頭　日本経済が高度成長期を迎え，仕事を求めて人口が都市へ集中して核家族が増加し，家庭が地域から孤立し，母親が一人で子育てを担うようになった。また，女性の社会進出とともに就労する母親も増え，母親にかかる負担が増えた。経済的成長の歪みが子育てを襲い，1970年代初頭になると鉄道駅のロッカーに新生児が遺棄されるコインロッカーベイビー事件が発生し，母子心中，幼児虐待，捨て子などの児童虐待が社会問題となった。

同じ頃，アメリカでは小児科医のケンプが1962年に「**被虐待児症候群（The Battered Child Syndrome）**」という論文で，多くの子どもが虐待を受けて重傷を負っている事実とその援助の必要性を報告した。そして，1968年にはヘルファとケンプらの編集により『虐待された子ども（The Battered Child）』が刊行され，児童虐待という問題が広く知れ渡るようになった。それまで家庭内で起こる児童虐待の事実は親や子どもの証言に頼るしかなく，虚偽の証言により隠されることもあったが，レントゲンなどの医療技術の発展によって外傷の客観的根拠が示されるようになり，児童虐待の発見の大きな助けとなった。

③1970〜80年代　1970年代初頭に顕在化し始めた児童虐待の問題は，この時期に潜在化する。その原因は，激しい校内暴力やいじめ，非行，不登校などの新たな子どもの問題が増加したためである。今ならば，学校での暴力行動の背後に家庭での虐待が潜んでいる可能性を想定して支援できるが，その当時は子どもを力で押さえつける指導が優先された。

④1990年代　子どもの権利条約に日本も1994年に批准したことで，子どもの権利擁護の意識が広がって，児童虐待への関心も高まり，社会の対応が始

まった。児童相談所が児童虐待の相談件数の統計をとり始めたのも1991年である。まず，活性化したのはNPOなどの民間活動であった。1990年に大阪で児童虐待の防止・予防を目的に「児童虐待防止協会」が設立され，1991年には東京で「子どもの虐待防止センター」が誕生した。その後，多くの地域で虐待防止の民間ネットワークがつくられていった。

⑤**2000年代以降**　2000年には日本の児童虐待の歴史で大きな転換点となる**児童虐待防止法**が施行され，児童虐待の定義，虐待防止のための自治体の責務，子どもの保護のための措置などが定められた。厚生労働省は児童虐待防止法が施行された11月を児童虐待防止推進月間として，さまざまな啓発活動を展開している。また，児童虐待防止のシンボルマークとしてオレンジリボンが広まっている。

その後も，数回の児童福祉法の改正により，児童虐待防止対策の充実が図られ，児童相談所の権限を強化し，より積極的に家庭に介入して子どもの分離と保護をするようになった。また，児童相談所と市町村との円滑な連携や情報共有のために児童虐待の**リスクアセスメント**を共通の指標を用いて行うことがすすめられている。しかし，2章で述べたように児童虐待対応の現場の混乱は今も続いている。

2節　児童虐待の影響

2-1　児童虐待の引き起こす影響

児童虐待による最も甚大な被害は子どもの死亡である。社会保障審議会児童部会（2020）の報告によると2004年から2018年の間，平均すると毎年90人くらいの子どもが虐待や心中で死亡している。

児童虐待は脳の機能や神経構造に永続的なダメージを与えることもわかってきた（友田，2006）。特に乳幼児の脳は発達途上にあり，暴力によって未成熟な中枢神経系が回復不可能な損傷を受けることで，知的能力障害，てんかん，視覚障害などが生じる危険性がある。また，ネグレクトは栄養不足による成長不

良だけでなく，認知的刺激の欠如による知的能力の低下を誘発する。これらの影響は生涯にわたって子どもを苦しめることになる。

2-2　虐待の引き起こす心理的問題

　児童虐待は子どもの心にも大きな影響を与える。適切なケアを受けなければ，その影響は思春期・青年期以降も続き，不安定な人間関係を伴う社会的孤立につながる。さらに，複雑な出自を根源的な原因として乏しいアイデンティティ感の問題を抱え続けることになる。奥山（1997）は，虐待ごとにみられやすい心理的問題を表3-1のようにまとめている。次に，代表的な心理的問題を説明していく。

　①自己評価の低下　本来ならば，自分を愛してくれる親から虐待を受け，捨てられることで，自分は愛されも求められもしない価値がない存在であるという感情が育つ。「自分が悪い子だから罰せられた」と思うのが自然な心の動きであり，自己評価が著しく低下していく。また，「どうせ，うまくいくはずがない」という気持ちから未来への希望がもてず，将来への選択肢も狭められてしまう。

　性的虐待が自己評価に与える影響はさらに複雑で，加害者と秘密を共有させられることで，被害者である子どもも共犯者であるような気持ちになり，自分にも責任があったと強い罪悪感を抱いてしまう。そして，自分を「汚い存在」だと感じ，同年齢の子どもとは異なった存在であると考え孤立を深めていく。

　②強い攻撃性　怒りや不安などのネガティブな感情を受けとめてもらえた経験に乏しく，激しい暴力にさらされる環境で育つことで，**衝動制御困難や感情調節困難**が生じ，些細なことで怒りやすくなり，それをコントロールできずに強い攻撃性となって表出する。そして，それが周囲への反抗的態度や衝動性や多動性の問題につながる。さらに，ネグレクトの影響で他者に共感する能力が低下することで暴力の抑制ができなくなる。また，その攻撃性が自分に向かうと自己破壊的な行為となる。

表3-1　各種虐待を受けた子どもにみられやすい心理的問題（奥山，1997）

身体的虐待	ネグレクト	性的虐待	心理的虐待
• 生活を楽しむ能力の低下 • 夜尿・遺尿症，激しいかんしゃく，多動，奇異な行動 • 低い自己評価 • 学校での学習問題 • 引きこもり • 反抗 • 過度の警戒（凍りついたような凝視） • 強迫的行動 • 擬成熟行為 • 暴力（爆発的）	• 過度の愛情希求と離れることの繰り返し • 感情の極端な抑圧 • 他者と共感する能力の低下 • 暴力 • 非行 • 一般の知的能力の低下 • 多動 • 頑固 • 擬成熟	• 恐怖あるいは不安 • 抑うつ • 学校での困難 • 怒りや憎悪 • 不適切な性的行動 • 家出や非行 • 集中力の低下や空想に耽ることの増加 • 自己評価の低下（自分を汚いものと感じる） • 身体への過度の関心 • 身体症状の訴えの増加	• 自己評価の低下（愛されておらず，求められておらず，自分には価値がないという感情） • 自己破壊的行動 • 抑うつ • 他者の顔色をうかがう • 激しい怒り，憎悪，攻撃性 • 孤立しやすい（他者と関わりを結べない） • 不安や恐怖 • 多動や衝動性

　③抑うつ　暴力によって支配される関係のなかで無力感が強まり，生活を楽しむ能力が低下して，抑うつ的になっていく。児童虐待の歴史で戦災孤児の話に触れたが，その時代は国民全体が苦しかったのに対し，現在は深刻な虐待を抱える家族がある一方で，幸せな家庭も存在する。そのギャップが子どもの孤立感や苦しさを深めている。

　④解離症状　虐待による外傷体験に伴う情動体験が強い不安を呼び起こすため，感情の極端な抑圧が起こることもある。さらに，その情動体験を切り離して遠ざけると解離症状が生じる。また，その解離した状態が人格としてまとまると，複数のパーソナリティ状態をもつ解離性同一性障害に発展する場合もある。特に性的虐待では解離が生じやすい。

　また，性的虐待では現実を回避するためにファンタジー傾向が強くなり嘘つきと誤解され，虐待の事実も本人のうそや思い込みとされてしまうことがある。性的虐待から目を背けたいという周囲の心理もその傾向を促進してしまう。

　⑤対人関係の問題　虐待的な人間関係しか知らず，他者と共感する能力が低いため，健康的な対人関係を築くことができずに孤立してしまう。また，他者の顔色をうかがい過ぎて恐怖感が強まり，過度の警戒のために表情が硬くなる

「凍りついたような凝視」がみられる場合もある。支配と服従の関係のなかで育つことで，人間観が暴力によって支配する側と支配される側に二分され，自分もどちらかにしかなれないと考え，加害者への同一化が起こると他者を暴力で支配しようとする傾向が強まる。ネグレクトの影響では，健康的な対人距離を身につけることができず，過度の愛情希求と離れることを繰り返す不安定な対人関係がみられる。

⑥**問題行動**　心に抱えた傷が，盗みや万引き，非行，自傷行為，自殺企図，家出などの問題行動として現れることも少なくない。そのような問題行動は子どもが過酷な環境のなかで生きていくために身につけた対処法であることも多い。そのため，反社会的な行為には厳しく対処しながら，その背景にある子どもの思いに目を向けることも大切である。

　性的虐待の影響は，低年齢でのマスターベーションや性的な質問や遊びなど年齢不相応な性的言動・行動化として現れる。また，これらの性の問題が性的虐待のサインとなり，性的虐待の被害が明らかになることもある。

⑦**虐待関係の再現**　西澤（1999）は，虐待を受けた子どもが，わざと大人から怒りや攻撃性を引き出す挑戦的な言動をとることを**虐待的人間関係の再現傾向**と呼んでいる。虐待を受けた子どもは無意識的に重要な大人を挑発しながら，安全な大人かどうかを試そうとする。大人がその関係に巻き込まれるといらだちや怒りを感じ，虐待が繰り返されてしまう。この行為は**ためし行動**とも呼ばれ，援助者がこの傾向に引きずり込まれると，その子どもの生来の性格のために親も暴力をふるったと誤解してしまう。援助者はこの心理を理解して，子どもを抱えていかなければならない。

　性的虐待では，この再現傾向が不特定多数との性的関係の問題として思春期以降に現れることもある。親しくなりたい人に無意識的に性的な関わりを求めるため，子どもから誘惑しているように見えることもあるが，それは性的虐待の結果であり原因ではない。本当は性的対象ではなく，愛情対象を求めているのだが，性的な関係が繰り返され，心も体もさらに傷ついてしまう。

2-3 トラウマの問題

身体的虐待や性的虐待は心的外傷的出来事に含まれ，家庭内暴力を目撃するなどの心理的虐待はその心的外傷的出来事への暴露に該当するため，**心的外傷後ストレス障害**（Post Traumatic Stress Disorder：**PTSD**）が生じることもある。DSM-5における診断基準（表3-2，表3-3）を示したが，その症状は①侵入症状，②回避症状，③認知と気分の陰性変化，④過覚醒症状に分けられる。

①**侵入症状**　心的外傷的出来事の記憶が反復的，不随意的，侵入的に頭に浮かんでくる症状であり，過去の出来事が目の前で再び起こっているように感じる**フラッシュバック**も含まれる。また，その出来事に関連した苦痛な夢を繰り返し見ることもある。過去の外傷的な出来事に関する記憶をコントロールできず，断片的な映像や音声となって現在の生活を襲ってくる苦しさがある。子どもの場合は心的外傷的出来事が遊びのなかで繰り返し表現されることもあり，**ポストトラウマティックプレイ**と呼ばれている。

②**回避症状**　心的外傷的出来事についての記憶・思考・感情や，心的外傷的出来事に結びつくものを回避する症状である。例えば，眼鏡をかけた男性から虐待を受けた子どもが，全く関係のない眼鏡をかけた人を避けるようになったり，虐待を受けていた頃に住んでいた場所に近づけなくなったりする。

③**認知と気分の陰性変化**　認知の変化として，虐待に関する出来事が全く想起できなくなる**解離性健忘**が生じることもある。また，「私が悪い子だから虐待された」「大人は誰も信用できない」というような自分や世界に対する過剰に否定的で歪んだ認知をもち続けてしまう。さらに恐怖や罪悪感などの陰性の感情状態が持続し，幸福や愛情などの陽性の情動を持続的に体験できなくなる。また，他者から孤立し，疎遠になっている感覚をもつこともあり，実際に社会的にも孤立してしまう。

④**過覚醒症状**　人や物に対するいらだたしさと激しい怒り，自己破壊的な行動，過度の警戒心，過剰な驚愕反応，集中困難などの症状である。また，入眠障害や熟眠障害などの睡眠障害も含まれる。虐待的な環境では安心して過ご

表3-2　心的外傷後ストレス障害（6歳以上）の診断基準

日本精神神経学会（2014）『DSM-5 精神疾患の診断・統計マニュアル』から作成

A	実際にまたは危うく死ぬ，重症を負う，性的暴力を受ける出来事への，以下のいずれか1つ（またはそれ以上）の形による暴露 ①心的外傷的出来事を直接体験する ②他人に起こった出来事を直に目撃する ③近親者または親しい友人に起こった心的外傷的出来事を耳にする。家族または友人が実際に死んだ出来事または危うく死にそうになった出来事の場合，それは暴力的なものまたは偶発的なものでなくてはならない ④心的外傷的出来事の強い不快感をいだく細部に，繰り返しまたは極端に暴露される体験をする
B	心的外傷的出来事の後に始まる，その心的外傷的出来事に関連した，以下のいずれか1つ（またはそれ以上）の侵入症状の存在 ①心的外傷的出来事の反復的，不随意的，および侵入的で苦痛な記憶（子どもの場合，心的外傷的出来事の主題または側面が表現された遊びを繰り返すことがある） ②夢の内容と情動またはそのいずれかが心的外傷的出来事に関連している，反復的で苦痛な夢（子どもの場合，内容のはっきりしない恐ろしい夢のことがある） ③心的外傷的出来事が再び起こっているように感じる。またはそのように行動する解離症状（例：フラッシュバック）（子どもの場合，心的外傷に特異的な再演が遊びの中で起こることがある） ④心的外傷的出来事の側面を象徴するまたはそれに類似する，内的または外的なきっかけに暴露された際の強烈なまたは遷延する心理的苦痛 ⑤心的外傷的出来事の側面を象徴するまたはそれに類似する，内的または外的なきっかけに対する顕著な生理学的反応
C	心的外傷的出来事に関連する刺激の持続的回避，心的外傷的出来事の後に始まり，以下のいずれか1つまたは両方で示される。 ①心的外傷的出来事についての，または密接に関連する苦痛な記憶，思考，または感情の回避，または回避しようとする努力 ②心的外傷的出来事についての，または密接に関連する苦痛な記憶，思考，または感情を呼び起こすことに結びつくもの（人，場所，会話，行動，物，状況）の回避，または回避しようとする努力
D	心的外傷的出来事に関連した認知と気分の陰性の変化。心的外傷的出来事の後に発現または悪化し，以下のいずれか2つ（またはそれ以上）で示される。 ①心的外傷的出来事の重要な側面の想起不能（通常は解離性健忘によるものであり，頭部外傷やアルコールや薬物などの他の要因によるものではない） ②自分自身や他者，世界に対する持続的で過剰に否定的な信念や予想（例：「私が悪い」「誰も信用できない」） ③自分自身や他者への非難につながる，心的外傷的出来事の原因や結果についての持続的でゆがんだ認識 ④持続的な陰性の感情状態（例：恐怖，戦慄，怒り，罪悪感，恥など） ⑤重要な活動への関心または参加の著しい減退 ⑥他者から孤立している，または疎遠になっている感覚

	⑦陽性の情動を体験することが持続的にできないこと（例：幸福や愛情を感じることができない）
E	心的外傷的出来事と関連した，覚醒度と反応性の著しい変化，心的外傷的出来事の後に発現または悪化し，以下のいずれか2つ（またはそれ以上）で示される。 ①人や物に対する言語的または肉体的な攻撃性で通常示される，（ほとんど挑発なしでの）いらだたしさと激しい怒り ②無謀なまたは自己破壊的な行動 ③過度の警戒心 ④過剰な驚愕反応 ⑤集中困難 ⑥睡眠障害（例：入眠や睡眠維持の困難，または浅い眠り）
F	障害（診断基準B，C，DおよびE）の持続が1カ月以上
G	その障害は，臨床的に意味のある苦痛，または社会的，職業的，または他の重要な領域における機能の障害を引き起こしている。

表3-3　心的外傷後ストレス障害（6歳以下）の診断基準

日本精神神経学会（2014）『DSM-5 精神疾患の診断・統計マニュアル』から作成

A	6歳以下の子どもにおける，実際にまたは危うく死ぬ，重症を負う，性的暴力を受ける出来事への，以下のいずれか1つ（またはそれ以上）の形による暴露 ①心的外傷的出来事を直接体験する。 ②他人，主に養育者に起こった出来事を直に目撃する。 ③親または養育者に起こった心的外傷的出来事を耳にする。
B	心的外傷的出来事の後に始まる，その心的外傷的出来事に関連した，以下のいずれか1つ（またはそれ以上）の侵入症状の存在 ①心的外傷的出来事の反復的，不随意的，および侵入的で苦痛な記憶（再演する遊びとして表現されることがある） ②夢の内容と情動またはそのいずれかが心的外傷的出来事に関連している，反復的で苦痛な夢（恐ろしい内容が心的外傷的出来事に関連していることを確認できないことがある） ③心的外傷的出来事が再び起こっているように感じる，またはそのように行動する解離症状（例：フラッシュバック）。このような心的外傷に特異的な再演が遊びの中で起こることがある。 ④心的外傷的出来事の側面を象徴するまたはそれに類似する，内的または外的なきっかけに暴露された際の強烈なまたは遷延する心理的苦痛 ⑤心的外傷的出来事を想起させるものへの顕著な生理学的反応
C	心的外傷的出来事に関連する刺激の持続的回避，または心的外傷的出来事に関連した認知と気分の陰性の変化で示される，以下の症状のいずれか1つ（またはそれ以上）は存在する必要があり，それは心的外傷的出来事の後に発現または悪化している。 刺激の持続的回避 ①心的外傷的出来事の記憶を喚起する行為，場所，身体的に思い出させるものの回避，または回避しようとする努力

	②心的外傷的出来事の記憶を喚起する人や会話，対人関係の回避，または回避しようとする努力 認知の陰性変化 ①陰性の情動状態（例：恐怖，罪悪感，悲しみ，恥，混乱）の大幅な増加 ②遊びの抑制を含め，重要な活動への関心または参加の著しい減退 ③社会的な引きこもり行動 ④陽性の情動を表出することの持続的減少
D	心的外傷的出来事と関連した覚醒度と反応性の著しい変化，心的外傷的出来事の後に発現または悪化しており，以下のうち2つ（またはそれ以上）によって示される。 ①人や物に対する（極端なかんしゃくを含む）言語的または肉体的な攻撃性で通常示される，（ほとんど挑発なしでの）いらだたしさと激しい怒り ②過度の警戒心 ③過剰な驚愕反応 ④集中困難 ⑤睡眠障害（例：入眠や睡眠維持の困難，または浅い眠り）
E	障害の持続が1カ月以上
F	その障害は，臨床的に意味のある苦痛，または両親や同胞，仲間，他の養育者との関係や学校活動における機能の障害を引き起こしている。

せず，常に警戒心をもつ必要があるため過覚醒症状が引き起こされる。この症状のため注意欠如・多動症（AD/HD）と診断されることもあるが，虐待による症状の場合，環境が安定すれば，徐々に落ち着きを取り戻していく。

トラウマの人格への影響

　ハーマン（Herman, 1992）は，心的外傷後ストレス障害を，災害や交通事故などの単回の心的外傷的出来事による単純性PTSDと，反復型，累積型の慢性的な心的外傷的出来事による複雑性PTSDと分け，複雑性PTSDは子どもの人格や対人関係まで歪めてしまうとしている。また，コーク（Kolk, 1996）は，虐待のトラウマによる障害をDESNOS（Disorder of Extreme Stress Not Otherwise Specified 他に特定されない極度のストレス障害）と定義し，怒りの調節困難や健忘，解離などのほかに慢性的な人格変化も引き起こすとしている。自分は役に立たない人間だという感覚，加害者の理想化，他者への不信感などが生じ，社会適応や安定した人間関係の構築も阻害される。

2-4　アタッチメントの問題

　アタッチメント（愛着）とは，不安や恐れなどネガティブな心理状態に陥ったとき，特定の人物に接近・接触することで心的安定を回復しようとする行動制御システムである（Bowlby, 1969）。愛情と混同されることもあるが，ただ暖かい関係を築くだけではアタッチメントが形成されたとはいえず，本人が困ったときに特定の人物に寄り添うことで安心感を得ることが大切である。アタッチメントは幼児期に養育者との相互作用のなかで形成され，最終的にはそのアタッチメント対象が目の前にいなくても，その存在を想像することで心的安定を得られるようになっていく。そして，アタッチメント対象との関係を通して，自分自身や世界に関するイメージが構築される。これは**内的ワーキングモデル**（Internal Working Model：**IWM**）と呼ばれ，その後の対人関係の持ち方や未来の予測や判断などに活用される（Bowlby, 1969）。

　児童虐待による適切な養育の剥奪は，子どものアタッチメントの形成を阻害して，その後の人間関係も歪めてしまう。安定したアタッチメント関係を築けないということは，本人が困ったときに誰かに頼ることができないことであり，社会的孤立を深める要因となる。以下に二つのアタッチメント障害を紹介する。

　①**反応性アタッチメント障害（反応性愛着障害）**　DSM-5の診断基準を表3-4に示した。アタッチメントを形成するのに不十分な養育環境のために，苦痛なときに養育者に安楽を求めなかったり，他者に対して最小限の対人交流と情動反応しかもたなかったりする抑制的な症状をメインにした障害である。乳幼児期には，自分がネガティブな状況になっても泣いて助けを求めることをせず，大人に抱っこされても気持ちよさを感じることができない。また，成長後も人間関係をもつことが苦手で孤立してしまう。

　②**脱抑制型対人交流障害**　DSM-5の診断基準を表3-5に示した。この特徴をもつ子どもは，見慣れない大人に近づき交流することへのためらいが少なく，過度に馴れ馴れしい言動がみられる。そのため，一見，その大人に強く愛着しているように思える。しかし，安定したアタッチメントでは特定の誰かでしか

表3-4　反応性アタッチメント障害（反応性愛着障害）の診断基準
日本精神神経学会（2014）『DSM-5 精神疾患の診断・統計マニュアル』から作成

A	以下の両方によって明らかにされる，大人の養育者に対する抑制され情動的に引きこもった行動の移管した様式 ①苦痛なときでも，めったにまたは最小限しか安楽を求めない。 ②苦痛なときでも，めったにまたは最小限にしか安楽に反応しない。
B	以下のうち少なくとも2つによって特徴づけられる持続的な対人交流と情動の障害 ①他者に対する最小限の対人交流と情動の反応 ②制限された陽性の感情 ③大人の養育者との威嚇的でない交流の間でも，説明できない明らかないらだたしさ，悲しみ，または恐怖のエピソードがある。
C	その子どもは以下のうち少なくとも1つによって示される不十分な養育の極端な様式を経験している。 ①安楽，刺激，および愛情に対する基本的な情動欲求が養育する大人によって満たされることが持続的に欠落するという形の社会的ネグレクトまたは剥奪 ②安定したアタッチメント形成の機会を制限することになる，主たる養育者の頻回な変更 ③選択的アタッチメントを形成する機会を極端に制限することになる，普通でない状況における養育
D	診断基準Cにあげた養育が診断基準Aにあげた行動障害の原因であるとみなされる。
E	自閉症スペクトラム障害の診断基準を満たさない。
F	その障害が5歳以前に明らかである。
G	その子どもは少なくとも9カ月の発達年齢である。

安心できないことが重要である。この特徴は**無差別的愛着傾向**といわれ，接近していた大人が目の前からいなくなった途端に違う大人に同様の態度を向ける偽りの愛着である。誰とでも交流がもてるようにみえて，本当のところ誰ともつながることができずに心的安定を得られないため，常に不安定な心境にある。そのため，誰でもよいから近づいていってしまう。

2-5　おわりに

　以上，本章では児童虐待の現状や歴史，そして，虐待がもたらす心理面などへの影響について概説した。子どもの権利が認められ，児童虐待が定義されることで，それまで隠されてきた児童虐待が顕在化してきた。児童虐待の影響は甚大であり，虐待を受けた子どもの治療や心理的なケアが必要なのはもちろんだが，やはり深刻な被害が出る前に予防することも重要である。4章では児童

表3-5　脱抑制型対人交流障害の診断基準
日本精神神経学会（2014）『DSM-5 精神疾患の診断・統計マニュアル』から作成

A	以下のうち少なくとも2つによって示される，見慣れない大人に積極的に近づき交流する子どもの行動様式 ①見慣れない大人に近づき交流することのためらいの減少または欠如 ②過度に馴れ馴れしい言語的または身体的行動 ③たとえ不慣れな状況であっても，遠くに離れて行った後に大人の養育者を振り返って確認することの減少または欠如 ④最小限に，または何のためらいもなく，見慣れない大人に進んでついて行こうとする
B	診断基準Aにあげた行動は注意欠如・多動症（AD/HD）で認められるような衝動性に限定されず，社会的な脱抑制行動を含む。
C	その子どもは以下の少なくとも1つによって示される不十分な養育の極端な様式を経験している。 ①安楽，刺激，および愛情に対する基本的な情動欲求が養育する大人によって満たされることが持続的に欠落するという形の社会的ネグレクトまたは剥奪 ②安定したアタッチメント形成の機会を制限することになる，主たる養育者の頻回な変更 ③選択的アタッチメントを形成する機会を極端に制限することになる，普通でない状況における養育
D	診断基準Cにあげた養育が診断基準Aにあげた行動障害の原因であるとみなされる。
E	その子どもは少なくとも9カ月の発達年齢である。

虐待の要因や予防について論じていく。

考えてみよう

- 児童虐待がテーマになった小説を読んだり，映画を見たりして，児童虐待について考えてみましょう。
- 実際に起きた児童虐待の事件について調べ，その要因や背景について考察してください。

さらに学びを深めたい人のために

ささやななえ（著）・椎名篤子（原作）(1996). 凍りついた瞳（め）：子ども虐待ドキュメンタリー　集英社

友田明美 (2012). 新版 いやされない傷：児童虐待と傷ついていく脳　診断と治療社

杉山春 (2017). 児童虐待から考える：社会は家族に何を強いてきたか　朝日新聞出版

4章　子育ての課題と支援

　イギリスの精神分析家の小児科医として，6万人を超える母子の治療に関わってきたウィニコット（Winnicott, 1964）は，「赤ちゃんというようなものはない」という言葉を残し，赤ちゃんは一人で存在することができず，母親などの養育者との関係のなかで存在するとし，子どもの育つ環境を重視した。児童福祉領域においても，子どもだけを取り出して支援することは現実的ではなく，母親をはじめとした養育者への支援とセットで考えるべきである。

　本章では，まず児童虐待の要因について説明することで現代社会において養育者が抱える子育ての課題とその背景について概観し，福祉領域における子育て支援について紹介していく。

1節　養育者の抱える課題

1-1　主たる虐待者

　図4-1に2014年度の主たる虐待者を示した（厚生労働省，2015）。実父が34.5％，実父以外の父が6.3％，実母が52.4％，実母以外の母が0.8％，その他が6.1％となっている。実母が半数を占めているため，虐待の原因を母親のパーソナリティだけに求め，自分のお腹を痛めて産んだ子どもに虐待をするなんてひどい親だと感じる人も少なくないだろう。しかし，母親一人で子どもを産むことはできない。子どもの父親である男性は早々に逃げてしまい，取り残された母子が虐待という関係に追い詰められていく。この数字の背後には，母親が子育てから最後まで逃げることのできない実態が潜んでいる。

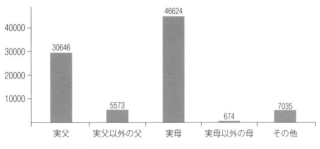

図4-1　主たる虐待者 (厚生労働省，2015)

1-2　児童虐待の生じる要因

　児童虐待は何か一つの要因によって生じるものではなく，いくつかの状況が輻輳して発生し，事態を複雑にしていることが多い。次に主な虐待の要因を説明していく。

　①**孤立した子育て**　子育てする親（特に母親）へのサポートが足りずに，孤立した状態で育児にあたるなかで不安や負担感が高まり，ゆとりが削がれて虐待的な関係に陥ってしまうことが児童虐待の最大の要因である。東京都（2005）が虐待の起きた家庭の状況を調べた結果（図4-2）をみると，最も多いのがひとり親家庭31.8%（460件），次に経済的困難30.8%（446件），親族・近隣等からの孤立23.6%（341件），夫婦間不和20.4%（295件）と続く。ひとり親家庭（多くは母子家庭）で，不安定な就労のために経済的にゆとりがなく，また親族のサポートも受けられず，近隣からも孤立した家庭が虐待という関係に追い詰められていく実状がうかがえる。

　②**望まない出産**　その子どもが生まれてきた状況も児童虐待の要因を理解するうえで重要である。親に精神的・経済的に子どもを受け入れる余裕がないなかでの出産，夫婦間で人生計画が一致していない状況や母親が自分のキャリアを優先したかったなかでの出産，望んだ性別との不一致などの場合，育児の負担感が強まると子どもへ愛情が向けられなくなる可能性がある。また，性的暴行の被害による妊娠・出産の場合，子どもに対して嫌悪感や拒否感情が生まれ

児童福祉

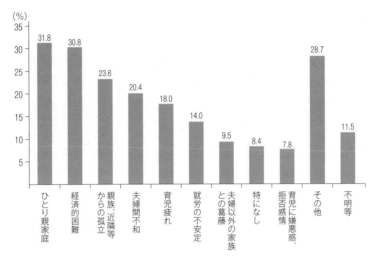

図4-2　虐待が行われた家庭の状況（東京都，2005）

ることもある。児童虐待の支援者には，その子どもがどのようなタイミングで生まれたかについて把握することが求められる。

　③親の精神疾患　育児不安や養育困難の訴えの背景に，**統合失調症やうつ病**（抑うつ症候群，気分障害）などの精神疾患があることも少なくない。また，抑うつを回避するために**アルコール依存症**や**薬物依存症**を抱えている場合，妊娠中の薬物やアルコールの摂取が胎児にも影響を与える。

　患者調査（厚生労働省政策統括官，2017）によると，2017年の気分障害の患者数は119万5,000人（男性47万9,000人，女性71万6,000人）であり，非常に身近な精神疾患であるとともに女性のほうが発症のリスクが高い。出産や育児によるライフサイクルの大きな変化をきっかけにしてうつ病を発症し，児童虐待につながる場合も少なくない。妊娠・出産によるホルモンの急激な変化や，母親になることへの不安などの心理的ストレスから，気分が落ち込む現象を**マタニティブルー**という。マタニティブルーの症状は多くの女性でみられるが，周囲のサポートがあれば1〜2週間で自然治癒していく。

　しかし，2週間以上経過しても，精神的・身体的な不調が続く場合は**産後う**

つ病と診断される。生まれた子どもに対する興味や愛情の欠如，不眠，食欲の低下と体重減少，涙が止まらなくなるなどの症状がみられる。赤ちゃんがかわいいと思えないことに母親として失格であるという強い罪悪感を抱き，自殺念慮が生じて母子心中につながるリスクもある。しかし，子どもをかわいく感じられないのは産後うつ病の症状であり，適切な治療を受ければ回復する。産後うつ病は出産した女性の1割が発症するともいわれており，自殺念慮などが生じた場合は，ためらわずに精神科や心療内科での治療を受けることが必要となる。

　④子どもの要因　親側の要因だけでなく，子どもが素質的に育てにくい素因をもっていることで虐待が生じることもある。未熟児や障害児，自閉症スペクトラム障害などの**発達障害**を抱えた子どもの子育ては負担が大きく，親が疲弊感を抱きやすい。そして，経済的・社会的な生活条件の切迫が親からゆとりを奪っていく。また，障害を抱えていなくても子どもの生来の気質と親の相性が合わないことで虐待が生じる可能性もある。トーマスとチェス（Thomas & Chess, 1977）は，乳児の気質を①取り扱いが難しい子ども，②手のかからない子ども，③何をするにも時間のかかる子どもの三つのタイプに分類している。これらの気質が母親の精神状態にも影響を与え，育児ストレスが高まることがある。

　⑤**虐待の世代間連鎖**（世代間伝達）　虐待を受けた子どもが大人になってから自分の子どもに虐待してしまうことを**虐待の世代間連鎖**という。親自身が虐待による心的外傷体験をもっていることで，基本的な世界像が不安定で，自分をはじめ他者への不信感・拒否感が強くなる。また，健全な子育て方法がわからず，子どもに関わる術を十分にもたないために，子育てに困難を抱えると，周囲からも孤立して虐待の連鎖に陥ってしまう。このリスクが高いことが多くの研究で証明されており，虐待が多世代にわたって連鎖していることもある。

　しかし，虐待を受けた子どもが必ず虐待をする親になるわけではない。子どもの頃に虐待をされた親の3分の2は，自分が受けた虐待を繰り返さずに周囲のサポートを受けながら，懸命に子育てをしている。過去に虐待された親は自

分の子どもを虐待すると世間が決めつけることが彼らを苦しめていく。その想いを知りながら，支援者は虐待の世代間連鎖を自分の代でなんとか断ち切ろうと努力している親の力になっていく必要がある。

2節　子育ては誰のものか

2-1　子育て環境の変化

　滝川（2006）は，子どもの凶悪犯罪や事故死が激減しているデータを用いながら，現在の日本の子育ては全体としてうまく行っており，子育てのレベルが低下したのではなくレベルアップしていると述べている。しかし，全体のレベルが上がり，子育てへの要求水準が上昇するなかで，そのレベルに届かない子育てへの社会の目が厳しくなり，子育てへの不安が増大し，親が追い詰められているとしている。

　子育ての責任は誰が担うべきか。この問題を考えるうえで見てもらいたいデータがある。表4-1に示したのは，毎年，明治安田生命が発表している子どもの生まれ年別の名前ランキングの歴代のベスト5である。2019年をみるとどれも素敵な名前であるが，男の子の2位の「陽翔（はると・ひなと，など）」，女の子の2位の「陽葵（ひまり・ひなた・ひより，など）」の読み方は漢字だけではわからない。それに対して，大正元年の男の子の1位は「正一」，大正2年は「正二」，大正3年は「正三」と非常にわかりやすい名前がついている。また，日本が太平洋戦争をしていた昭和17年から20年の1位は「勝」，2位は「勇」であった。かつて子どもの名前はその時代背景や社会がもつ価値観を反映していたことがわかる。一方，現在の子どもの名前はキラキラネームと揶揄されることもあるが，親が好きな名前を自由につけている。

　子どもを育てるのは社会に必要なことであり，以前は社会が子育てへの公共的な責務をもっており，地域のなかで子どもが育ってきた。しかし，現在の社会は子育てを個々の親に全面的に委ねており，子育ての自立化が進んでいる。子どもに好きな名前をつけることもできなかった戦時中に比べれば自由で豊か

表4-1　子どもの名前ランキング　歴代のベスト5
（明治安田生命のホームページの資料から作成）

	1位	2位	3位	4位	5位
1912（大正元年）	正一	清	正雄	正	茂
1913（大正2年）	正二	茂	正雄	正	清
1914（大正3年）	正三	清	正雄	三郎	正
1942（昭和17年）	勝	勇	進	勲	功
1943（昭和18年）	勝	勇	進	勲	武
1944（昭和19年）	勝	勇	勝利	進	勲
1945（昭和20年）	勝	勇	進	清	勝利
2019（令和元年）男子	蓮	陽翔	新	湊	葵
2019（令和元年）女子	凛	陽葵	結愛	杏	紬

な社会であるといえる。しかし，子育ての自立化と孤立化は表裏の関係にあり，何らかの事情で親から子育てのゆとりが削がれたとき，たちどころに子育てが劣化して，児童虐待という状況に転がり落ちてしまう危うさも孕んでいる。

2-2　人間本来の子育て

　2017年の児童福祉法の改正で「児童の保護者は，児童を心身ともに健やかに育成することについて第一義的責任を負う。」（第2条の②）と明記されたように，自己責任の感覚が強まる社会のなかで，子育てについても親の責任が高まっている。しかし，人間はもともと共同養育で子どもを育ててきた生き物である。生まれたばかりの乳児ですら他人に預け，集団生活のなかでお互いの子どもを共に養育し合うことで，次々と妊娠・出産を繰り返すことができ，地球上で最も繁栄した生物になりえたのである。また，田中（2008）は，江戸時代の民衆の子育てでは，親以外の多くの大人が子どもと疑似的な親子関係を結び，子どもを育てていたことを紹介している。母親以外の人が子育てに積極的に関わることを**アロマザリング**というが，江戸時代は，このアロマザリングが自然に行われていた。子どもは「私たちの子ども」であった。しかし，現在は「私の子ども」「あなたの子ども」という認識が強くなり，それが，子育ての孤立化と母親の育児不安につながっている。児童福祉法の第2条の③には「国及

び地方公共団体は，児童の保護者とともに，児童を心身ともに健やかに育成する責任を負う」という記述が残されており，児童福祉の支援が担う役割は大きい。子育てを親だけに任せるのではなく，地域でネットワークをつくり，いろいろな大人が子どもの育ちに関わっていくほうが人間本来の子育てに近いともいえる。

3節　地域における子育て支援

3-1　さまざまな支援機関や制度

　親の孤立を防ぎ，負担感や不安感を軽減していくために，児童福祉の領域でどのような子育て支援が実施されているのか。ここでは2章で詳しく説明した児童相談所や保育施設以外の子育てに関する支援機関や制度について紹介していく。

　①福祉事務所　福祉事務所とは福祉に関する窓口的な行政機関で，都道府県および市に設置義務があり，町村については任意で設置されている。多くの福祉事務所には家庭児童相談室があり，母子保健サービスや子育て支援サービスについて一時的な相談窓口としての機能をもち，児童虐待の未然防止や早期発見などの役割が期待されている。

　②児童家庭支援センター　1997年の児童福祉法の改正により，子どもと子どもがいる家庭の支援を目的として児童相談所よりも身近な子育てに関する相談窓口として全国に設置された。多くの児童家庭支援センターは児童養護施設などの児童福祉施設に併設されていて，子育てに悩む親の来所相談や電話相談を受けている。また，児童相談所の委託を受けて，施設入所までは要しないが要保護性のある子どもや施設退所後の子どもとその家庭について指導を行うこともある。さらに里親やファミリーホームの支援や，子どもの養育に関係する機関の連絡調整も期待されている。全国児童家庭支援センター協議会のホームページによると，2019年9月時点で132センターが協議会に加盟している。東

京都をはじめ，子ども家庭支援センターという名称を用いている施設も多い。

　③保健所・市町村保健センター　保健所は地域保健法に基づき都道府県や中核市などに設置され，地域の保健活動の中心的な機関としての役割を担っている。全国に本所，支所合わせて592ヵ所（2019年4月時点）あり，児童福祉に関する業務として，①子どもの保健についての正しい衛生知識の普及，②子どもの健康相談，健康診査，保健指導，③身体に障害のある子どもや長期にわたり療養を必要とする子どもへの療育指導，④児童福祉施設に対する栄養の改善，その他衛生に関する助言を行っている。

　市町村保健センターは保健所のような行政機関ではないが，地域保健法に基づき任意で設置され，地域の健康づくりの推進のために，さまざまな事業を展開している。全国に2,456ヵ所（2017年4月時点）あり，乳幼児健診などの母子保健事業を通して，地域の子育て支援の役割も担っている。

　④地域子ども・子育て支援事業　市町村が主体となって，子育て家庭を対象とする支援事業で，地域子育て支援拠点事業や妊婦健康診査，乳児家庭全戸訪問事業，子育て援助活動支援事業（ファミリーサポートセンター事業）などが実施されている。地域子育て支援拠点事業とは，子育て中の親子が気軽に集って相互交流でき，子育ての不安や悩みを相談し合う場を提供することを目的とした施設を設置する事業である。社会福祉法人，NPO法人，民間事業者に委託されることも多い。常設の拠点を設ける一般型と，児童館などの施設に親子が集う場を設ける連携型があり，2018年度では7,431ヵ所（一般型6,555ヵ所，連携型876ヵ所）が設置されている。基本事業は，①子育て親子の交流の場の提供と交流の促進，②子育てに関する相談，援助の実施，③地域の子育て関連情報の提供，④子育て支援に関する講習等の実施となっており，地域の子育て力の向上を目指している。

　また，子育て援助活動支援事業（ファミリーサポートセンター事業）は，乳幼児や小学生などの児童をもち育児の援助を受けたい依頼会員と，育児の援助を行いたい提供会員をつなぐ事業で，保育施設への送り迎えや児童の預かりなどの援助を受けることができる。2017年度では，依頼会員が約57万人，提供会

員が約13万人となっており，地域における子育ての相互援助の実現に貢献している。

⑤**児童委員・主任児童委員**　児童福祉法に定められた厚生労働大臣に委嘱されて活動する民間のボランティアで，民生委員が児童委員も兼ねている。2017年3月現在，全国に23万739人（そのうち主任児童委員が2万1,445人）いて，地域の子どもたちが元気に安心して暮らせるように，子どもたちを見守り，親から子育ての不安や妊娠中の心配事などの相談をうけて支援を行う。1994年には主任児童委員の制度が創設された。主任児童委員は区域を限定せずに児童福祉に関する事項について専門的に扱うことができる。

⑥**要保護児童対策地域協議会**　2004年と2007年の児童福祉法改正で法定化された制度である。**要保護児童**とは「保護者に監護させることが不適当であると認められる児童」や「保護者のない児童」のことであり，虐待を受けている児童や不良行為（犯罪行為を含む）を起こす児童，家出をした児童や保護者に遺棄された児童などを指す。彼らを早期発見し，適切な支援を遂行していくためには，関係機関がその子どもに関する情報を共有していくことが重要となる。要保護児童対策地域協議会では，地域の関係機関が子どもやその家庭に関する情報や考え方を共有し，適切な連携を図り，子どもと家庭を守るネットワークを構築することを目的としている。「要対協」や「地域協議会」と略されることもある。

3-2　虐待をした親への対応

以上のような機関で働く心理職には虐待をしてしまった親の心理面接が求められることもある。虐待をした親の抱える心の傷は，虐待を受けた子どもよりも深いこともあり，その心理面接は容易ではない。佐藤（2004）は，虐待をした親との面接における基本姿勢として，①決して親を批判しない，②面接の場を安全なものとする，③信頼関係を築くという3点をあげている。子どもの支援者は，子ども側に立ちやすいため，虐待をした親に対して敵意がわくこともあるが，親を責めても決して良い支援にはならない。子どもを育てる協力者と

して親とともに考える姿勢をもち，話し合うことが大切である。親自身も虐待の被害者である可能性も高いため，面接の過程で忘れようと努めていた過酷な過去に直面して，不安が高まることも少なくない。そのため，侵入的になり過ぎずに相手のペースを尊重すること，親としてではなくひとりの個人として向き合うことが重要である。

どんなにひどい虐待を受けても，多くの子どもは親に対して愛情を抱き続ける。親が変化することは子どもにとって何よりもうれしいことで，子どもを育てる親を支援することは子どもの支援そのものである。

4節　児童虐待のない社会へ

4-1　体罰によらない子育て

虐待の背景には，保護者が「しつけ」のための**体罰**として暴力をふるうこともある。そのため，2020年の児童福祉法の改正により，体罰が許されないものであることが法定化され，体罰によらない子育てについて社会全体で取り組んでいくことが決められた。子どもが言うことを聞いてくれないとき，イライラしてつい叩いたり，怒鳴ったりししまうことがある。また，それでうまくいっていると感じることもあるかもしれない。しかし，大人への恐怖心から一時的に言うことを聞いているだけであり，子どもの自律心や自尊心は育たない。体罰によるしつけは，問題の根本的な解決にならないだけでなく，子どもの攻撃性を高め，反社会的な行動を促進し，周囲の人に暴力をふるう傾向を高める（日本行動分析学会，2014）。

しかし，セーブ・ザ・チルドレン・ジャパン（2018）が実施した全国調査の結果によると，しつけのために子どもに体罰をすることについて，「決してすべきではない」が43.3％に対し，「積極的にすべきである」が1.2％，「必要に応じてすべきである」が16.3％，「他に手段がないと思った時にすべきである」が39.3％となっており，体罰を容認する考えは根強く存在している。体罰によらない子どもとの関わり方のポイントを表4-2に示したが，子どもも大人も安

表4-2　子どもとの関わりの具体的な工夫のポイント（厚生労働省，2020をもとに作成）

① 子どもの気持ちや考えに耳を傾ける	自分の気持ちや考えを受け止めてもらえた体験によって，子どもは気持ちが落ち着き，大切にされていると感じることができる。
② 「言うことを聞かない」にもいろいろある	保護者の気をひきたい，言われていることが理解できない，体調が悪いなど理由は様々であり，それを考えることが大切である。
③ 子どもの成長・発達によって異なる	子ども自身が困難を抱えているときは，その子の年齢や発達の状況に応じたケアを考え対応する。
④ 子どもの状況に応じて身の回りの環境を整える	子どもを叱らなくよい環境づくりや，子どもが自分でできるようになる環境づくりが大切である。
⑤ 注意の方向を変えたり，子どものやる気に働きかける	子どもは気持ちの切り替えが苦手。待ってみたり，場面を切り替えたりして，注意の方向を変えてみることも一つの方法である。
⑥ 肯定文でわかりやすく，時には一緒にして，お手本になる	大声で怒鳴って禁止するよりも，してほしいことを肯定文で，穏やかに落ち着いて伝えると伝わりやすい。また，共に行ったり，やり方を教えるのもよい。
⑦ 良いこと，できていることを具体的に褒める	子どものよい行動を褒めることで，自己肯定感が育まれる。また，結果だけでなく，頑張っているプロセスを褒めることも大切である。

心して生活できる体罰のない社会をつくるには，まず，この意識を変えていくことが必要である。

4-2　児童虐待通告の義務

　児童福祉法（第25条）では，「保護者のない児童又は保護者に監護させることが不適当であると認める児童を発見した者は，これを福祉事務所若しくは児童相談所又は児童委員を介して，福祉事務所若しくは児童相談所に通告しなければならない」と規定されており，児童虐待防止法（第5条）には「学校，児童福祉施設，病院その他児童の福祉に業務上関係のある団体及び学校の教職員，児童福祉施設の職員，医師，保健師，弁護士その他児童の福祉に職務上関係のある者は，児童虐待を発見しやすい立場にあることを自覚し，児童虐待の早期発見に努めなければならない」と明記されている。また，通告した人が特定されないように秘密は守られる。虐待の通告というと虐待をしている親を罰するためというイメージをもつ人もいるかもしれないが，子育てに困っている家庭に支援の手が入ることで，子どもだけでなく結果的に親も救われる。実際，子

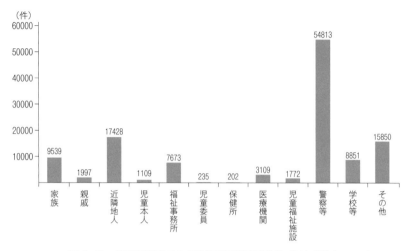

（件）

家族	9539
親戚	1997
近隣地人	17428
児童本人	1109
福祉事務所	7673
児童委員	235
保健所	202
医療機関	3109
児童福祉施設	1772
警察等	54813
学校等	8851
その他	15850

図4-3　児童相談所での虐待相談の経路別件数（厚生労働省，2017）

どもが泣き止まずに近隣から通報されて警察官が訪問してきたが，その警察官に子育てへの労いと励ましの言葉をかけてもらい安心できたという事例もある。

　児童虐待のサインとして，①不自然な傷や打撲の痕，②着衣や髪の毛がいつも汚れている，③表情が乏しい，④おどおどしている，⑤落ち着きがなく，乱暴になる，⑥親を避けようとする，⑦夜遅くまで一人で遊んでいるなどがあげられる。児童虐待のない社会は専門家だけで構築できるものではない。図4-3に2016年度の児童相談所への虐待相談の相談経路を示した。これをみると2番目に多いのが近隣知人（1万7,428件）である。地域で生活する多くの人が協力しながら子育てを見守り，そして，できる範囲で手を貸していくことが大切である。なお，児童相談所虐待対応ダイヤルである「189（いちはやく）」にかけるとその地域の児童相談所につながるようになっている。

4-3　完璧を求めない子育て

　長年，母子の治療に関わってきた精神科医である小倉（2012）は，「子育てというものは私の考えでは，人類がなしうるすべての仕事・事柄の中でもっと

児童福祉

もむつかしいものであり，したがってもっとも崇高なものであると思う。それに比べたら火星に有人飛行をすることなんて，そう大したことでもない。子どもを育てることは人類にとって全人間的全人格的な，他に類をみない大難事業であると思う。これを完璧になしとげるなんてことはあるわけがない」と述べている。また，ウィニコットは適切な子育てのできる母親を**ほどよい母親**（good enough mother）と呼び，時には失敗したり，赤ちゃんの欲求にすべて応えられなかったりすることで，子どもは幼児的万能感から脱却し，欲求不満耐性が育ち，母親から独立した存在として健全に成長していくとしている。

　児童福祉における子育て支援でも，養育者にゆとりをもたらすことが何よりも重要である。完璧な親や育児なんてどこにも存在しない。子どもとともに養育者も育っていくという視点をもつことが大切になる。

 考えてみよう

- 児童虐待の予防や支援において，今の自分にできることをあげてください。
- 自分（または身近な人）が子育てをする際に留意しなければならないことについて考えてみましょう。

 さらに学びを深めたい人のために

NHKスペシャル取材班 (2016). ママたちが非常事態!?：最新科学で読み解くニッポンの子育て　ポプラ社

福田佳織 (編著) (2020). 笑って子育て：物語でみる発達心理学　改訂版　北樹出版

中釜洋子 (著)・田附あえか・大塚斉・大西真美・大町知久 (編) (2021). 中釜洋子選集　家族支援の一歩：システミックアプローチと統合的心理療法　遠見書房

5章　社会的養護

　みなさんは，日本に18歳以下の子どもが何人いるか知っているだろうか。また，そのうち親と一緒に暮らすことのできない子どもは何人いると思うだろうか。総務省のホームページによると，2018年の18歳以下の人口は約2,008万9,000人である。そのうち親と一緒に暮らせずに児童福祉施設や里親などで生活している子どもは約5万3,000人（厚生労働省子ども家庭局家庭福祉課，2019）で，約380人に1人の割合である。決して少なくない。

1節　社会的養護とは

1-1　社会的養護の現状

　「保護者のない児童や，保護者に監護させることが適当でない児童を，公的責任で社会的に養育し，保護するとともに，養育に大きな困難を抱える家庭への支援を行うこと」を**社会的養護**という。その理念として，①子どもの最善の利益のため，②社会全体で子どもを育むことの二つが掲げられ，①子どもの養育の場としての社会的養護，②虐待等からの保護と回復，③貧困や児童虐待の世代間連鎖の防止，④ソーシャルインクルージョン（社会的包摂）の四つの役割があげられている（児童養護施設等の社会的養護の課題に関する検討委員会，2011）。

　表5-1に児童養護施設の年次別の入所理由を示した。1977年には父母の死亡や行方不明による入所が全体の40％近くを占めたが，2018年では5.3％に過ぎない。それに代わり，1977年には6.2％であった父母の放任・怠惰，虐待・酷使による入所が2018年は39.5％となった。かつての社会的養護は，親のいな

表5-1　児童養護施設の入所理由

	1977年	1987年	1992年	1998年	2003年	2013年	2018年
総数	38,526 (100.0)	35,642 (100.0)	26,725 (100.0)	26,979 (100.0)	30,416 (100.0)	29,979 (100.0)	27,026 (100.0)
父の死亡	4,087 (10.6)	2,551 (7.2)	1,246 (4.7)	216 (0.8)	231 (0.8)	142 (0.5)	142 (0.5%)
母の死亡				731 (2.7)	681 (2.2)	521 (1.7)	542 (2.0%)
父の行方不明	10,678 (27.7)	8,878 (24.9)	4,942 (18.5)	649 (2.4)	653 (2.1)	141 (0.5)	60 (0.2%)
母の行方不明				3,371 (12.5)	2,680 (8.8)	1,138 (3.8)	701 (2.6%)
父母の離婚	7,426 (19.3)	6,678 (18.7)	3,475 (13.0)	2,292 (8.5)	1,983 (6.5)	872 (2.9)	541 (2.0%)
父母の不和	677 (1.8)	554 (1.6)	429 (1.6)	297 (1.1)	262 (0.9)	233 (0.8)	240 (0.9%)
父の拘禁	1,350 (3.5)	1,577 (4.4)	1,083 (4.1)	566 (2.1)	641 (2.1)	419 (1.4)	284 (1.1%)
母の拘禁				607 (2.2)	810 (2.7)	1,037 (3.5)	993 (3.7%)
父の入院	4,978 (12.9)	3,987 (11.2)	3,019 (11.3)	452 (1.7)	325 (1.1)	180 (0.6)	104 (0.4%)
母の入院				2,015 (7.5)	1,803 (5.9)	1,124 (3.7)	620 (2.3%)
父の就労	365 (0.9)	426 (1.2)	2,968 (11.1)	2,239 (8.3)	2,093 (6.9)	963 (3.2)	579 (2.1%)
母の就労				1,595 (5.9)	1,444 (4.7)	767 (2.6)	592 (2.2%)
父の精神疾患等	2,029 (5.3)	1,973 (5.5)	1,495 (5.6)	205 (0.8)	197 (0.6)	178 (0.6)	208 (0.8%)
母の精神疾患等				1,819 (6.7)	2,282 (7.5)	3,519 (11.7)	4,001 (14.8%)
父の放任・怠惰	1,593 (4.1)	2,089 (5.9)	1,920 (7.2)	542 (2.0)	769 (2.5)	537 (1.8)	544 (2.0%)
母の放任・怠惰				1,785 (6.6)	2,777 (9.1)	3,878 (12.9)	4,045 (15.0%)
父の虐待・酷使	818 (2.1)	921 (2.6)	947 (3.5)	806 (3.0)	1,522 (5.0)	2,183 (7.3)	2,542 (9.4%)
母の虐待・酷使				741 (2.7)	1,867 (6.1)	3,228 (10.8)	3,538 (13.1%)
棄児	794 (2.1)	771 (2.2)	270 (1.0)	244 (0.9)	236 (0.8)	124 (0.4)	86 (1.4%)
養育拒否	*	*	1,131 (4.2)	1,074 (4.0)	1,169 (3.8)	1,427 (4.8)	1,455 (5.4%)
破産等の経済的理由	*	*	939 (3.5)	1,287 (4.8)	2,452 (8.1)	1,762 (5.9)	1,318 (4.9%)
児童の問題による監護困難	*	*	1,662 (6.2)	1,450 (5.4)	1,139 (3.7)	1,130 (3.8)	1,061 (3.9%)
児童の障害	*	*	*	*	*	*	97 (0.4%)
その他	3,731 (9.7)	5,237 (14.7)	1,199 (4.5)	1,769 (6.6)	2,374 (7.8)	3,619 (12.1)	407 (9.2%)
不詳	*	*	*	227 (0.8)	26 (0.1)	857 (2.9)	164 (0.6%)

単位：人（％）　＊は調査項目としてあげられていない。
資料：厚生労働省子ども家庭局「児童養護施設入所児童など調査の概要」

い子どもや親に育ててもらえない子どもの保護を中心とした施策であったが，現在では，虐待を受けた子どもやDV被害を受けた母子，貧困家庭など地域で暮らす家族への支援を含めた施策へと役割が変化している。しかし，その変革に児童福祉施設などの実態がついていけず，日本の社会的養護は変化の過渡期にあると考えられる。

1−2　社会的養護の歴史

　近代国家としての日本は明治維新とともに始まる。急激な社会変動は多数の貧困層も作り出し，棄児や孤児も増え，貧しい農家では堕胎や間引き，人身売買も行われていた。しかし，明治期の国による児童保護施策は不十分で，そのような子どもの保護や養育は，一部の篤志家や宗教関係者が私財をかけて行っていた。

　国による子どもの保護が本格化するのは戦後になってからである。太平洋戦争の敗戦による混乱のなかで，10数万人に及ぶ戦災孤児や浮浪児，海外からの引き上げ孤児が街中にあふれ，1945年には戦災孤児保護対策要綱が出され，孤児たちの保護が緊急的に行われた。しかし，強制的で非人道的な保護は「浮浪児狩り」とも呼ばれ，収容された保護施設も困窮した状態にあり，満足な生活を提供できなかった。そのため，施設を逃げ出して生きるために法を犯す子どもも増えた。そのような状況を背景に1947年に**児童福祉法**が制定され，子どもが適切に養育されることや，その生活が保障されることが明記され，児童養護施設などが制度化された。その後，GHQによる児童福祉の理念と方法の啓発活動などもあり，日本の児童福祉は発展し，現在の社会的養護の制度が形成されていった。

1−3　家庭養護と施設養護

　社会的養護は，里親とファミリーホーム（小規模住居型児童養育事業）による**家庭養護**と，児童福祉施設等における**施設養護**に大別される（表5-2）。また，家庭養護と**家庭的養護**という用語があり，その区別が曖昧な部分もあったが，現在は，里親などの家庭において保護の必要な子どもの養育を行うことを家庭養護とし，地域小規模児童養護や小規模グループケアなどによって施設養護のなかに家庭的な養育環境を構築することを家庭的養護と呼んでいる。2018年では家庭養護の子どもが6,858人，施設養護の子どもが4万6,223人であり，施設養護にある子どものほうが圧倒的に多い。

表5-2　家庭養護と施設養護

社会的養護	家庭養護	里親	養育里親	4134人
			専門里親	221人
			養子縁組里親	299人
			親族里親	770人
		ファミリーホーム（小規模住居型児童養育事業）		1434人
	施設養護	乳児院		2706人
		母子生活支援施設		6346人
		児童養護施設		25282人
		障害児入所施設	福祉型障害児入所施設	5444人
			医療型障害児入所施設	3283人
		児童心理治療施設		1280人
		児童自立支援施設		1309人
		自立援助ホーム（児童自立生活援助事業）		573人

障害児入所施設の子どもの人数は2019年3月時点（厚生労働省, 2020）
子どもの人数は2018年3月時点（厚生労働省こども家庭局家庭福祉課, 2019）

2節　家庭養護

2-1　里親制度

　里親とは，児童福祉法に基づき都道府県知事の委託を受け，要保護児童を自分の家庭に迎え入れて養育する者を指す。里親登録の基本的な要件は，①要保護児童の養育についての理解および熱意並びに児童に対する豊かな愛情を有していること，②経済的に困窮していないこと（親族里親は除く），③里親本人または同居人が欠落事由に該当していないこととされている。欠落事由には，児童虐待または**被措置児童等虐待**（いわゆる施設内虐待）を行った者や，その他児童の福祉に関し著しく不適当な行為をした者などがあげられている。

　里親は，①**養育里親**，②**専門里親**，③**養子縁組里親**，④**親族里親**の4種類に分けられる。詳細は表5-3に示した。最も一般的で登録数や委託児童数が多いのが養育里親で，委託児童の半数以上を占めている。専門里親は類型上では養育里親に属するが，被虐待児など特に支援が必要な子どもを対象にしており，

表5-3　里親制度の種類

養育里親	対象児童	要保護児童
	登録里親数	9,592世帯
	委託里親数	3,326世帯
	委託児童数	4,134人
	登録の要件	養育里親研修を修了していること
	里親手当	あり
	一度に委託できる児童数	4人（同時に養育できる児童は，実子を含めて6人まで）
	名簿登録と更新	里親名簿への登録と5年ごとの登録の更新（更新研修の受講）
専門里親	対象児童	次に掲げる要保護児童のうち，都道府県知事がその養育に関し特に支援が必要と認めたもの ①児童虐待等の行為により心身に有害な影響を受けた児童 ②非行等の問題を有する児童 ③身体障害，知的障害又は精神障害がある児童
	登録里親数	702世帯
	委託里親数	196世帯
	委託児童数	221人
	登録の要件	● 専門里親研修を修了していること ● 次の要件のいずれかに該当すること ア　養育里親として3年以上の委託児童の養育の経験を有すること イ　3年以上児童福祉事業に従事した者であって，都道府県知事が適当と認めたものであること ウ　都道府県知事がア又はイに該当する者と同等以上の能力を有すると認めた者でであること・委託児童の養育に専念できること
	里親手当	あり
	一度に委託できる児童数	2人
	名簿登録と更新	里親名簿への登録と2年ごとの登録の更新（更新研修の受講）
養子縁組里親	対象児童	養子縁組が可能な要保護児童
	登録里親数	3,781世帯
	委託里親数	299世帯
	委託児童数	299人
	登録の要件	養子縁組里親研修を修了していること
	里親手当	なし（一般生活費や教育費などは支給される）
	一度に委託できる児童数	4人（同時に養育できる児童は，実子を含めて6人まで）
	名簿登録と更新	里親名簿への登録と5年ごとの登録の更新（更新研修の受講）

親族里親	対象児童	次の要件に該当する要保護児童 ①当該親族里親に扶養義務のある児童 ②児童の両親その他当該児童を現に監護する者が死亡，行方不明，拘禁，入院等の状態となったことにより，これらの者により，養育が期待できないこと
	登録里親数	560世帯
	委託里親数	543世帯
	委託児童数	770人
	登録の要件	要保護児童の扶養義務者及びその配偶者である親族であること 要保護児童の両親等が死亡，行方不明，拘禁，疾病による入院等の状態となったことにより，これらの者による養育が期待できない要保護児童の養育を希望する者であること
	里親手当	なし（一般生活費や教育費などは支給される）
	一度に委託できる児童数	4人（同時に養育できる児童は，実子を含めて6人まで）
	名簿登録と更新	里親名簿への登録は任意

里親数や児童数は2018年3月末時点

養育里親のうち養育経験が豊富か，子どもの教育や福祉などの従事経験のあるものが認められる。養子縁組里親は，**養子縁組**を前提とした里親であり，親族里親は対象児童の親族であることが要件となっている。

2-2　ファミリーホーム

　ファミリーホーム（小規模住居型児童養育事業）とは，2008年の児童福祉法の改正で創設された事業で，社会的養護が必要な子どもを養育者の住居（ファミリーホーム）に迎え入れて養育する家庭養護であり，施設養護ではない。児童定員は5～6人で，原則として2名の養育者（原則夫婦）および1名の養育補助者，または養育者1名に補助者2名を置かなければならない。養育者には，養育里親や児童養護施設職員として一定以上の経験が求められる。2018年では全国に347ヵ所あり，委託児童数は1,434人となっている。里親と合わせて，家庭養護の担い手として期待されている。

2-3　家庭養護の課題と支援

　里親における最も大きな課題が，子どもに生みの親ではないことを伝える**真実告知**に関するものである。真実告知はしないほうがよいという意見もあるが，子どもの権利条約の第7条には，「できる限りその父母を知りかつその父母によって養育される権利を有する」とあり，子どもには実親を知る権利がある。そのため，里親には自分が生みの親ではないという事実とともに，その子どもに愛情を抱き，大切に思っていることを，子どもの発達に合わせて丁寧に伝えていく必要がある。

　しかし，愛情だけで子どもを育てることはできない。里親に委託されている子どものうち約3割は虐待を受けており，過酷な環境で生きてきた子どもの養育には大きな困難が伴う。また，まだまだ数が多くないために里親に対する社会の理解も十分とはいえない。そのような状況で，里親家庭が社会や地域から孤立してしまえば，里親による虐待という悲劇が生じる可能性も高まる。被措置児童等虐待事例の分析に関する報告（社会保障審議会児童部会社会的養護専門委員会，2016）によると，2009年から2013年の5年間に起きた被措置児童等虐待は302件で，そのうちの43件（14.2%）が里親やファミリーホームで起きている。社会的養護に占める家庭養護にある子どもの割合（2013年は11.6%）を考えれば，決して少なくない数字である。

　そのため，里親やファミリーホームに子どもを委託するだけでなく，十分なサポート体制もつくるべきである。子どもと里親家庭のマッチングから措置解除後の支援に至る一連の過程において，質の高い里親養育のために行われる支援のことを**フォスタリング**という。2011年に制定された「里親委託ガイドライン」には，里親支援機関や児童家庭支援センターが連携して，里親の資質向上のための研修や，孤立しないための支援を行うことが明記されている。また，2012年から，児童養護施設と乳児院に里親支援専門相談員が置かれるようになり，施設養護で培ってきた養育方法を家庭養護に還元していくことが期待されている。家庭養護の推進と拡大には制度上のサポートはもちろん，里親への社会の理解も不可欠である。

3節　施設養護

　本節では，児童福祉施設のうち，そこで子どもたちが生活している**乳児院，母子生活支援施設，児童養護施設，障害児入所施設，児童心理治療施設，児童自立支援施設**の6施設，および児童福祉施設などを退所した児童を支援する**児童自立生活援助事業**（自立援助ホーム）について紹介する。施設数などのデータは，「社会的養育の推進に向けて」（厚生労働省子ども家庭局家庭福祉課，2019）をもとにしている。また，障害児入所施設については「障害児入所施設の現状」（厚生労働省，2020）を参考にした。

3-1　乳児院

　「乳児（保健上，安定した生活環境の確保その他の理由により特に必要のある場合には，幼児を含む）を入所させて，これを養育し，あわせて退院した者について相談その他の援助を行うことを目的とする施設」である（児童福祉法第37条）。2018年では全国に140ヵ所あり，2,706人の児童が生活している。原則として1歳未満の乳児を対象とした施設だが，2〜3歳児も在籍している。職員は小児科医（嘱託医），看護師，保育士，児童指導員，栄養士，調理員のほかに，家庭支援専門相談員や心理療法担当職員が配置されている。

　2017年度の措置理由は，父母の虐待22.8％，父母の精神疾患18.5％，父母の放任怠惰11.4％，父母の入院7.3％，破産等の経済的理由6.7％，父母の養育拒否6.1％，父母の拘禁3.6％，父母の就労3.3％となっている。児童養護施設と同じように父母の死亡（0.4％）や行方不明（1.1％）による入所は減少しており，在籍している子どもの約4割が虐待を受けている。

3-2　母子生活支援施設

　「配偶者のいない女子又はこれに準ずる事情にある女子及びその者の監護すべき児童を入所させて，これらの者を保護するとともに，これらの者の自立

の促進のためにその生活を支援し，あわせて退所した者について相談その他の援助を行うことを目的とする施設」である（児童福祉法第38条）。2018年は全国に227ヵ所あり，3,789世帯が入所し6,346人の児童が生活している。職員として母子支援員（保育士など），嘱託医，少年指導員，調理員，心理療法担当職員，個別対応職員が働いている。

　2017年の入所理由の約半数が夫等の暴力であり，約6割の施設が母子等緊急一時保護事業を実施しており，**夫婦間暴力**（DV）や**パートナー間暴力**（IPV）から避難する母子のシェルターの役割も果たしている。

3-3　児童養護施設

　「保護者のいない児童（乳児を除く。ただし，安定した生活環境の確保その他の理由により特に必要のある場合には，乳児を含む），虐待されている児童その他環境上養護を要する児童を入所させて，これを養護し，あわせて退所した者に対する相談その他の自立のための援助を行うことを目的とする施設」である（児童福祉法第41条）。2018年は全国に605ヵ所あり，約2万5,282人の児童が生活しており，社会的養護の子どもの5割が在籍していることになる。職員は児童指導員，保育士，嘱託医，栄養士，調理員，家庭支援専門相談員，心理療法担当職員などがいる。入所理由は表5-1に示したとおりで，2017年では入所している子どもの約6割が虐待を受けている。

　一緒に生活する子ども集団の定員が20人以上を**大舎制**，13〜19人を**中舎制**，12人以下を**小舎制**という。現在，家庭的養護の推進のため，**小規模グループケア**や**地域小規模児童養護施設**（グループホーム）を設置する施設が増えている。小規模グループケアは6〜8名，地域小規模児童養護施設の定員は6名と子ども集団を小さくし，炊事なども職員が子どもと協力しながら行うことで，一般家庭に近い生活体験をもちやすくしている。しかし，2017年でも児童養護施設に入所児童の6割は大・中・小舎で生活している。

3-4　障害児入所施設

　2012年に児童福祉法の一部改正により，重症心身障害児施設，盲児施設，ろうあ児施設，肢体不自由児療護施設，知的障害児施設，自閉症児施設と，それまでは障害種別に分かれていた障害児施設が一元化され，障害児入所支援にまとめられた（図5-1）。

　福祉型障害児入所施設は，身体に障害のある児童，知的障害のある児童または精神に障害のある児童（発達障害児を含む）を保護して，日常生活の指導，知識技能の付与を提供する施設で，2019年は全国に260ヵ所あり，5,444人の児童が在籍している。最も多いのは知的障害を抱えた子どもで全体の9割を占める。**医療型障害児入所施設**は，自閉症児，肢体不自由児，重症心身障害児などを保護し，日常生活の指導，独立自活に必要な知識技能の付与および医療的な治療を提供する施設で，2019年は全国に268ヵ所あり，3,283人の子どもが在籍している。

　一元化の理由として，障害種別では施設数が少なく身近な地域でサービスを受けられなかったことや，障害が重複している子どもも多く，障害種別に分けることが実状に即していないことがあげられる。また，一元化の目的として，入所児童の約3割が虐待を受けていることから，その対応を図ることもあげられている。さらに自立（地域生活移行）のための支援を充実することも目的としているが，どちらの施設も18歳以上の在籍者も多く（福祉型は1,500人，医療型は1万8,141人），地域での受け入れ先がないことが大きな課題となっている。

3-5　児童心理治療施設

　「家庭環境，学校における交友関係その他の環境上の理由により社会生活への適応が困難となった児童を，短期間，入所させ，又は保護者の下から通わせて，社会生活に適応するために必要な心理に関する治療及び生活指導を主として行い，あわせて退所した者について相談その他の援助を行うことを目的とする施設」である（児童福祉法第43条の2）。2017年に情緒障害児短期治療施設から名称変更された。2018年は全国に46ヵ所あり，1,280人の児童が入所してい

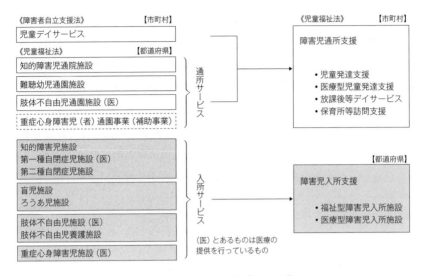

図5-1　障害児施設・事業の一元化
(厚生労働省 社会・援護局障害保健福祉部障害福祉課, 2012)

る。職員は，医師（精神科医または小児科医），心理療法担当職員，児童指導員，保育士，看護師，個別対応職員，栄養士，調理員などである。施設内に小中学校の分校があり，施設内で教育を受けることができる。

　入所児の抱える問題として，不登校や緘黙などの**非社会的な問題行動**，集団不適応や盗みなどの**反社会的な問題行動**，チックなどの**神経症的習癖**，自閉症スペクトラム障害などの**発達障害**などがあげられる。かつては非行問題を抱えた子どもの入所が多く，次に不登校の子どもが増えたが，近年では虐待を受けた子どもの入所が増え，在籍児童の約7割を数えるともいわれている。

3-6　児童自立支援施設

　「不良行為をなし，又はなすおそれのある児童及び家庭環境その他の環境上の理由により生活指導を要する児童を入所させ，又は保護者の下から通わせて，個々の児童の状況に応じて必要な指導を行い，その自立を支援し，あわせて退所した者について相談その他の援助を行うことを目的とする」施設である（児

童福祉法第44条)。2018年時点で全国に58ヵ所あり，1,309人の児童が生活している。窃盗や家出，性非行などの問題行動を抱えた児童が入所しており，男子の割合が多い。職員として，児童自立支援専門員，児童生活支援員，精神科医または嘱託医，家庭支援専門相談員，個別対応職員，栄養士，調理員，心理療法担当職員が在籍している。

1998年に教護院から児童自立支援施設に名称変更された。多くは児童相談所の措置による入所であるが，少年法に基づき家庭裁判所で保護処分決定を受けた児童が入所する場合もある。施設内分校を有する施設がほとんどで，施設内で教育を受けることができる。入所児童の約6割が虐待を受けており，さまざまな問題行動の背景には虐待の影響があることが明らかである。

3-7　児童自立生活援助事業（自立援助ホーム）

義務教育を終了した児童で，里親委託を解除された児童や児童福祉施設を退所した児童などの自立を図るために，地域の一般住宅などで共同生活をしながら，就職先の開拓や仕事・生活の相談，その他日常生活上の援助を行う事業である。2018年時点で全国に154ヵ所あり573人の児童が援助を受けている。

児童福祉施設ではなく住宅福祉サービスとしての位置づけのため補助費が低いという課題があるが，その必要性は高く，2008年の児童福祉法改正により対象年齢が18歳未満から20歳未満に引き上げられた。入所児童の7割が被虐待経験を有し，親に頼ることのできない18歳以上で20歳未満の未成年の支援の受け皿として期待されている。

4節　これからの社会的養護

4-1　家庭養護の推進

2017年に発表された「新しい社会的養育ビジョン」では，家庭養育優先の理念が規定され，実親による養育が困難な場合は特別養子縁組による永続的解決（パーマネンシー保障）や里親による養育を推進することが明確にされた。

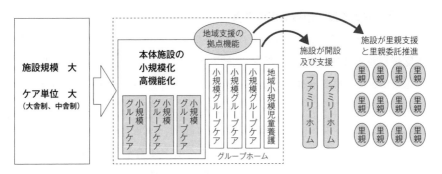

図5-2　施設機能の地域分散化・家庭的養護の推進
（児童養護施設等の社会的養護の課題に関する検討委員会，2011）

　また，児童福祉施設には，虐待を受けた子どもの専門的な治療的ケアなどの高機能化が求められ，施設の小規模化や地域分散化による家庭的養護を推進して（図5-2），できる限り良好な家庭的な養育環境を構築し，さらに短期の入所を原則としていくことが掲げられた。

4-2　自立支援の充実

　社会的養護の目的が子どもの保護から**自立支援**に変わり，児童養護施設などでも自立支援計画の作成が義務づけられている。社会的養護出身の子どもが，一般家庭の子どもと公平なスタートラインに立って社会で自立できるように，基本的な生活スキル，社会的スキルの獲得だけでなく，自己肯定感を育み自分らしく生きる力，他者を尊重し共生する力も身につけられるように充実したケアが求められている。

　また，自立支援のため，大学や専門学校等への進学や就職をしたが生活が不安定で継続的な養育を必要とする児童には，満18歳を超えて20歳に達するまでの間，児童養護施設や里親等に引き続き措置を行うことのできる措置延長を積極的に活用することがすすめられている。さらに2004年の児童福祉法改正により，退所後の児童の相談指導などを行うことが規定されるなどアフターケアの充実も図られている。

4-3　家族支援，地域支援の充実

　社会的養護には，分離による子どもの支援だけでなく，虐待防止のための**家族支援**や**親子関係調整**，里親等の支援も求められている。2004年には児童養護施設などに**家庭支援専門相談員**（ファミリーソーシャルワーカー）が配置され，児童相談所などの関係機関と連携を図りながら，施設の入所前から退所後に至る総合的な家族調整を行い，**家族再統合**を目指して支援を行っている。家庭復帰と家族再統合は同意語ではない。親と共に暮らすことだけを家族再統合のゴールにするのではなく，親と子どもがより良い関係でつながることが大切である。統合のあり方は親の状況に応じて柔軟に考えていく必要がある。

　地域における子育て支援も社会的養護の重要な役割である。乳児院や児童養護施設では，子育て短期支援事業として，保護者が疾病・疲労など身体上・精神上・環境上の理由により児童の養育が困難となった場合に養育・保護を行う**ショートステイ事業**（**短期入所生活援助事業**）や，保護者が仕事その他の理由により平日の夜間または休日に不在となった場合に児童を預かる**トワイライトステイ事業**（**夜間養護等事業**）が行われている。

　地域支援における社会的養護が担う役割はこれからよりいっそう大きくなっていくだろう。児童福祉施設には，今まで積み上げてきた養育に関する知識と経験を活かし，地域における子育て支援の拠点として，社会に開かれた施設になっていくことが求められている。

 考えてみよう

- 社会的養護下にある子どもや，社会的養護出身者にどのような支援が必要か考えてください。
- 児童養護施設や里親家庭がテーマとなっている小説を読んだり，映画を見たりして，家族とは何かについて考えてみましょう。

 さらに学びを深めたい人のために

吉田眞理（編著）・坂本正路・高橋一弘・村田紋子 (2019). 児童の福祉を支える社会的養護1：児童の福祉を支える　萌文書林

滝川一廣 (2004). 新しい思春期像と精神療法　金剛出版

6章　児童福祉施設における支援

　みなさんは児童福祉施設と聞いてどんなイメージを思い浮かべるだろうか。親と一緒に暮らすことのできない子どもが生活していることから，暗く寂しい印象を抱く人もいるかもしれない。私も大学院生のときに児童養護施設でのボランティアに初めて参加するまで漠然とそんな想像をしていた。しかし，実際にみる施設の雰囲気は明るく，出会った子どもたちは元気だった。本章では虐待を受けた子どもの心理療法を中心に児童福祉施設における心理支援と生活支援について説明していく。

1節　児童福祉施設の入所児童が抱える困難

1-1　入所児童の虐待経験

　5章でも述べたとおり，近年，児童福祉施設では虐待を受けた子どもの入所が増加している。表6-1をみると，児童心理治療施設では約8割，児童養護施設でも6割を超える子どもが虐待を受けていることがわかる。そのため，すべての児童福祉施設において虐待を受けた子どもへの支援が必要となっている。

1-2　入所児童の抱える障害

　次に，入所児童の抱える障害についてまとめた（表6-2）。これをみると虐待による心的外傷後ストレス障害（PTSD）や反応性アタッチメント障害だけでなく，発達障害を抱えた子どもも在籍していることがわかる。児童心理治療施設や児童自立支援施設では，自閉症スペクトラム障害の割合がとくに多い。また，知的能力障害の子どもは児童養護施設でも約1割を超えており，特別支援

表6-1　入所児童の虐待経験の有無の割合と種類（厚生労働省子ども家庭局，2020から作成）

	総数	虐待経験あり	虐待経験の種類（複数回答）				虐待経験なし	不明
			身体的虐待	性的虐待	ネグレクト	心理的虐待		
児童養護施設	27026	17716 65.6%	7274 41.1%	796 4.5%	11169 63.0%	4753 26.8%	8123 30.1%	1069 4.0%
乳児院	3023	1235 40.9%	357 28.9%	2 0.2%	816 66.1%	202 16.4%	1751 57.9%	32 1.1%
母子生活支援施設	5308	3062 57.7%	937 30.6%	124 4.0%	588 19.2%	2477 80.9%	2019 38.0%	201 3.8%
児童自立支援施設	1448	934 64.5%	604 64.7%	55 5.9%	465 49.8%	330 35.3%	436 30.1%	72 5.0%
児童心理治療施設	1367	1068 78.1%	714 66.9%	96 9.0%	516 48.3%	505 47.3%	249 18.2%	46 3.4%
自立援助ホーム	616	441 71.6%	238 54.0%	48 10.9%	241 54.6%	243 55.1%	125 20.3%	48 7.8%
里親	5382	2069 38.4%	629 30.4%	62 3.0%	1361 65.8%	390 18.8%	3028 56.3%	295 4.9%
ファミリーホーム	1513	802 53.0%	365 45.5%	60 7.5%	500 62.3%	289 36.0%	576 38.1%	123 8.1%

学校に通う入所児童も少なくない。そのため，児童福祉施設の職員には発達障害の特徴を理解して彼らにもわかりやすい対応を身につけることが求められる。そして，子どもが都合よく解釈して身につけている間違った行動や方法である**誤学習**の修正など，その特徴から引き起こされる**二次障害**を最小限に抑える必要がある。

2節　子どもを対象とした心理療法

2-1　遊戯療法（プレイセラピー）

　児童福祉施設での心理療法では，**遊戯療法（プレイセラピー）**が実践されることが多い。遊戯療法とは言語によって十分に表現できない子どもを対象にした心理療法であり，表現やコミュニケーションの手段として遊びを用いる。プレイルームと呼ばれる玩具をそろえた専用の部屋が使われることが多いが，必

表6-2　入所児童の抱える障害の一部（重複回答）（厚生労働省子ども家庭局，2020から作成）

	総数	心的外傷後ストレス障害（PTSD）	反応性アタッチメント障害	知的能力障害	注意欠如・多動症（ADHD）	限局性学習障害（SLD）	自閉症スペクトラム障害
児童養護施設	27026	320 1.2%	1541 5.7%	3682 13.6%	2309 8.5%	458 1.7%	2381 8.8%
乳児院	3023	6 0.2%	40 1.3%	142 4.7%	12 0.4%	1 0.0%	60 2.0%
母子生活支援施設	5308	17 0.3%	55 1.0%	213 4.0%	144 2.7%	51 1.0%	210 4.0%
児童自立支援施設	1448	46 3.2%	167 11.5%	179 12.4%	435 30.0%	49 3.4%	357 24.7%
児童心理治療施設	1367	120 9.7%	361 29.2%	155 12.6%	457 37.0%	40 3.2%	587 47.5%
自立援助ホーム	616	30 4.9%	62 10.1%	72 11.7%	81 13.1%	14 2.3%	84 13.6%
里親	5382	25 0.5%	132 2.5%	462 8.6%	294 5.5%	43 0.8%	360 6.7%
ファミリーホーム	1513	35 2.3%	136 9.0%	239 15.8%	182 12.0%	102 6.7%	196 13.0%

要な玩具を面接室に持ち込むなどセラピストの工夫次第でプレイルームがなくても遊戯療法は可能である。

　非指示的遊戯療法を提唱したアクスライン（Axline, 1947）は，セラピストの指標として8つの基本原理（表6-3）をあげている。これは遊戯療法の流派を超えて多くのセラピストに重視される遊戯療法の基本となっている。

　このうち，①～⑦は受容的・共感的で子どもの主体性を尊重する姿勢を示している。今まで誰も信頼したことがない入所児童も多く，ラポールを築くのも簡単ではない。そのため，セラピストとの信頼関係を形成していくこと自体が遊戯療法の目的となる。また，主体的に遊ぶことも苦手なため，自由な表現ができるように安全で受容的な雰囲気をつくることも大切な仕事である。しかし，何でも許容すればよいのではなく，治療構造を守っていくために⑧の制限も重要となる。その守られた空間のなかで子どもは真に自由になることができる。必要な制限には心理療法の時間，場所，過度に攻撃的な行動やプレイルー

表6-3　遊戯療法の8つの基本原理

① ラポールの形成	セラピストはできるだけ早くよいラポールができるように子どもとのあたたかい親密な雰囲気を作り出す
② あるがままの受容	セラピストは子どもをあるがままに受容する
③ 許容的な雰囲気	セラピストは子どもが自分の気持ちを自由に表現できるような許容的な雰囲気を作り出す
④ 適切な情緒的反射	セラピストは子どもの表現している気持ちを油断なく認知し，子どもが洞察を得るような適切な情緒的反射を行う
⑤ 子どもの主体性の尊重	セラピストは子どもがもつ自分で自分の問題を解決しうる能力に深い尊敬の念をもつ。選択したり，変化させたりする責任は子どもにある
⑥ 非指示的態度	セラピストは非指示的態度をとり，子どもの行いや会話を指導しない。子どもが先導してセラピストはそれに従う
⑦ ゆっくりとした進行	セラピストは治療を早めようとしない。治療はゆっくり進む過程であることをセラピストは認める
⑧ 制限	セラピストは治療が現実の世界に根を下ろし，子どもにその関係における自分の責任を気づかせるのに必要なだけの制限を設ける

ム内の物の持ち帰りといったことがあげられる。しかし，闇雲に制限を守らせればよいというものではなく，制限と許容をめぐってセラピストが悩むことや，子どもと真剣にやりとりをすることが，治療の進展にとって重要である（永井，2005）。また，施設ごとの環境や子どもに適した治療構造を子どもと一緒につくっていくという視点も施設での遊戯療法の助けになる。

2-2　環境療法

虐待を受けた子どもの心の傷は深刻で，週に1回1時間程度の心理療法だけで回復を図ることは難しい。そのため，被虐待児の支援では，子どもが生活を営む施設の環境そのものを治療的にして，子どもと職員との間で起こる日常的なやりとりに心理療法的な意味をもたせ，**生活の中の治療**を行う**環境療法**を展開していく必要がある。

ギル（Gil, 1991）は，虐待によるトラウマを抱えた子どもの心理支援として，トラウマそのものを直接的に扱う**回復的アプローチ**と，トラウマによって歪められた感情体験や対人関係の改善を目的とした**修正的アプローチ**の二つを

あげている。西澤（1999）は，修正的アプローチは環境療法として行われるほうが適しているとし，図6-1のような二つの基礎と四つの柱からなる虐待を受けた子どもへの環境療法のモデルを提唱している。

①**安全感・安心感の再形成**　理不尽な暴力にさらされ不安定な生活を送ってきた子どもの支援で何よりも大切なことは，子どもを取り巻く環境を非虐待的なものにすることである。安定した生活のリズムや職員の予測可能な関わりが，子どもに安全感・安心感をもたらす。そのためには**虐待的人間関係の再現傾向**など虐待を受けた子どもの行動特性を理解することが重要となる。安全感・安心感のある養育環境があって初めて虐待の事実と向き合い，回復に向けて取り組めるようになる。

②**保護されているという感覚（保護膜）の形成**　その生活のなかで，子どもが「保護されている」「守られている」という感覚をもてることが重要である。子どもがネガティブな状況にあるときに安心感をもたらすことで職員との間に安定した**アタッチメント**が形成されていく。そのためには子どもが「自分のことがわかってもらえている」という感覚をもつことが大切となり，職員には子どもの心の状態に思いを巡らせ，言葉にして伝えていくことが求められる。

③**人間関係の修正**　虐待的な関係のなかで歪められた人間関係の修正のた

図6-1　**虐待を受けた子どもの環境療法** （西澤，1999）

めには，職員との間で，また，子ども集団のなかで安全な対人関係パターンを体験することが必要である。暴力による支配と服従という関係ではなく，穏やかで安全な人間関係を積み重ねることで，不適切な人間関係が修正されていく。また，職員同士が協力して働く姿は子どもにとって健康的な人間関係のモデルとなる。

④感情コントロールの形成　虐待を受けた子どもは，怒りや不安などのネガティブな感情を誰かに受けとめてもらった経験に乏しく，自分のなかで抱えることができずに爆発的に表現し行動化してしまう。そのため，子どもが自分の感情をコントロールするためには，まずは環境によって抱きかかえてもらう体験が必要となる。職員が子どもの感情を理解して（または，理解しようとして）言葉にしてフィードバックすることで，徐々に子どもも自分の感情を言語化できるようになり，言葉にすることで自分の感情を抱え，コントロールできるようになっていく。

⑤自己イメージ・他者イメージの修正　自分が悪い子どもだから虐待され，施設に入れられたと感じている子どもに「あなたは悪くない」と言語的・非言語的に繰り返し伝えることで，否定的な自己イメージが修正されていく。虐待を受けた子どもは問題行動を繰り返すことも多いが，「あなたの行為は悪いが，あなたの存在自体は価値がある」と伝えることが重要である。私が児童養護施設で出会った子どもが「職員さんは僕が悪いことをするから叱るんだね」と語ったことがあった。今まで理由なき暴力を受け，自己否定してきた子どもが職員との正当な関わりを積み重ねることで自己イメージ・他者イメージが修正されていく。

⑥問題行動の理解と修正　子どもの示す問題行動の対応では，その背景にある心理力動や，そうした力動を生じるに至った虐待の影響と関連づけた理解が不可欠となる。問題行動の多くは虐待的な環境を生き延びるために彼らが身に着けた工夫であり，ただ注意して禁止するだけでなく，安全な生活での適応的な行動を伝えていく必要がある。また，子どもの行動をすべて許容するのではなく，施設の生活や職員との関係が破綻しないように，一定の限界設定（リ

ミットセッティング）をしていくことが安全な生活環境の構築には重要となる。

2-3　トラウマの心理療法

　西澤（1999）は，トラウマの心理療法では，「再体験（Reexperiance）」「解放
（Release）」「再統合（Reintegration）」の「三つのR」が必要であるとし，トラ
ウマとなった体験の記憶を再体験し，トラウマ記憶として閉じ込められた感情
や感覚などを解放し，トラウマ記憶を自分の歴史のなかに再統合していくこと
で，心の傷が癒されるとしている。

　ギル（Gil, 1991; 2006）は，虐待を受けた子どもの心理療法として，ポストト
ラウマティックプレイに注目した**トラウマフォーカスト・プレイセラピー**を提
案している。ポストトラウマティックプレイとは，虐待等によるトラウマ体
験が遊びのなかで繰り返される現象であり，硬直的，抑制的で，一人の世界
に没頭し，遊びの結末に変化がない**停滞的ポストトラウマティックプレイ**と，
柔軟で感情解放が多く，遊びに展開がみられ，セラピストとの相互作用があ
る**動的ポストトラウマティックプレイ**に分けられる。遊戯療法のなかで，動
的ポストトラウマティックプレイを引き出し，子どもがその遊びを能動的に行
い，トラウマとなった出来事に緩やかにさらされ，自分のなかに再統合してい
くことで治療効果が生み出される。

2-4　生活場面での心理支援

　施設における心理療法の最大の特徴は子どもが日常生活を送る施設内で実施
されていることである。環境療法の説明で述べたように，虐待を受けた子ども
の心理療法を実施するためには，安心・安全な日常生活があることが大前提と
なる。また，心理療法のプロセスで子どもが不安定になることもあり，そのと
きに子どもを抱きかかえる環境がなければ心理療法も進展しない。そのため，
施設の心理職には子どもの日常生活を安定させるための支援も求められる。ケ
アワーカーとのコンサルテーションによって間接的に支援する場合もあるが，
全国の施設心理職の約半数が実際に生活場面に入って心理支援を展開しており，

日常生活のなかで子どもと面接を実施したり，子どもが落ち着かないときに危機介入的に対応したりしている（塩谷，2017）。髙田（2012）は，子どもがパニックなどの危機的状況に陥ったときに大人に支えられた体験が，不信感を修正する絶好の機会になると述べており，生活場面に参入する心理職には，日常生活で起きている問題に直接介入して適切な支援を実施するスキルが求められる。また，発達障害を抱えた子どもの誤学習を修正するには，日常場面で行動療法的な支援をすることも効果的である。

　心理職が生活場面にどの程度，またどのようなかたちで参入するかにはさまざまな意見があるが，施設の心理職には心理の専門家としてのアイデンティティを守りつつ，施設のニーズに合わせて柔軟に対応することが求められる。

2-5　そのほかの心理療法

　児童福祉施設では，そのほかにもさまざまな心理療法が実践されている。子どもの心的世界を絵画などの芸術作品によって表現する**アートセラピー**や，楽器を演奏する**音楽療法**には，表現する行為自体にカタルシス効果がある。**集団心理療法**（グループセラピー）では，対人関係の問題を内面に抱える心理的な問題とつなげて理解して援助することができる。また，社会性の獲得や対人関係スキルの改善には**心理教育**や**ソーシャルスキル・トレーニング**も有効であり，子どもの衝動的，攻撃的行動をやわらげ，社会への適応力を高めるためのプログラムとして**セカンドステップ**（NPO法人　日本こどものための委員会）を導入する施設もみられる。

　社会的養護の子どもの出生や剥奪体験，過去の記憶の混乱などを解消するために開発された**ライフストーリーワーク**を実践する施設も多い。ライフストーリーブック（才村，2009）を利用し，職員と子どもが協力して自分の生い立ちに関する質問に回答していくことで，過去の成育歴や家族にまつわる事実を受けとめ，自己物語を紡いでいくことを援助できる。

　性的虐待の被害者や加害者をはじめ，性に関する問題を抱えた子どもも入所しており，性的事故の予防や性に関する健康的な知識を身に着けるために，ま

た自分を大切にすることを学ぶために**性教育**を実施している施設も多く，心理職が担当している場合もある。

2-6　統合的心理療法という視点

　児童福祉施設では，虐待以外にも非行や精神疾患，発達障害など多種多様な困難を抱えた，またそれらをあわせもった子どもへの心理療法が求められる。さらに入所児童だけではなく，家族への心理支援のニーズも高まっている。これらの問題に対応するためには，一つの学派に依拠した心理療法だけではなく統合的な心理療法によるアプローチが必要となる。例えば，ワクテル（Wachtel, 1997）は，精神分析・行動療法・家族療法を統合した**循環的心理力動的アプローチ**を提唱している。また，村瀬（2003）は，学派にとらわれずにさまざまな技法を柔軟に用いる**統合的心理療法**を提案し，すぐれた心理療法家は技法が異なっていても，本質的に共通したものをもっていると述べている。統合的心理療法という視点は児童福祉施設で働く心理職にとって大きな助けになるだろう。

3節　児童福祉施設での支援の実際

3-1　生活支援

　児童福祉施設で子どもの生活支援を行う職員は**ケアワーカー**（直接処遇職員）と呼ばれ，保育士や児童指導員（大学で社会福祉学・心理学・教育学・社会学のいずれかを専攻して卒業するなどして得られる任用資格）が担っている。彼らの業務を**レジデンシャルワーク**という。レジデンシャルワークには，日常生活のケアのほかに，幼児期の身辺自立，自我の確立，社会性の獲得など子どもの自立のための支援や，家族再統合に向けた取り組みなどが含まれる。入所児童が通う学校の授業参観や三者面談も担当し，まさに子どもにとって親代わりの存在となる。宿直業務もあり，交代勤務をしながら24時間365日，子どもの生活を守っている。次にレジデンシャルワークの詳細を述べる。

①アドミッションケア　施設入所時の子どもの不安や混乱への援助である。児童相談所でどんなに丁寧に説明されても，多くの子どもは入所理由などを理解しきれずに大きな不安を抱えて施設に来る。そのとき，少しでも安心できるように，好きなキャラクターの入った日用品を準備したり，夕食のメニューに好物を入れたりして，施設での生活がスムーズに始まるように工夫する。施設に入所した日のことを覚えている子どもは多く，よい支援にとってよいスタートは重要である。

②ケアワーク　食事，洗面，更衣，入浴，排せつ，掃除，洗濯など子どもの日常生活に関わる直接的な援助のことをいう。一般家庭では当たり前の習慣が，施設に措置される子どもの生活では欠如している。例えば，施設に入るまできちんと歯磨きをしたことがない小学生もいる。いつもと同じ時間に起床し，朝食を食べて，学校に行き，帰ってきて宿題をして，おやつを食べ，遊んで，夕食を食べて，歯を磨いて，入浴し，いつもと同じ時間に就寝するという安定した生活のリズムが安心感を生み出し，子どもの身体と心の成長の礎となっていく。しかし，虐待を受けた子どもにとって，それまでの生き方を捨てて新たな生活様式に慣れるのは容易ではない。健康的な生活の大切さを伝えることがケアワーカーの専門職としての重要な仕事の一つである

③グループワーク　子どもは子ども集団のなかで成長していく。児童福祉施設では集団生活という特徴を活かして，ケアワーカーもさまざまなグループワークを行い，子どもの対人関係スキルや社会性を強化することができる。例えば，スポーツ活動を通して，チームワークや努力することを学び，施設でのイベントの企画や運営を通して，コミュニケーション能力や協調性などを身に着けることができる。

④ソーシャルワーク　児童相談所や学校などとの連携や病院などとの調整も重要な仕事である。施設内の支援だけで子どもを育てることはできず，関係機関と連携し，協働しながら子どもの育ちと自立をサポートしていかなければならない。入所児童が学校で問題を起こすことも多い。その一方で学校に適応

できるかどうかは，子どもの自己肯定感やその後の人生に大きく影響する。そのため，ケアワーカーには教員との連携を丁寧に行い，協力して子どもの学校生活を支えていく必要がある。

⑤ファミリーソーシャルワーク　ソーシャルワークのうち，家族全体の支援を視野に入れて行われるものである。虐待をした親との関係づくりや，**家族再統合**のための**親子関係調整**が含まれ，そのために家庭支援専門相談員（ファミリーソーシャルワーカー）が配置されている。対応が難しい親も少なくないが，ケアワーカーが家族とよい関係を築くことは子どもにとって大きな支えとなる。

⑥リービングケア　施設退所に向けた援助のことをいう。社会的自立のために，社会生活上の知識や実際的な技能を身につけることが目的である。退所が近づくと将来への不安や施設を離れる寂しさから不安定になる子どもも少なくない。ケアワーカーにはその気持ちを抱えつつ，未来に向けた支援をしていくことが求められる。

⑦アフターケア　施設を退所した子どもやその家族への取り組みのことである。多くの児童養護施設では，退所した子どもも必要があれば施設に来て相談をすることができ，特に用事がなくても遊びに来ることができる。施設でのイベントを決まった日に開催することで，退所者が来所しやすくしている施設もある。また，同じ施設を退所した身近な先輩が仕事や子育てをがんばっている姿をみることは，入所している子どもにとってもよいモデルとなる。

3-2　心理職の役割の発展

　児童福祉施設では，多くの心理職が従来の外来型の心理療法に固執することなく，必要があれば生活場面にも参入しながら，それぞれの施設の環境にあった心理支援を工夫して実践している。しかし，児童養護施設をはじめ児童福祉施設の心理職は一人または少数であることも多く，最初から多くの仕事ができるわけではない。塩谷（2014）は，児童養護施設の心理職の仕事の発展段階を図6-2のようにまとめている。まず，初期の「子ども個人を対象にした支援」の段階では，個別心理療法やケアワーカーとのコンサルテーションを中心とし

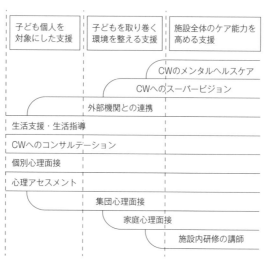

```
┌──────────────┬──────────────┬──────────────┐
│ 子ども個人を   │ 子どもを取り巻く│ 施設全体のケア能力を│
│ 対象にした支援 │ 環境を整える支援│ 高める支援      │
└──────────────┴──────────────┴──────────────┘
                              CWのメンタルヘルスケア
                         CWへのスーパービジョン
                    外部機関との連携
 生活支援・生活指導
 CWへのコンサルテーション
 個別心理面接
 心理アセスメント
                 集団心理面接
                    家庭心理面接
                         施設内研修の講師
```

図6-2　児童養護施設における心理職の支援内容の発展モデル（塩谷，2014）

た支援が実施される。または，生活場面に参入して支援を実践していく。次に
「子どもを取り巻く環境を整える支援」の段階になると，集団心理面接や外部
機関との連携が展開され，子ども集団や家族が支援の対象となる。さらに「施
設全体のケア能力を高める支援」の段階になると，職員の育成に関わり，施設
内研修などを担当し，施設全体のケア能力を高めることが目的となる。

　施設の心理職には虐待を受けた子どもの心理療法だけでなく，施設全体を対
象にした支援が求められるようになってきた。さらに主任などの管理職を務め
る心理職も増え，これから施設長になる心理職も出てくるだろう。そのなかで，
心理職としての視座をもって施設全体のマネジメントを展開していくことが期
待されている。

3-3　施設職員の抱える課題

　ブリッジフォースマイル（2013）の調査によると，児童養護施設の離職者
の50％以上が20代であり，若い職員の離職が大きな課題となっている。また，
伊藤（2007）は児童養護施設の若手職員が抱える否定的ストレスについて調査

し，職場の労働条件や人間関係，子どもの性格行動上の問題が大きなストレッサーになっていると報告している。

　児童福祉領域は，理想が高く責任感が強くて仕事熱心な人が集まりやすいため，それまで意欲的に働いていた職員が仕事の負荷が大きくなるにつれて急速に働く意欲を失う**バーンアウト**（**燃え尽き症候群**）が起こりやすいとされている。また，施設職員の仕事は職務として自分の感情をコントロールする必要がある感情労働であり，虐待体験をはじめ子どもの傷ついた体験談を傾聴して共感するうちに支援者自身が傷ついていく**共感疲労**を起こしやすく，それがバーンアウトにつながっていく。

　また，入所児童が職員によって虐待される被措置児童等虐待（**施設内虐待**）も大きな課題である。社会保障審議会児童部会社会的養護専門委員会（2016）の報告によると，2009 〜 2013年の5年間に児童養護施設では184件の施設内虐待が起きている。

　バーンアウトによる離職や施設内虐待の背景には，孤立によって職員のゆとりが削がれている現状がある。これは家庭で生じる児童虐待の要因と全く同じである。施設の小規模化・地域分散化が進むなかで，職員がよりいっそう孤立していく危険性があり，その防止が施設の新たな課題となっている。信頼できる職員が何度もいなくなることで，子どもたちも見捨てられる体験を繰り返し，傷ついていく。職員が安心して働くことができ，頻繁に入れ替わらない「安定した職場」は，子どもが安心して生活するためにも重要である。

3-4　施設職員に求められること

　森田（2006）は，施設職員の役割について「子どもたちの日常に関わりながら，彼らがかつて体験してきた，不安と恐怖に満ちた，懐疑的で，緊張しっぱなしの人間関係から，信頼と，安定と，安寧と，ゆとりのある人間関係を子どもたちに体験させて，その体験を内界に築き後々の生活でその体験したものを基にして，日常を送れるようにすることが一番大きな仕事となる」と述べている。

この役割を果たすために施設職員に要求される最も重要な能力が，チームとして協力して働く姿勢である。子どもの問題を一人で抱えることはできない。また，子どもからのためし行動に取り組むためには，他の職員との協力が不可欠である。職員同士がお互いに助け合う人間関係は施設全体のケア能力を高めるために重要な要素となる。そして，児童福祉施設の心理職にはそのための支援も求められる。

考えてみよう

- 児童養護施設のホームページなどを閲覧して，施設の入所児童がどのような生活をしているか調べてみましょう。
- 児童養護施設で心理職が効果的に機能するためにはどのような点に留意しなければならないか考えてください。

さらに学びを深めたい人のために

加藤尚子（編著）(2012). 施設心理士という仕事：児童養護施設と児童虐待への心理的アプローチ　ミネルヴァ書房

内海新祐 (2013). 児童養護施設の心理臨床：「虐待」のその後を生きる　日本評論社

7章　障害者福祉の現場

　公認心理師などの心理職が働く現場の一つとして，障害者福祉の現場があげられる。保健・医療領域に幅広く就業している心理職にとって障害をもつ人たちの生活支援の課題は従来から避けて通れない課題であり，福祉専門職との連携が不可欠になっている。実際，保健・医療領域の心理職が就業先の内外で連携している職種としては，社会福祉士や精神保健福祉士等が多数を占め（日本臨床心理士会，2019），医療職との連携に次いで多くなっている。

　対象者の生活支援と多職種連携が今やあらゆる領域のあらゆる援助専門職に要請されるようになっているが，その背景には，少子高齢社会への政策的対応や，支援目的についての理念の変化，サービスの受け手（以下「利用者」）の意識の変化等が複雑に絡んでいる。政策的には，少子高齢社会対策として**地域包括ケアシステム**という，利用者のライフサイクルに合わせて地域のなかで一体的かつシームレスに提供しようとするシステムづくりが打ち出されている。

　障害者福祉分野においても，身体障害，知的障害，精神障害といった，障害種別ごとに異なっていた従来のサービス体系が一元化され，障害者の地域生活を一貫して支援することが重視されている。また，障害福祉サービス等を受けるための要件や，支給量，期間を定めるための全国共通の基準により，支援必要度の程度の判定（**障害支援区分**）が行われ，応能負担（医療・介護・福祉サービスで，所得に応じて対価や保険料を支払うこと）という制度設計のなかで，利用者の心情や意向を尊重したサービスを実施するとともに，事務的な福祉サービスの配分に陥らないようにする必要性が生じている。

　本章ではまず，障害者福祉に従事する心理職が知っておくべき障害者福祉の法制度および法的定義を概説する。次いで，障害とはそもそもどのような状態

であるかを考え，障害者福祉分野における心理職の関わりの留意点を整理する。

1節　障害者福祉の法制度

1-1　障害の社会モデルと合理的配慮

　障害者福祉の支援対象は「障害者」であるとされるが，「障害者の定義」については，実際にはさまざまなものが存在する。大まかには，医学的な意味合いと，福祉サービスの必要性を法的基準に基づいて定めた法的意味合いの二つが存在するが，両者は必ずしも一致していない。

　現在，障害福祉サービスの対象や目的やサービスの中味を具体的に規定しているのは，2013（平成25）年に制定された「障害者の日常生活及び社会生活を総合的に支援するための法律」（以下「障害者総合支援法」）である。その第二条に障害者は「身体障害，知的障害，精神障害（発達障害を含む）その他の心身の機能の障害（以下「障害」と総称する）がある者であって，障害及び社会的障壁により継続的に日常生活又は社会生活に相当な制限を受ける状態にあるものをいう」と定義されている。また，社会的障壁とは，「障害がある者にとって日常生活又は社会生活を営むうえで障壁となるような社会における事物，制度，慣行，観念その他一切のものをいう」とされている。ここでは，心身機能に損傷があるとの医学的診断を受けていれば，あるいは障害者手帳を所持していれば障害者であるという単純な見方だけではなく，社会的障壁との関連のなかで障害を捉えようとする観点が法の理念として打ち出されている。

　このように，障害そのものではなく，社会制度や環境が障壁となって，障害者の日常生活や社会生活に制限をもたらすという観点は，一般には**障害の社会モデル**と呼ばれている。それに対して，障害を病気や事故，その他の健康状態から直接引き起こされた個人に属する特性と捉える従来の考え方は，**障害の個人モデル**や**医学モデル**と呼ばれている。社会モデルの捉え方は，時代や人によりさまざまで，必ずしも一致しているわけではないが，社会モデルが提起した「社会の側の問題」という観点は1981年の国際連合（以下「国連」）が

指定した国際障害者年を契機として全世界に広がった障害概念である。

　国連では1971年に「精神薄弱者（知的障害者）の権利宣言」，1975年に「障害者の権利宣言」を採択していたが，1976年の国連第31回総会において社会における障害者の「完全参加と平等」という理念の実現を目指して，1981年の国際障害者年の採択を行い，各国の取り組みを求めることとなった。そして，1983年から1992年を「国連障害者の十年」と定め，「障害者に関する世界行動計画」が策定された。この世界行動計画を経て，世界に広まった障害の社会モデルの観点は，2006年の国連総会で採択された「障害者の権利に関する条約」（以下「**障害者権利条約**」）において大きく打ち出される。

　障害者権利条約は21世紀では初の国際人権法に基づく人権条約であり，同条約の第二条では障害者への**合理的配慮**について「障害者が他の者との平等を基礎として全ての人権及び基本的自由を享有し，又は行使することを確保するための必要かつ適当な変更及び調整であって，特定の場合において必要とされるものである」と定められ，障害者に対する人権擁護と差別の禁止，社会の責任が明記された。

障害者福祉

1-2　障害者福祉の法的定義

支援対象

　2011（平成23）年の**改正障害者基本法**では，「障害及び社会的障壁」の前文に障害者として，「身体障害」「知的障害」「精神障害（発達障害を含む）」の3障害に加えて，「その他の心身の機能の障害」として，それまで福祉サービスの谷間に置かれていた難病を新たに加えている。これにより，症状の変動等により身体障害者手帳の交付対象にならなかった難病患者も障害福祉サービスの対象として位置づけられることになった。また，発達障害も精神障害者保健福祉手帳の交付対象となることが国の方針として明確化された。

　従来，障害者に対しては，税制上の優遇措置や障害福祉サービス等を受けやすくするために，身体障害者には**身体障害者手帳**，知的障害者には**療育手帳**，

精神障害者には**精神障害者保健福祉手帳**が交付されてきた。また，身体障害者手帳は1949（昭和25）年に制定された身体障害者福祉法（1949年）に，精神障害者保健福祉手帳は1995（平成7）年に制定された精神保健及び精神障害者福祉に関する法律（以下「精神保健福祉法」）に，それぞれ手帳発行の条文があり法的な根拠が存在するため，障害の程度の区分や基準は全国共通である。

　しかし，知的障害者を対象とした療育手帳に関しては，1960（昭和35）年に制定された**知的障害者福祉法**には知的障害の定義と手帳についての記述はなく，1973（昭和48）年の厚生省の通知「療育手帳制度について」という一種のガイドラインに基づき，各都道府県知事（政令指定都市の長）が公布するため，各自治体により障害の程度の区分や基準は異なっている。これは知的障害の診断基準が確立していないことによっている。

　また，身体障害者手帳や精神障害者保健福祉手帳は主に医師の診断に基づいて，療育手帳は医師や心理職の判定に基づいて機械的に判定されるため，社会モデルではなく，心身の機能評価が中心となり，医学モデルに偏りがちである。さらに，大半が発達早期に判明する知的障害は，療育手帳発足時に成人に達していたために，療育手帳非所持の世代が存在すること，精神障害者保健福祉手帳は最も新しい制度であり，他の障害に比して取得のメリットが小さいために，非所持者が多いなどの問題がある。

　発達障害については2000年代から診断が増えているが，2004（平成16）年に制定された**発達障害者支援法**には独自の障害者手帳制度が存在せず，知的障害や精神障害の二次障害がなければ交付されない場合があった。しかし，2011年の障害者基本法の改正等の一連の法整備に伴い，精神障害に発達障害が含まれるようになって以来，発達障害では知的障害がなければ精神障害者保健福祉手帳の対象となった。その結果，交付基準を満たしていて，知的障害がなければ精神障害者保健福祉手帳が，知的障害があれば療育手帳が発達障害者にも交付されるようになっている。

　以上は，障害福祉サービスの対象を定めるという意味合いからの法的定義であり，医学的な定義とは異なる。例えば，発達障害者支援法には「注意欠陥多

動性障害」が含まれるが，国際的な診断基準である「疾病及び関連保健問題の国際統計分類」（国際疾病分類　International Classification of Diseases：ICD）では，「多動性障害」という名称で「行動及び情緒の障害」に含まれており，発達障害（「心理的発達の障害」）には分類されていない。また，精神障害者保健福祉手帳の対象として「てんかん」が含まれているが，ICDではてんかんは精神障害ではなく，「神経系の疾患」に分類されている。

　このように，法律的意味合いの定義は支援の必要性に基づいた定義であり，時代とともに変遷すること，また，医学的定義であっても精神障害については操作的定義がなされていて，時代により流動している。例えば，かつて同性愛は精神障害に含まれていたが，現在は除外されたり，「ゲーム障害」が精神障害として国連の世界保健機関（以下「WHO」）によりICDの第11版（ICD-11）に新たに定義されたように，その時代の文化や社会の下で異なったり，変化したりしていることはおさえておく必要がある。

障害者福祉

サービスの区分

　かつては，身体，知的，精神といった主に三つの障害種別ごとにサービスの区分が定められていた。しかし障害者総合支援法では，障害福祉サービス等の体系という事業内容に基づくサービスの区分が定められている。さらに利用者も，複数の事業所から複数のサービスを受けることができる形式となっている。したがって，障害種別ごとの入所型の福祉施設（障害者支援施設）や通所型の福祉施設単位ごとの区分ではなく，身体，知的，精神の3障害を統合一体化した共通の障害福祉サービス事業が組み立てられていて，各施設はそれらの事業の一部を実施することになっている。

　サービス事業の内容も入所施設や通所施設といった区分ではなく，個々の障害のある人々の障害程度や勘案すべき事項（社会活動や介護者，居住等の状況）を踏まえ，個別に支給決定が行われる**障害福祉サービス**と，利用者の状況に応じて柔軟に実施できる**地域生活支援事業**に大別されている。

　このうち，障害福祉サービスは，介護の支援を受ける場合には「介護給付」，

訪問系	介護給付	居宅介護(ホームヘルプ)	者児	自宅で,入浴,排せつ,食事の介護などを行う
		重度訪問介護	者	重度の肢体不自由者または重度の知的障害若しくは精神障害により行動上著しい困難を有する者であって常に介護を必要とする人に,自宅で,入浴,排せつ,食事の介護,外出時における移動支援,入院時の支援などを総合的に行う
		同行援護	者児	視覚障害により,移動に著しい困難を有する人が外出する時,必要な情報提供や介護を行う
		行動援護	者児	自己判断能力が制限されている人が行動するときに,危険を回避するために必要な支援,外出支援を行う
		重度障害者等包括支援	者児	介護の必要性がとても高い人に,居宅介護など複数のサービスを包括的に行う
日中活動系		短期入所(ショートステイ)	者児	自宅で介護する人が病気の場合などに,短期間,夜間も含めた施設で,入浴,排せつ,食事の介護などを行う
		療養介護	者	医療と常時介護を必要とする人に,医療機関で機能訓練,医療上の管理,看護,介護及び日常生活の世話を行う
		生活介護	者	常に介護を必要とする人に,昼間,入浴,排せつ,食事の介護などを行うとともに,創作的活動または生活活動の機会を提供する
施設系		施設入所支援	者	施設に入所する人に,夜間や休日,入浴,排せつ,食事の介護などを行う
居住支援系	訓練など給付	自立生活援助	者	一人暮らしに必要な理解力・生活力などを補うため,定期的な居宅訪問や随時の対応により日常生活における課題を把握し,必要な支援を行う
		共同生活援助(グループホーム)	者	夜間や休日,共同生活を行う住居で,相談,入浴,排せつ,食事の介護,日常生活上の援助を行う
訓練系・就労系		自立訓練(機能訓練)	者	自立した日常生活または社会生活ができるよう,一定期間,身体機能の維持,向上のために必要な訓練を行う
		自立訓練(生活訓練)	者	自立した日常生活または社会生活ができるよう,一定期間,生活能力の維持,向上のために必要な支援,訓練を行う
		就労移行支援	者	一般企業などへの就労を希望する人に,一定期間,就労に必要な知識及び能力の向上のために必要な訓練を行う
		就労移行支援(A型)	者	一般企業などでの就労が困難な人に,雇用して就労の機会を提供するとともに,能力などの向上のために必要な訓練を行う
		就労移行支援(B型)	者	一般企業などでの就労が困難な人に,就労する機会を提供するとともに,能力などの向上のために必要な訓練を行う
		就労定着支援	者	一般就労に移行した人に,就労に伴う生活面の課題に対応するための支援を行う

(注)表中の「者」は「障害者」,「児」は「障害児」であり,利用できるサービスにマークを付している。

図7-1 障害福祉サービス等の体系(介護給付・訓練等給付)
厚生労働省ホームページ「障害福祉サービスについて」から引用し,一部改変

訓練等の支援を受ける場合は「訓練等給付」に位置づけられる（図7-1）。サービスには期限のあるものと，期限のないものがあり，有期限であっても，必要に応じて支給決定の更新（延長）は一定程度，可能となっている。また，入所施設のサービスは，昼のサービスと夜のサービスに分かれており，例えば，常時介護が必要な利用者は，日中活動の生活介護と，住まいの場として施設入所支援を組み合わせて利用する等のサービスの組み合わせが選択可能である。また，事業を利用する際には，利用者一人ひとりの個別支援計画が作成され，利用目的にかなったサービスが提供されることとなっている。

　それに対して地域生活支援事業は，地域の特性や利用者の状況に応じた柔軟な事業形態による事業を計画的に実施できるようにしたものであり，実施主体は市町村と都道府県である。地域生活支援事業には必須事業と任意事業があり，市町村の必須事業としては，普及啓発や社会参加を促進する事業や相談支援や移動支援，意思疎通支援，日常生活用具の支給や成年後見制度と関連した事業等がある。都道府県の必修事業としては，より専門性が高い相談支援事業や従事者研修等がある。また，市町村の任意事業には，日常生活支援，スポーツやレクリエーション，文化芸術に関わる社会参加支援，権利擁護，就業・就労支援等があり，より専門性が高い事業を都道府県が担っている。

2節　「障害」とはなにか

2-1　ノーマライゼーション

　かつて障害とは，戦争や事故や病気の結果として身体に生じた固定した障害を指していた。しかし，脳性麻痺のような生まれつきの身体障害や，内臓機能の障害のような目に見えない内部障害，知的障害や発達障害等には，障害福祉サービスが適用されないという問題が生じた。また，医学的な治療が終わった後に後遺症として障害が残るという直線的な因果関係に基づいた障害概念では，慢性疾患や精神障害のように医学的な治療と障害福祉サービスの両方が同時に必要な状態があるにもかかわらず，医療が優先されて障害福祉サービスが後回

しにされたり，適用されなかったりするという問題が生じた。さらに，障害を終生にわたり持続する固定した状態としてのみ捉えた場合，病気やストレスにより一時的にケアが必要となった場合や，精神障害のように変動する障害に対しては，障害福祉サービスは利用できないという事態を招くこととなった。

障害概念に影響を与えた理念やムーブメントはいくつかあるが，そのなかでも**ノーマライゼーション**や，10章に述べる**自立生活運動**は，1981年の**国際障害者年**の運動理念と相互に影響し合って世界的な議論を引き起こして，その後の障害福祉やリハビリテーションに大きな影響を与えた。

ノーマライゼーションとは，デンマークのミケルセンが1950年代に最初に提唱して，北欧から北米，そして全世界に広がり，障害者福祉やリハビリテーション，障害者運動等に大きな影響を与えた理念である。ミケルセンは当時，デンマーク政府の行政官であり，施設のなかで非人間的な扱いを受けていた知的障害者の子どもの親の会の運動に共鳴して，ノーマライゼーションという言葉を使って政策立案を行った。ミケルセンのノーマライゼーションには，知的障害者もノーマルな人たちと同じように普通に生活する権利をもち，他の市民に与えられているのと同じ条件を提供するべきであるという理念がある。後に，ミケルセンはケネディ大統領の招きに応じて国の知的障害者の大規模収容施設を視察して，当時のアメリカの知的障害者施設の状況をナチスの強制収容所と類似していると批判し（花村，1998），アメリカの脱施設化政策に貢献した。

ノーマライゼーションの理論化に貢献した人物にはほかに，スウェーデン知的障害児者連盟のニィリエ（ニルジェ）がいる。彼は「すべての知的障害者の日常生活の様式や条件を社会の普通の環境や生活方法にできる限り近づけること」というノーマライゼーション原理を提唱し，日単位，週単位，年単位のノーマルな生活リズムや，ノーマルな経済的生活水準，住居，環境水準を得る権利や，自己決定と尊厳を尊重される権利の8つの原理を定義した（河東田，2009）。カナダではヴォルフェンスベルガー（ウルフェンスバーカー）が，日常生活のノーマライズのみならず，障害者の社会的役割の引上げのために外見を含めた社会的イメージや能力を高めることを重視して，1970年代に北米にお

いて障害者が価値ある社会的役割を実現することを重要視するソーシャルロール・バロリゼーション概念を提唱した（Wolfensbergcr, 1992）。

　ノーマライゼーションや自立生活運動，国際障害者年の潮流は，従来の施設や家族のもとで管理されるしかないとみなされていた障害者観や，医療や福祉サービスの受け手として一方的に保護されるしかない受け身な存在としての障害者観を変容させ，他の市民と同様に障害者が主体的に地域生活を送る権利をもつということを明確にした。そして，国際障害者年を契機として，「障害の構造」を明らかにする作業がWHOを中心として行われることとなった。

2-2　障害構造論のモデル

　WHOは国際障害者年前年の1980年に，**国際障害分類**（International Classification of Impairments, Disabilities and Handicaps：**ICIDH**）初版を発表して，心身の機能障害のみを障害であるとみなしていた従来の障害概念に対して，障害を**機能障害，能力障害，社会的不利**の3次元の直線的モデルで表現する障害概念を示した。ICIDHにより，例えば脳卒中の障害の構造を説明すると，最初に脳出血を止めて救命する治療の必要があり，その後に失語や麻痺といった「機能障害」が生じて，会話や歩行に支障があるという「能力障害」が生じ，さらに人との会話がうまく成立しないために仕事に復帰できない，車椅子を使用しているためにバリアフリー化されていない娯楽施設に行けない，あるいは，脳卒中という病気があるがゆえの差別をされるといった「社会的不利」が生じる，といった因果論的線形モデルとなる。

　ICIDHは機能障害の結果，能力障害や社会的不利が生じるとして，従来の障害の概念を三次元に拡げたものの，公表に際しては，「環境の役割が軽視されている」「医学モデルだ」「児童や精神障害分野で使用しづらい」との批判が寄せられ，スウェーデン，オランダ，カナダ等でその意義と問題点を指摘する集会の開催や組織形成がなされた（佐藤，1992）。世界的に巻き起こったさまざまな批判や議論を経て，WHOは1990年からICIDHの改訂作業を行い，2001年5月の総会において，**生活機能・障害・健康の国際分類**（国際生活機能分類

International Classification of Functioning, Disability and Health：ICF）を承認した。

ICFでは，障害を疾病（変調）だけではなく，地域生活すべてに関わる生活機能や健康状態とも関連づけるという意図のもとで国際障害分類という名称を「生活機能・障害・健康の国際分類」に変更するとともに，環境や個人要因を視野に入れて，生物，心理，社会的要因間の相互作用や循環を強調したモデルとなっている。例えば「風邪を引いた」という一時的な健康状態の変調が生じた場合の障害について説明すると，風邪を引いた人が仮に一人暮らしで交友関係が乏しく，かつ抑うつ的な傾向があるという環境因子や個人因子が背景に存在する場合，看病する人がおらず単純な風邪が悪化して長引いてしまう，あるいは風邪を引いたことにより活動性が低下したり，社会参加の機会がいっそう狭まり，自宅にひきこもりがちになるといった悪循環に基づく相互作用が生じる場合がある。逆に重篤な疾患であっても，その人を支える温かな環境があれば，疾病や障害があっても活動性は保たれ，社会参加の機会も保障されるという好循環が生じて充実した生活を送れるといった場合がある。

このように，ICFでは，固定した継続的な障害のみならず，症状が変動する難病や精神疾患，一時的な生活や健康上の変調等も個人因子や環境因子等の相互の関係により，生活支援が必要とされる状態になることが説明できるとされている。したがって，ICFの障害概念により，福祉サービスの適用範囲が広がるという政策的な影響が各国に生じることとなった。

しかし，ICFは医学モデルと社会モデルを合わせたものだとされており，医学モデルが否定されているわけではない。それゆえ，障害学の研究者であり，障害の「社会モデル」の提唱者でもあるオリバーは，以上のモデルの「障害概念」は，「障害の発生原因」としての「社会的抑圧」は想定されておらず，あくまでも病気の諸帰結としての障害観が採用されている，個々の機能障害に依然として焦点が当てられているとして，障害の「個人モデル」であると批判している（Oliver, 1990）。

3節　障害者福祉分野の臨床心理学的実践

　障害者福祉分野の臨床心理学的実践は，地域援助との関連が深い。しかし，障害者への臨床心理的地域援助は心理職にとって，まだまだ未知で未開拓の分野である。まずは障害福祉サービスにおける心理職の現在の位置づけと，その問題点をおさえたうえで，臨床心理的地域援助や多職種連携について概説する。

3-1　「相談室モデル」から「地域実践モデル」へ

　かつて身体，知的，精神等の障害種別ごとに設けられ，社会福祉施設と呼ばれていたものは，現在の障害者総合支援法の下では，入所型のサービスと昼間のサービスを組み合わせて実施する**障害者支援施設**と，入所型以外のサービスを実施する**福祉サービス事業所**に大別されている。

　障害者支援施設や福祉サービス事業所の従事者に対する法律で定められた職名は「生活支援員」「職業指導員」「地域生活支援員」等であり，心理系の大学・大学院出身者や，臨床心理士が障害者福祉分野に就業する場合は，心理職としての職名で就業するよりも，このような法律に定められた職名で就業することが多かった。また，以上の職名の従事者には，「福祉専門職員配置等加算」として国家資格の社会福祉士，介護福祉士，精神保健福祉士が位置づけられていたが，公認心理師の国家資格化を契機として，公認心理師も加わるようになっている。さらに，精神障害者に対して居宅介護事業所が訪問によるアセスメントと支援計画作成を実施した場合の「福祉専門職員等連携加算」にも福祉専門職や国家資格を有する者（理学療法士，作業療法士，言語聴覚士，看護師，保健師等）とともに，公認心理師も新たに加えられるようになっている。

　これにより，公認心理師も現在の福祉体系のなかで障害者支援施設や福祉サービス事業所の一員として福祉専門職等とともに働いていくこととなったが，これは心理職にとってさまざまな意味において未知で未開拓な業務に従事することを意味する。心理職は伝統的に時間や空間を定めた来所型の個別の心

理臨床に馴染んでおり，養成教育においても個別心理療法を主に念頭に置いたトレーニングを積んできた。また，個別の心理療法以外，例えば集団心理療法を学習する場合も構造化された環境で実施する形式を想定したトレーニングが行われてきた。加えて，障害者への関わりについても常勤ではなく，独立性が強い嘱託等の立場で，時間を区切った個別心理療法や，他の職種へのコンサルテーションを担うといった位置づけであることがしばしばみられた。

それに対して，今般，公認心理師が位置づけられるようになった障害者支援施設や福祉サービス事業所は自明のことながら，心理臨床の実践を前提にしてつくられた場ではない。それらは，障害をもつ利用者の**生活支援**を目的にしている場であり，既に利用者の生活の一部や，時には生活の大半を占める場となっている。障害者支援施設や福祉サービス事業所においては，利用者と従事者は日常の活動の多くの時間と場面を共にしており，障害者が参加しているさまざまなアクティビティ（ルーチンワーク，プログラム，イベント，偶発的イベント等）や日常生活場面やケア提供場面への**参与観察**（participant observation）を行いつつ，利用者の日常生活や社会生活に役立つ臨床心理学的支援を行うことが心理職に求められている。そのため，心理職がその養成教育で馴染んできた個別の心理療法および心理査定に関する技術から成る「相談室モデル」の範囲外の業務が仕事の大部分を占めることも珍しくなく，そういった場の実践を牧野（2012）は心理職の**地域実践モデル**と名づけている。

地域実践モデルは従来の独立型の個別の心理療法とは異なり，利用者や他職種と場面や時間の多くを共有する日常性や密着性の強い支援である。また，主に言語を媒介とした相談援助だけではなく，ケアやアクティビティといったそれまで心理職があまり関与してこなかった利用者の日常生活や社会生活の領域への参与観察と，それに基づいた働きかけを行うという特徴がある。

障害者支援施設や福祉サービス事業所においては，障害者の介護，生活訓練，就労支援，共同生活援助，地域リハビリテーションといった，従来の心理職があまり馴染みのなかった分野や広範囲の領域の利用者の生活支援を目標として利用者や他職種と協働することが求められている。また，近年は障害者施設建

設に対する反対運動や，障害者の命を軽視するような犯罪，在日外国人に対するヘイトスピーチ等，地域社会におけるマイノリティに対する差別や偏見，経済的な格差等に関連した**社会的排除**の問題も深刻化している。以上に対しては個別的な働きかけだけではなく，地域社会全体や政策的対応を視野に入れたマクロシステムへの働きかけや，相談支援におけるマジョリティモデルからマイノリティモデルへの変化の必要性や，アウトリーチ（訪問形式の相談援助）型のサービスの必要性が指摘されるようになっていて，これらの取り組みに関しても心理職の貢献を模索する必要がある。

3-2　多職種連携と生活モデル

　公認心理師が福祉専門職員配置等加算に位置づけられる以前から，同加算の対象になっていたのは社会福祉士と精神保健福祉士である。両者はいずれも名称独占のソーシャルワーカーの国家資格であり，社会福祉士は「社会福祉の増進」を目的として障害者一般の福祉領域の相談援助に携わること，精神保健福祉士は「精神障害者の福祉の増進」に寄与することを目的として，精神障害者の「社会復帰相談」や「日常生活への適応のために必要な訓練を行うこと」が相談援助の中味として法律に明記されており，保健・医療，福祉領域にまたがる業務が法的に規定されている。

　一方，公認心理師法では，公認心理師は「心の健康の保持増進」を目的として，心理学的査定，心理学的相談援助，関係者へのコンサルテーション，普及啓発活動等を業務として行うこととされている。しかし，対象を定義する明確な条文はなく，「心理に関する支援を要する者」という汎用性は高いが曖昧なかたちで対象者が規定されている。

　他方，社会福祉士と精神保健福祉士はそれぞれの法律や独自の倫理綱領に加えて，2000年に国際ソーシャルワーカー連盟が採択した「ソーシャルワークの定義」と理念を同じくするソーシャルワーカーの倫理綱領を共有している（社会福祉専門職団体協議会代表者会議，2005）。精神保健福祉士については，既に精神科医療機関に就業している割合は半分以下になり，メンタルヘルス対

策のマンパワーとしての要請が成されている現実を反映して，精神保健福祉士の英語表記はPSW（Psychiatric Social Worker）に代わってMHSW（Mental Health Social Worker）への変更が検討されている（木村，2017）。したがって，心理職と精神保健福祉士は，10章冒頭で後述するメンタルヘルスにおける心理社会的アプローチにおいてますます協働していくことが予想されている。

社会福祉士及び介護福祉士法や精神保健福祉士法においては関係者等との連携は「義務」として法律に規定されている。名称独占の国家資格の公認心理師においても同様に，支援対象に主治医がある場合はその指示に従うことが法的に明記されるとともに，保健，医療，福祉，教育等の関係者との連携は「義務」とされている。以上の規定と同時に，公認心理師法では地域包括ケアシステムを意識した「保健医療，福祉，教育等が密接な連携の下で総合的かつ適切に提供されるよう，これらを提供する者その他の関係者等との連携を保たなければならない」とされていて，領域横断的で包括的な多職種連携の必要性が示されている。

地域包括ケアシステムとは，利用者の意向と生活実態に合わせて生活支援サービスや住まいがシームレスに提供される体制であり，専門職や住民同士の連携が不可欠とされる。同システムは2012年のオレンジプラン（厚生労働省，2012）で提言され，当初は認知症ケアに適用された。次いで，障害者にも適用され，2017年の「これからの精神保健医療福祉のあり方に関する検討会」報告書（厚生労働省，2017）では，精神障害者にも適用された。また，2015年の中教審答申では「チーム学校」が提言され，学校における教員とスクールカウンセラーやスクールソーシャルワーカー等の専門職との連携が指摘された（中央教育審議会，2015）。

公認心理師ではさまざまな議論を経て，多職種連携と地域連携はカリキュラムに位置づけられたが（丸山，2018），医療やリハビリテーションの実践においては，既に心理職を含めた多くの職種が連携の取り組みに参加している。例えば，精神障害者への支援では1990年代から多職種連携のグループアプローチの具体的な手法として，認知行動療法に基づくソーシャルスキル・トレーニン

グ（Social Skills Training：SST）や家族心理教育，システム論に基づく家族療
法的なアプローチと理論が紹介されるようになっており，医療職に加えて精神
保健福祉士や心理職が既にそれらのアプローチに協働して参加している。

　以上のアプローチにおけるアセスメントモデルとしては，人と環境を不可分
とする交互作用モデルや生物心理社会モデルがあげられる。これらのモデルに
はさまざまなものがあるが，その代表的なものとして**生活モデル**（life model）
がある。8章でも述べるが，生活モデルは，1980年にジャーメイン（Germain,
C. B.）とギッターマン（Gitterman, A.）が提唱して，現代に至るまで福祉領域
全般に大きな影響を与えている生活支援の基盤モデルである。同様に生活支援
のモデルとして**ストレングスモデル**（strengths model）があるが，ストレング
スモデルは，環境から受けるストレスよりも環境の強みや，個人の対処法の長
所に着目するという視点をもつ（Rapp, 1997）。生活モデルの特徴として，当時
の支援概念に大きな影響を与えていたシステム理論に加えて，生態学（エコロ
ジー ecology）の影響が濃厚であることがあげられる。そのため，生活モデル
の実践はエコロジカルモデルと呼ばれることもある。

　生活モデルは，人と社会システム（環境）は相互に影響を及ぼし合いかつ変
化していくという循環モデル的な視点をもつ。以上の人と環境との関係は**交
互作用**（transaction）と呼ばれており，一方が他方に変化をもたらす効果のみ
を強調する直線的な思考とされる相互作用（interaction）概念とは敢えて区別
されている^{注2}。また，人と環境は切り離すことができない一元システムであると
みなして，相互に影響し合う人と環境の接触面（interface）としての生活その
ものを支援の対象として位置づけて，人と環境の双方に働きかけることによっ
て両者の良循環や最適合状態の実現を目指すという特徴がある。したがって，
生活モデルの働きかけの対象は人とその環境という二重の焦点をもつ。

　このように，生活支援を目的としたアセスメントモデルは心理社会的要因は
元来不可分のものであるとみなして，多職種協働で利用者の社会生活全般に関
わる包括的な情報収集を行い，それらの情報に基づいた役割分担を決めて支援
計画を作成して実行するといったケアマネジメントの手法が採用されているた

め，心理的側面は心理職，社会的側面はソーシャルワーカーがそれぞれ別個に担うといった役割分担は曖昧になっている（吉村，2020）。

　生活モデルは利用者に対する個別的なアプローチのみならず，グループアプローチにも影響を与えているが，以上のアプローチにおける多職種連携については実際にはさまざまな類型が存在する。表7-1のとおり，各職種と医師との連携を重視する多職種チームモデルや，各職種間の連携を重視する相互関係チームモデルなどが提唱されるようになり，近年は地域包括ケアと関連づけて，各職種の役割の開放性や交代性が高い相互乗り入れチームモデルの多職種連携の必要性が指摘されるようになっているが（地域の包括的な医療に関する研究会，2012），そのことも職種間のボーダーレス化を促進する要因になっている。

　加えて，EBM（Evidence Based Medicine 科学的根拠に基づく医療）やEBP（Evidence Based Practice 科学的根拠に基づく実践）と，介護保険等の制度的ケアマネジメントの日本への導入は事態をいっそう，複雑化させた。従来，医療で用いられたEBMやEBPは，専門領域を問わない多職種による実践という文脈で用いられるようになり（松岡，2019），医師による症状評価に加えて，主観的な色彩が強いQOL，自己効力感等の心理社会的指標でもEBMやEBPが応用され始めた。

　実践では交互作用モデル，アセスメントでは客観性，連携では多職種連携が重視されるという複雑な現象のもと，支援方法ではソーシャルワーカーは訪問，心理職は来所相談を重視する伝統から，両者ともに日常の生活場面から切り離された部屋で行われる画一的な問診票や評価尺度に基づいた来所相談を中心としたペーパーワーク的なアセスメントを担う傾向がみられる。

　現在の障害福祉サービスは，心身の状態に応じて必要とされる支援の度合を判定するための障害支援区分認定80項目についての訪問調査による問診を行い，コンピュータによる一次判定と，市町村審査員会の二次判定を経て，障害支援区分を認定して，それに基づいたサービスの支給決定を行うというシステムになっている。以上のシステムでは障害種別や障害や症状の重い，軽いではなく，現在の社会生活の実態により支援必要度を判断するとされている。しか

表7-1　多職種連携の類型

連携の焦点	主治医	職種間の対等性と疎通性	状況，場面
チーム編成	医師を頂点としたチーム編成 医師がヘッドシップとリーダーシップを担うことが多い	横並びのチーム編成 医師がヘッドシップを担うことが多いが，リーダーシップは流動的	役割の解放性，交代性可能なチーム編成 流動的なヘッドシップとリーダーシップ
連携のあり方 （職種の役割）	医師と各職種の連携重視 （各職種の役割の固有性と固定性は高い）	各職種間の連携重視 （各職種の役割の固有性や固定性は様々）	各職種間の相互干渉が可能な連携 （各職種の役割の固有性と固定性は低い）
典型例	旧来の病院医療	従来のリハビリテーション機関	地域包括ケアへの適用が想定されている

し，日常生活場面への参与観察を欠いた状態で，利用者の社会生活における支援必要度をあらかじめ定められた項目に対する問診のみでアセスメントすることは実際には困難である。また，障害者支援施設や福祉サービス事業所における支援計画も実際には面談や評価尺度等に基づいた問診により課題とされる事項をペーパーワーク的に同定して，そこに焦点を当てたアプローチをするという，医学モデル的な方法で実施されている場合も多い。

　現在，社会サービスに辿りつけない人や，その中断者のケアと生活保障の問題は地域社会で深刻化している。医療受診や通所や訪問サービスの拒絶，通所困難といった社会サービスへのアクセスに関わる現象は，ひきこもり，老老介護や老障介護や障老介護，8050問題，ゴミ屋敷問題といった状態像で近年は呼ばれるようになっている（内閣府，2019）。以上は社会的排除に関わる生活問題として顕在化しており，地域の自助や互助のシステムの枠外の存在とみなされた人たちへの公助や相談援助職のあり方が，ケアラー（介護や看病，療育が必要な家族や近親者を無償でサポートする人）から問われる事態になっている。また，言葉によるアセスメントが困難な人たち，認知障害等を抱えて適切な言語表出や表現に困難を抱える人たちへの対応も，従来の対話中心の関わりでは限界が生じる。例えば，認知症や認知障害等を抱えて自己主張が困難な人への対応は人権擁護の観点からも重要である。

障害者福祉

社会的排除に関連した生活問題は，来所型や対話主体の相談援助モデルだけでは対応できず，アウトリーチやフィールドワーク型の相互乗り入れ型の多職種連携モデルの実践が必要である。元来，不可分の関係である心理と社会の側面を個々別々に担ってきた心理職と福祉専門職は，利用者やケアラーとの協働性を構築するために来所相談だけではなく，障害者が参加しているアクティビティ（ルーチンワーク，プログラム，イベント，偶発的イベント等）や日常生活場面やケア提供場面にさまざまな職種とともに参与して，障害者やケアラーの社会生活の実態とニーズを把握する必要がある。

注1　「障害」の表記については，現在は「障害」「障碍」「障がい」等，多様な表記が見られるが，近年の行政機関などでは「障がい」表記が一般的になっている。しかし，2010 年 11 月 22 日に開催された「障害者制度改革推進会議」において，「障害」の表記についてさまざまな背景から多様な意見が出て検討がなされた結果，「や当面，現状の『障害』を用いる」とされた経過があることや，法律名称では依然として「障害」が使用されているため，本稿では「障害」に統一した。
注2　「相互作用」と「交互作用」は辞書的には同義語であるが，「交互作用」はエコロジカルで時間的経過や変容を重視した力動的概念であるという意味合いをもつとして，生活モデルの考えにおいては区別されている。

 考えてみよう

- 障害者福祉の対象者についてあなたはどのような人たちを思い浮かべますか？
- あなたが交通事故で入院した場合，どのような社会生活上の支障が生じるのか，現代の障害構造論モデルを使用して説明してみましょう。

 さらに学びを深めたい人のために

花村春樹（訳・著）(1998).「ノーマリゼーションの父」Ｎ・Ｅ・バンク−ミケルセン：その生涯と思想　増補改訂版　ミネルヴァ書房

佐藤久夫 (1992). 障害構造論入門：ハンディキャップ克服のために　青木書店

オリバー・Ｍ／三島亜紀子・山岸倫子・山森亮・横須賀俊司（訳）(2006). 障害の政治：イギリス障害学の原点　明石書店

8章　障害者の生活支援と就労支援

本章では，現在の生活支援の基盤となっている法的理念とモデルを紹介したうえで，生活支援と密接な関連をもつ就労支援の体系や，近年注目を浴びている就労支援モデルを紹介するとともに，生活支援や就労支援と関連が深い臨床心理学的な技術や方法について概説する。

1節　生活支援とソーシャルワーク

1-1　生活支援とは

障害者の生活支援を目的とした障害者支援施設や福祉サービス事業所において心理職が果たすべき役割のなかで，最も重要だと思われる役割は，障害者本人の心情や意向の確認を行い，生活支援を目的とした支援計画の作成と日常的な多職種の実践に生かすことである。

障害者総合支援法の前身である障害者自立支援法の第一条では，法律の「目的」として「障害者及び障害児が自立した日常生活又は社会生活を営むことができるよう，必要な障害福祉サービスに係る給付その他の支援を行い……」と記述されている。それに対して，2013年に制定された障害者総合支援法の第一条では，法律の「目的」は「障害者及び障害児が基本的人権を享有する個人としての尊厳にふさわしい日常生活又は社会生活を営むことができるよう，必要な障害福祉サービスに係る給付，地域生活支援事業その他の支援を総合的に行い，もって障害者及び障害児の福祉の増進を図るとともに，障害の有無に関わらず国民が相互に人格と個性を尊重し安心して暮らすことのできる地域社会の実現に寄与することを目的とする」とされ，「日常生活又は社会生活」への

支援の目的は，旧法の「自立」から「基本的人権」「個人の尊厳」の保障という，広義の生活への支援概念に修正されている。

　ここでいう「日常生活又は社会生活」への支援とは，「最低生活の維持」というような狭義の意味での生活を送るための「住まい」や「介護」等に関連した支援だけではない。広義の意味合いをもつ生活への支援として，日常生活を円滑に送れるようにするための「訓練」や「相談」や「意思疎通」に関連した支援や，生活に彩りを与える余暇や娯楽や文化スポーツ活動への支援も含まれる。また，社会生活を向上させるためのソーシャル・アクションやセルフヘルプ等の「社会参加」「権利擁護」に関連した支援等もある。したがって，障害者福祉の現場に就業した心理職には，従来の心理査定，心理面接のみならず，臨床心理学的な知識や技術を生活支援に役立てる役割が期待されることとなる。

　生活支援は，社会福祉的な援助技術である**ソーシャルワーク**との関連が深く，障害者福祉領域に就業した心理職にとっては医療従事者との連携のみならず，ソーシャルワーカーとの連携や，ソーシャルワーク的な生活支援の観点をおさえる必要が生じている。

1-2　ソーシャルワーク理論の変遷

　ソーシャルワークの源流は，19世紀のイギリスの都市部の貧困家庭を対象として行われた慈善組織協会の友愛訪問と，貧困地域の生活改善を図ったセツルメント活動にある。ソーシャルワークの先駆者であり，アメリカの友愛訪問の実践家であったリッチモンドは，1922年にソーシャルワークを，「人と社会環境に対する働きかけを通してパーソナリティの発達を図る過程」と定義して，それ以前の慈善事業的な観点から，人の内面と，社会的な環境や条件を変えるための科学的な働きかけを行う専門職の仕事をソーシャルワークと呼び，その体系化や専門職化を図った。

　ソーシャルワークの原型には，貧困問題の解決という「social」志向が強く表れている反面，「ケースワークの母」と言われ社会事業を体系化したリッチモンドが「社会診断」(social diagnosis) という言葉を使用したように，当初は

医学をモデルとした専門職化が意識されていた。そのため，フロイトの影響を受けた精神医学や心理学を主な基盤として，個人の内面に焦点を当てた個別援助の治療的アプローチが発展するが，次第に精神医学や人の内面に焦点を当てたフロイトへの偏向が批判されるようになっていく。

　特に，1960年代からのアメリカの混乱した世相の下で，ソーシャルワークの専門志向は貧困や人種問題のようなさまざまな社会問題の解決に対して無力である，個人の内面に働きかけるアプローチに偏向して，社会や環境への働きかけを欠いているとの批判が内部からもあがるようになった。そして，以上の批判を取り込むようなかたちで1970年代前後からソーシャルワークでは**システム論**に基づいたメタモデルが登場するようになる。

　7章でも前述したように，障害とは，病気や事故，その他の健康状態から直接引き起こされる不自由や困難であり，障害者個人の問題だと捉える従来の考え方は障害の「個人モデル」や「医学モデル」と呼ばれているが，このモデルは生活問題一般にもしばしば当てはめられたモデルである。医学モデルでは，結果が生じるには特定の原因が存在するといった，直線的な因果律が採用される。例えば，ある生活問題の原因を家族関係やパーソナリティの問題に帰結させて問題解決を図るといった思考方式である。

　それに対して，システム論では原因と結果は相互に関連したり，連なり合ったりするという，**円環的な因果律**が採用される。この因果律では，個人と社会や環境は相互に影響し合い変化するが，その悪循環のなかで生活問題が生じると捉える。ゆえに，個別援助や集団援助や地域援助は働きかけの対象のシステムレベルが異なるものの，生活支援という共通の目的をもった方法の一部であるといった，システム論的な捉え方がソーシャルワークに対しても行われる。以上は個々に発展してきた方法の共通基盤を明確化，統合化しようとする意味合いをもつため，**ソーシャルワークの統合化論**と呼ばれるようになる。

　7章でも言及したが，1980年代からは生態学（エコロジー）を主な基礎理論とするジャーメインとギッターマン（Germain & Gitterman, 1980）による生活モデルが提唱されるとともに，システム理論の思考方法とエコロジーの視座を

融合させた**エコシステム理論**が登場して，それらが現代のソーシャルワークの理論的基盤となっていった。また，別個に発展して乱立していたさまざまな方法や技術は**臨床ソーシャルワーク技術**として統合化され，ソーシャルワークの支援対象は，人と環境の接触面としての人間の社会生活であり，ソーシャルワークは人と環境という二重の焦点をもつ働きかけであるという共通基盤が1970年代〜80年代に確立していく（吉村，2009）。

1990年代には，システム論や生態学の影響を受けたソーシャルワークの包括統合的な動向は，ジェネリック・ソーシャルワークやジェネラリスト・ソーシャルワーク（佐藤，2001）と呼ばれ，ソーシャルワークの共通基盤を確立したうえで，各方法論や技術を再構築しようとする概念として，北米で定着していった。以上の概念は，ソーシャルワークの専門性を日本においても確立しようとする研究者たちによって精力的に紹介されるようになり，同時に生活モデル，エンパワメントやストレングス，社会構成主義の影響を受けた**ナラティブ・モデル**等の新しい視点も導入されるようになっていった。

2節　就労支援

2-1　就労支援とサービス体系

障害者の雇用の促進について定めた法律である「障害者の雇用の促進等に関する法律」（以下「**障害者雇用促進法**」）は「障害者の雇用義務等に基づく雇用の促進等のための措置，職業リハビリテーションの措置等を通じて，障害者の職業の安定を図ること」を目的とした法律である。

主な内容としては，事業主に対しては，障害者雇用率に相当する人数の障害者の雇用を義務づける**雇用義務制度**と，障害者の雇用に伴う事業主の経済的負担の調整を図る納付金・調整金や障害者を雇い入れるための施設の設置，介助者の配置等に助成金を支給する**納付金制度**が定められている。また，障害者本人に対する措置としては，障害者の態様に応じた職業紹介，職業指導，求人開拓等を行う**ハローワーク**（2019年度 全国544ヵ所）や，職業評価，準備

訓練，ジョブコーチ等の専門的な職業リハビリテーションサービスを実施する**地域障害者職業センター**（全国52ヵ所），就業・生活両面にわたる相談・支援を福祉施策との有機的な連携を図りつつ推進するための機関として **障害者就業・生活支援センター**（全国334ヵ所）が位置づけられる。これらの機関が就労移行支援事業，就労継続支援A型事業，就労継続支援B型事業等の障害者総合支援法における就労系障害福祉サービスと有機的な連携を図りつつ障害者の職業生活における自立を支援することとなっており，就労支援においても生活支援と関連づけた多職種連携が必要とされている。

　近年，障害者雇用に対する社会的関心度は高まっており，多くの企業が障害者雇用を推進している。また，障害者のなかでも特に精神障害者の雇用が急増している。以上の背景としては，2018年4月の障害者雇用促進法の改正に伴い，民間企業の法定雇用率が2％から2.2％に引き上げられたことや，精神障害者も法定雇用率の算定基準に新たに加えられたり，中央省庁や自治体などでの障害者雇用数の水増し問題が批判を浴びたりしたことの影響がある。しかし，厚労省が2019年12月に公表した統計（令和元年　障害者雇用状況の集計結果）によれば，雇用障害者数は約56万人，実雇用率2.11％と過去最高であるものの，雇用率達成企業の割合は48％と依然として50％を下回っている。

　就労支援は障害者だけの課題ではなく，若年者，子育て女性，高齢者，非正規雇用労働者，生活保護受給者への就職支援と一体となって促進していかねばならない生活課題であり，就労支援に携わる労働と福祉の専門職の連携が不可欠となっている。

2-2　就労支援と生活支援

　就労支援は生活支援の一部であり，元来は生活支援とは切り離すことができない支援である。就労は障害者の生活を豊かにすることが目的であり，単に就労できれば社会適応が向上したとみなすような短絡的な発想に陥らないようにする必要がある。

　また，健常者と同様に日常生活のセルフケア能力や認知能力と就労は必ずし

も一致しない。就労すれば生活の質（Quality of Life：QOL）が向上するといった単純なものではなく，就労によるストレスからQOLが低下するといった事態が生じることもある。さらに，就労については就労のレディネスを獲得するために，例えば生活習慣や作業能力をまずは向上させる，保護的就労を行ったうえで一般就労に移行する，といった段階論もしばしば当てはまらない。同様に障害特性をおさえることは重要ではあるが，統計的，一般的傾向と個別の特性は必ずしも一致しないので，基本は個々の特性に合わせたマッチングや，ノーマライズされた職場において環境調整を行うことが重要である。そのなかで，心理職には就労に関連した不安や迷い等の心理面を受容するとともに，就労に対する利用者の希望や意向を整理し明確化していく役割や，環境調整と合理的配慮を円滑に行うために，利用者の認知特性と長所に関する情報収集がとりわけ求められる。

　実際に，就労については診断名，症状の程度，入院歴等と就労達成率との関係に相関しないという報告は数多くあり，「就労したいが，就労できない」といった現象の要因としては，健常者と同様に，就労に伴う不安や恐怖がしばしば問題となる。

　これに対して従来の職業リハビリテーションでは古くから段階論的な方法が採用されてきた。段階論においては，一般就労は利用者の障害理解が前提であり，日常生活能力が安定するまでは就労という負荷は避けられるべきであると考えられてきた。また，ノーマライズされた環境ではなく，障害者支援施設や福祉サービス事業所等で症状の安定と作業能力の向上，身辺処理や健康管理や金銭管理等のセルフケア能力の向上を図って職業準備性を高めるという取り組みが必要であるとみなされてきた。しかし，以上の段階論は障害者を「普通の市民」というよりは「良い患者」になるよう手助けすることであったのではないかという指摘が，ストレングスモデルの立場に立つ精神障害者の就労支援手法のIPS（Individual Placement and Support）を提唱者したベッカーらによりなされている（Becker, 2000）。

2-3　IPSによる就労支援

　IPSとは，アメリカで1990年代前半に開発された精神障害者に対するスト
レングスモデルの伴走型の就労支援モデル（Becker & Drake, 2003）で，EBP
に基づいた科学的実践とされている（Bond et al., 2012）。日本では「援助付
き雇用」等と訳されており，2005年から千葉県市川市国府台地区日本版IPS
（IPS-J）が開始され，次いで東京や愛媛でもIPSを志向した取り組みが開始さ
れており，効果研究も実施されている（片山ら，2013）。また，働きたいけれど
も働けない若者に，メンタルヘルスの問題を抱える若者が多いことから若年層
への就労支援にもIPSの適用が行われるようになっている（津富，2014）。

　IPSでは，就労はノーマライゼーションを実現するものであり，治療的効果
があるとみなされている。IPSは「保護的な場で訓練する（train-then-place）」
伝統的なやり方よりも「早く現場に出て仕事に慣れる（place-then-train）」方法
を重視する。したがって，支援施設や福祉サービス事業所の職業前訓練やアセ
スメントは，利用者の仕事へ取り組む意欲を減退させ，適職を見つけ出すこと
の弊害となることがあるとして最小限にする。そして，短期間・短時間のパー
トでも，一般雇用に就き，さまざまな仕事に従事することでこそ，仕事内容，
自らの適性，関心，そしてニーズを知り得ることとなるという基本理念がある。

　職探しや障害の開示，職場での支援は，支援者側の都合ではなく，利用者の
技能や興味・選択に基づき，迅速に職場開拓が行われ，ジョブコーチとして出
て行って，職場のなかでのサポートを継続していく。また，IPSの構造やサー
ビス内容に関しては**適合度評価尺度**（Fidelity Scale）が開発されており，表8-
1の基本原則に忠実に実践されるほど，有効性が高いとされている。

　ベッカーらは，従来行われてきた広範囲にわたる職業評価は，医学モデルに
基づいて「できないこと」に着目する傾向があるために，精神障害者は職業準
備性が整っていないと決めつけて職業サービスから排除するように機能したと
指摘する。ベッカーら（Becker & Drake, 2003）によれば，IPSの最終目標はリ
カバリーであり，働くことがこれを達成する手段となる。すなわち，働くこと
を通して，自尊心の回復や症状に対する理解が深まり，生活全般に満足感を覚

障害者福祉

表8-1　IPS の基本原則

- 症状が重いことを理由に就労支援の対象外としない
- 就労支援の専門家と医療保健の専門家でチームを作る
- 職探しは，利用者の興味や好みに基づく
- 保護的就労ではなく，一般就労をゴールとする
- 生活保護や障害年金などの経済的な相談に関するサービスを提供する
- 働きたいと利用者が希望したら，迅速に就労支援サービスを提供する
- 職業後のサポートは継続的に行う

えるようになることが目的である。同時に，働くことを通して精神保健福祉サービスへの依存度を減らして生活への自立性を高めることとなる。

　IPSは精神障害者に主に適用され，若年の未就労者でメンタルヘルスの問題を抱える人たちにもその応用が広がりつつある。また，他の障害に対してもIPSの理念をおさえたうえで，他の障害に対してもノーマライズされた環境のなかで，支援者が利用者に伴走しつつ支援者の抱える困難を解決していく姿勢が心理職に要請される。さらに，就労による利用者のQOLや自尊心等の主観的かつ心理社会的指標が向上しているかどうかの効果判定においても心理職の知見は重要であり，利用者の心情や意向を確認していく姿勢と，就労支援のチームアセスメントのなかでその知見を活かせるようにチームと就労現場に貢献しようとする姿勢が生活支援と同様に要請される。

3節　生活支援と心理職の役割

3-1　包括的アセスメント

　悩みを抱えた人たちに心理職が接する際に，最も多くとられてきた方法は，来談者中心の伝統的カウンセリングや，心理検査等を用いたアセスメントである。以上はいずれも対話の成立を前提とした方法であり，言語表出や意思表示に困難を抱える利用者の場合は心情や意向の確認が困難であったり，そもそもそういったツールが使用できなかったりする場合があるため不十分である。ま

た，テスト場面で測定された能力は必ずしも日常生活の特性を反映しておらず，かつ支援に直結するものではない。ゆえに，環境調整や環境改善を目的として日常的な場面に参与しながらの**行動観察**を行う必要が生じる。

　生活支援を目的とした支援計画を作成して多職種編成の現場実践へと活かしていく**包括的アセスメント**においては，**チームアセスメントやチームアプローチ**が原則であり，そのなかで心理職には利用者の心情を尊重した丁寧な対応と利用者の意向の整理や明確化に加えて，神経心理学的知見に基づいた利用者の**認知機能評価**が求められる。認知機能評価については，利用者の特性を把握して，その特性を生かすための配慮と環境設定の留意点を明らかにするために行うことが原則であり，従来の認知機能テストに加えて，さまざまな職種が行動観察を通して得た知見を集約して利用者の認知の特性を把握して支援計画の作成に活かしていく必要がある。その基本姿勢を忘れて機械的・事務的な心理判定のみに終始するならば，心理職はメンタルケアの専門家から単なる心理テスターになってしまうだろう。

　公認心理師には，伝統的なカウンセリング業務や心理学的査定にとどまらず，多職種編成のグループアプローチ等に参加する機会がますます増えていくだろうが，多職種連携の現場の文化と，一対一の伝統的カウンセリングモデルや心のケアにおいて守秘義務を重視する教育を大学院で受けてきた旧来からの心理職の文化との乖離は，心理職のバリアを揺るがしたり，**役割葛藤**を生じさせたりする要因となっている（河野，2015）。心理職には，以上の役割葛藤を乗り越えて，利用者の心情や意向を尊重する態度とともに，障害のある利用者の生活支援を目標とする障害福祉の現場におけるチームアセスメントやチームアプローチに貢献できるアセスメント技術を培っていく必要がある。

3-2　心理職が行うアセスメントの留意点

認知機能評価

近年の認知機能評価では，検査で測定される認知機能は単一の内容から複数

の構成要素に変化してきている。また，知的能力を認知処理とそのプロセスから捉えて，個人の認知処理様式の強い部分と弱い部分を明らかにし，強い面で弱い面を補うことを指導や支援で促そうとする視点が重要である（岡崎，2017）。以上の背景や目的をもつ検査用具としてカウフマン（Kaufman & Kaufman, 1983）のモデルに基づいて開発された**K-ABC**と，ダスとナグリエリらにより開発された**DN-CAS認知評価システム**がある（Das & Naglieri, 1997）。いずれもルリアの神経心理学モデルが基盤となっている検査用具であり，学齢期の発達障害のアセスメントにしばしば使用されている。

　K-ABCは，子どもの知的能力を認知処理過程と知識・技能の習得度の両面から評価し，得意な認知処理様式を見つけ，それを子どもの指導・教育に活かすことを目的としている。日本では1993年に標準化されて，2013年には日本版K-ABC-Ⅱが刊行され，認知尺度のみならず，基礎学力を測定できる個別式習得尺度を備えるとともに，K-ABC原版では，2歳6ヵ月から12歳11ヵ月となっていた適応年齢も18歳11ヵ月まで拡大されている。

　DN-CAS 認知評価システムは12の下位検査による標準実施，あるいは8の下位検査による簡易実施に基づき，プランニング（Planning），注意（Attention），同時処理（Simultaneous），継次処理（Successive）という四つの認知機能領域（PASS）を測定するもので（表8-2），適用年齢は5歳0ヵ月〜17歳11ヵ月である。

　また，日常生活の子どもの行動観察から認知処理過程を評価する尺度として**PASS評定尺度**（PASS Rating Scale）がある。PASSは四つの認知機能領域について各6項目（日本語版はプランニングが7項目）が用意されたチェックリストであり，2ヵ月間の児童の生活・学習状況のなかで各項目に当てはまる行動がどの程度みられたかの頻度から，児童の認知処理様式を測定するものである（Naglieri & Pickering, 2003）。

　以上の評価尺度やチェックリストの基盤となっている認知機能に関する理論は，児童だけでなく，認知障害のある成人期の人の認知特性を把握する際にも有効である。また，コミュニケーション障害があり，言語表出や意思表示に困

112

表8-2　四つの認知機能領域（PASS）

領域	プランニング	注意	同時処理	継次処理
定義	提示された情報に対して，効果的な解決方法を決定したり，選択したり，使用したりする認知プロセス	提示された情報に対して，不要なものには注意を向けず，必要なものに注意を向ける認知プロセス	提示された複数の情報をまとまりとして統合する認知活動	提示された複数の情報を系列，順序として統合する認知活動
例	数の対探し，文字の変換，系列つなぎ等	表出の制御，数字探し，形と名前等	図形の推理，関係の理解，図形の記憶等	単語の記憶，文の記憶，発話の速さ／統語の理解等

難を抱えていて評価尺度やチェックリストが使用できない人への参与観察のポイントとしてもおさえておく必要がある。

コミュニケーション障害をもつ人を対象としたプログラムの技法

かつての自閉症，アスペルガー症候群・広汎性発達障害等は，現在では**自閉症スペクトラム障害**（Autism Spectrum Disorder：ASD）として位置づけられるようになった。それに伴い，認知機能障害を補い，種々の言語や行動スキルを学習・獲得するための支援方法がASD者に向けて主流となった（横山ら，2020）。そのような支援プログラムの一つに**TEACCH自閉症プログラム**（Treatment and Education of Autistic and related Communication and handicapped Children〔and adults〕）がある。

TEACCH自閉症プログラムには，表8-3の基本理念があり，世界的にもさまざまな実践が行われている（大田，2010）。また，ASDの子どもや青年（21歳まで）を対象としたDAP（Delawea Autism Program デラウェア州自閉症プログラム）という教育行政施策のなかで用いられて広く知られるようになっている技法に**PECS**（Picture Exchange Communication System 絵カード交換式コミュニケーションシステム）がある。

PECSは，自閉症スペクトラム障害の人の視覚優位という特性を踏まえて，自分の意思を表現できるように視覚的な条件整備をする。音声言語（言葉）だけに固執するのではなく，音声言語とは別の代替・拡大コミュニケーションと

障害者福祉

表8-3 TEACCH自閉症プログラムの理念
• 自閉症の特性を理解する
• 親と専門家の共同を重視する
• 治癒ではなくよりよい生活をゴールとする
• 個別に正確な評価を行う
• 構造化された指導法を行う
• 認知理論と行動理論を重視する
• スキルを伸ばし弱点を受け入れる
• ジェネラリストモデル
• 生涯にわたり地域に根差した生活を送る

表8-4 PECSの六つのフェイズ
①要求
②離れた位置からの要求
③絵カードの区別や選択文による要求
④多語文による要求
⑤プロンプトや質問に対する文での応答
⑥応答的自発的コメント

して自発的なコミュニケーション行動を始めることと，以上を短期間で獲得できることを目的とした絵カードを用いたコミュニケーション行動訓練システムである。以上のシステムでは，好ましい行動を強化し，好ましくない行動を消去するといったスキナーの行動主義に基づく**応用行動分析**の原理が組み込まれている（Bondy & Frost, 2001）。具体的には絵カードを言葉（音声言語）の代替物にして，まず絵カードと要求対象（好子）との自発的な交換を教え，表8-4の六つのフェイズを経てコミュニケーションの質を高めていくという手法をとる。

　ASDを対象としたプログラムのなかで使用されてきた技法は，コミュニケーション障害のある人や視覚優位の認知特性がある人で要求を表示できる人たちに応用可能である。成人期の障害者支援施設や福祉サービス事業所の環境設定にも活かせるものであり，以上の技法のポイントを心理職はおさえておく必要がある。

参与観察のポイント

　障害者のなかには知的障害やその他の理由により，言語的表出や言語理解に困難を抱える人がいて，言語を媒介としたカウンセリングやインタビュー，言語的な教示を含む各種の心理テストが実施不可能な人たちが多く存在する。また，運動発達の遅滞や身体障害があって動作的知能の測定や，描画テスト等の

実施が不可能な人も存在する。

　以上の人たちに対しては，7章でも言及したように，障害者が参加している
さまざまなアクティビティや，家庭における日常生活場面やケアラーによるケ
ア提供場面への**参与観察**が必要である。そのなかで，重度の障害のある個々
の利用者がどのような状況（環境）において覚醒や情動が高まり，注意や興
味・関心が持続するのか，どのような認知的な特徴をもっているのか，どのよ
うな資質があり，どのような社会資源とのつながりがあるのかということを豊
富にみてとれる。その際，心理職には固定的な場面において発達段階や認知機
能を判定するという静止的な観点ではなく，継続的に参与観察しつつアセスメ
ントを行うという動態的な姿勢が求められる。参与観察については，以下に述
べる四つの点に注意を払いながら，ケアラーや関係者から情報を収集すること
が重要である。

　①**注意や興味関心のあり方の把握**　どのような状況に対して覚醒水準や情動
が高まったり，姿勢・運動活動が高まったりするのか，どのような状況や条件な
ら，覚醒水準や興味関心が持続できるのか，覚醒水準や興味関心が保たれる持
続時間はどの程度なのか等を把握して活動を保障する。ただし，注意や興味関
心のあり方は状況により変動するため，静止的な観点からそれらを評価するの
ではなく，以下の三つの点と合わせて動態的なアセスメントを行う必要がある。

　②**時空間認知の特性の把握**　例えば，知的障害と運動発達の重度の障害があ
る場合は，上肢が届く程度の近距離に空間把握は限定されているのか，頸や姿
勢を対象に合わせて動かしての追視や動きの予期は可能なのか，利き手が確立
して両手の分離動作が可能となっていて上肢の動きに合わせた動作的な空間分
離ができているのか等を把握して，空間把握しやすい状況や条件について運動
機能と合わせた発達的なアセスメントを行う必要がある。

　また，発達障害がある場合は視覚優位なのか，聴覚優位なのか，運動感覚優
位なのか，部分から全体を段階的に把握するような継次処理が優位なのか，全
体把握するような同時処理が優位なのかという認知の特性についてのアセスメ

ントを行う必要がある。さらに，時間感覚については，例えばある行動をしながらも「次の予定や次の行動に向かおうとする行動や質問が多い」のか，「今の行動の残余時間を気にかける行動や質問が多い」のか等を把握して，「（次の活動は何かという）これから」を強調した関わりをするのか，「（今の活動の区切りは）ここまで」を強調した関わりをするのかは異なるだろう。その際に視覚的な手がかりを時間的な区切りのキューにするのか，聴覚的な手がかりを時間的な区切るのキューにするのかの判断も必要となる。筆者は，時間感覚は「現在の活動をいつまでできるのか」という**砂時計型**と，「次の活動はいつからできるのか」という**アナログ時計型**の感覚に大別できると考えているが，視覚的なヒントを活用する場合においても，そのどちらが優位かを把握すると声かけの際のヒントになると考える。

　③**社会性**についての**特徴の把握**　認知機能に遅れがみられても，社会性は発達していたり，過去に獲得された社会性が残存したりしている例は多くある。また，対人的な距離についてもある程度の距離を保ったほうが落ち着く利用者や，逆に密着した距離を好む利用者もいる。対人的な距離の嗜好を把握することにより，働きかけの方法は異なってくる。ただし，社会性についても静止的な視点からアセスメントするのではなく，どのような状況や場面において，どのような社会性が発揮されるのかという，心理社会的な観点から動態的なアセスメントをするべきである。認知機能障害が重度だからといって，社会性も乏しいとは限らないからである。

　④**発達的な視点の必要性**　例えば，社会性といっても，生理的微笑，快・不快の感情表出，おはしゃぎ，人見知り・後追い，見慣れた対象への社会的微笑といった人への興味関心のあり方が，姿勢・運動機能の発達による空間認知の広がりと関連する段階がある。また，周囲の人の表情や態度，反応をみて行動を決定するような言語獲得以前の段階に現れる社会的参照行動や，言語獲得前後の段階に現れる共同注視，指さし，模倣をするといった社会的行動もある。さらに，言語獲得以降に現れるネガティズムの時期（いやいや期）や，道徳的判断に基づいて謝罪する等の行動が親密な対人関係に現れる時期もある。

　以上を見極めて，例えば近距離からの働きかけにより情動を高める段階なの
か，追視を促す段階なのか，社会的参照行動を促す段階なのか，共同注視を促
す段階なのか，あるいは言語による表現を促す段階なのか，道徳的な判断を促
す時期なのか等を見極める必要がある。心理職は社会性の有無を安易に決めつ
けるのではなく，発達的な視点からの配慮を行い，どのような段階のどのよう
な社会性があるのかについてのアセスメントを実施して，利用者への関わりに
活かせるようにする役割がある。

障害者福祉

心情や意向を把握する際に用いられる質問技法や話法

　障害者のなかには言葉による関わりは可能であるが，自己言及（自分の心情
や意向についての表現）が苦手な人がいる。そうした人たちの心情や意向を把
握する際に活用できる技法として，ソリューショントークとチェンジトークが
あげられる。

　ソリューショントークは，ソリューションフォーカスト・アプローチ
（Solution-Focused Approach：SFA）で用いられる話法の総称で，対話を通した
関わりにおいて利用者の心情を理解したり，今後に向けての意向を整理したり
可能性を探求したりする際に活用される。具体的な質問技法や会話技法には，
表8-5のとおり，「コンプリメント」，「例外さがし」，「コーピング・クエスチョ
ン」，「スケーリング・クエスチョン」，「ミラクル・クエスチョン」等がある。
以上の質問技法や会話技法は利用者のリソース（利用できる社会資源や個人の資
質）を発見して，ウェルフォームド・ゴールと呼ばれる達成可能な現実的な目
標設定につないでいくことを目的とする。

　また，ヘルスケアの領域で近年着目されている**動機づけ面接**（Motivational
Interviewing：MI）では，チェンジトークと呼ばれる話法がある。動機づけ面
接は，飲酒，服薬，生活リズム，衛生等の生活習慣や健康管理の事項において
利用者が変わりたい方向を見出し，変わろうとする方向に支援する面接方法で
ある。

表8-5　ソリューショントーク

コンプリメント	面接者が行うコンプリメントには「直接的コンプリメント」と「間接的コンプリメント」があり，「直接的コンプリメント」は利用者が成し遂げたことを直接的に称賛するもので，例えば「(〜したことは)すごいですね」「良いですね」等である。「間接的コンプリメント」は物事を達成するために必要なリソースを利用者自身が認識することを促進するための質問技法。例えば「どのようにして，そうすることができたのですか？」「そうすること／そういうことがどのようにして正しいと分かったのですか？」等の質問形式である。利用者自らが行う「セルフコンプリメント」が可能となれば面接者はそれを補強する。
例外さがし	問題が生じていない，あるいは余りない状態（例外）を解決の一部が既に現れている状態とみなして，例外で埋め尽くされる状態を解決と捉えて「例外」が生起する際の詳細についての会話を進めていき，利用者が自身の行動と例外の生起の関連に気づいてに解決に向けての行動をとれるようになるようにすること。例えば，「暴力が起こっていない日のことを教えていただけますか」等，問題や症状が生じていない時の詳細を明らかにする質問技法や会話である。
コーピング・クエスチョン	利用者自身がとっている対処法（コーピング）に焦点をあてた質問技法。「コーピング」とは問題や症状に対する対処法のことであり，例えば困難な状況について「どうやって切り抜けられたのでしょうか」「どうやって我慢できたのでしょうか」等の質問を行うことを通して利用者自身が行っている対処法の特徴や長所を明確化していき解決策の構築に繋げる。
スケーリング・クエスチョン	利用者自身が自分の置かれている状況，意欲や見通しなどを数値化して評価してもらう質問技法。評価してもらった数字の内訳を教えてもらったり，数字が一つ上がる場合をイメージしてもらうことを通じて，既に起きている変化や，利用者がもつ解決のリソースを見つけたり，解決に向けた小さな変化・解決イメージを具体的に検討していくこと。
ミラクル・クエスチョン（サポーズド・クエスチョン）	解決後の変化やイメージを明確化する質問技法で現在や過去の状態に向けられている視点を未来に向けさせる効果がある。例えば，「仮に問題が解決したとすれば」「仮に奇跡が起こったとして」といった質問を行うことにより，利用者の夢や希望を明らかにして支援目標とすることができる。

　表8-6のとおり，チェンジトークにはDARN-Cというそれぞれの頭文字で表される利用者からの発言と，行動変容のプロセスを進行させる「船のオールたち」という意味で使用している OARS（オールス）と呼ばれる質問技法や話法がある。また，OARSを引き出す（Elicit），提供する（Provide），引き出す

表8-6　チェンジトーク（DARN-C）とその技法（OARS＋EP）

DARN-C		OARS＋EPE	
Desire	：変化への希望	Open question	：開かれた質問
Ability	：変化できる能力や自信があるという楽観的な見通し	Affirming	：是認
Reason	：変化することの利点	Reflecting	：聞き返し
Need	：変化しないことへの心配や懸念	Summarizing	：要約
Commitment	：変化に必要な実際の行動の具体的な計画や考え	Elicit	：引き出す
		Provide	：提供する
		Elicit	：引き出す

（Elicit）という，利用者が望んだときや利用者の許可を得て面接者が行う情報提供の過程のそれぞれの頭文字を加えてOARS＋EPEと表記される。個々の技術は既に普及しているものが大半だが，動機づけ面接では利用者と関わり（Engaging），目標行動を絞り込み（Fousing），それに向けての行動変容のサインを引き出し（Evoking），行動計画を立てる（Planning）という行きつ戻りつする四つのプロセスをたどる際に使われる質問技法や話術として位置づけられている。

　また，聞き返しの質問技法においては，「一切，絶対，全く～なんでしょうか」といった「増幅した聞き返し」や，「～という気持ちがある反面～という気持ちがあるのでしょうか」といった「両面のある聞き返し」，「そう思われるのにはよくよくの理由があったと思いますが，教えてくださいますか」といった「もっともな理由を問う」等の独自の質問技法もある。

　ソリューショントークやチェンジトークを使用する際に重要視されているのは，無知の姿勢である。無知の姿勢とは，面接者の偏見や思い込みを排除して，相手のこと，相手の話を知らないという姿勢・立場でいることであり，ナラティブ・モデルの系譜のコラボレイティブ・アプローチ（共同言語システムアプローチ）の中核を担う概念である（Anderson & Goolishian, 1992）。

　「教えてもらう」姿勢を貫くことは，面接者にとって容易ではないときがあるが，目標や問題解決像を協働で模索するうえでこの姿勢は重要である。頻繁に使用され，しばしば面接者との会話を中断させたり，同じ繰り返しに至る

障害者福祉

きっかけになると思われる利用者固有の発話，例えば，わからない，やる気がない等の発話の背景にある心情にこそ注目する必要がある。そして，教えてもらう姿勢のもとでソリューショントークやチェンジトークによる聞き返しを行い，利用者の複雑な心情や両面感情を把握して対策を話し合う必要がある。面接者にとって症状や問題だと思える現象に対する利用者なりの対処の歴史や，利用者のリソースについて面接者は無知であり，「クライエントこそ専門家である」（Anderson & Goolishian, 1992）のだ。

　以上，障害者の生活支援や就労支援に関連した技術やその背景について記述してきたが，紙幅の限りもあり本章ではごく一部しか紹介できなかったことを最後にお断りしておく。

 考えてみよう
- 障害者への生活支援や就労支援において心理職が果たすべき役割にはどのようなものがあるのでしょうか？
- 言語表現に困難を抱えている人に対して臨床心理学的アセスメントを行う場合の留意点をあげてください。

 さらに学びを深めたい人のために
坂爪一幸・湯汲英史（編著）(2015). 知的障害・発達障害のある人への合理的配慮：自立のためのコミュニケーション支援　かもがわ出版
橋本文隆 (2008). 問題解決力を高めるソリューション・フォーカス入門：解決志向のコミュニケーション心理学　PHP研究所
北田雅子・磯村毅 (2016). 医療スタッフのための動機づけ面接法：逆引きMI学習帳　医歯薬出版

9章 障害者の家族支援

本章ではまず，障害者の家族支援に関わる心理職が認識しておくべき問題として，障害者の高齢化の実態と，その実態に付随して生じている障害者の家族ケアの問題やケアラーの多様化がもたらしている問題について概説する。次いで，障害者の家族支援の要点および支援対象や支援方略の各論を展開するが，母子関係の支援については本書の「子ども」の部で詳しく触れられているので，本章ではその他の家族関係に焦点を当てて紹介していきたい。

1節　障害者とケアラーの生活実態

1−1　障害者の高齢化

少子高齢社会の到来に伴い，日本の障害者福祉では，かつて経験したことがないようなさまざまな問題が生じるようになっている。その一つが**高齢障害者**の増加であり，障害者の福祉にとっても高齢者ケアの問題は避けては通れない課題となっている。

2019（令和元）年版『障害者白書』によると，在宅の身体障害者428万7,000人のうち65歳以上は311万2,000人（72.6％），知的障害者108万2,000人のうち65歳以上は14万9,000人（15.5％），精神障害者389万1,000人のうち65歳以上は144万7,000人（37.2％）となっている（厚生労働省，2019）。一見すると身体障害者の高齢化がとりわけ顕著であり，それに次いで精神障害の高齢化率が高く，知的障害の高齢化率は低い。以上については，知的障害は他の障害とは異なり，発達期の障害であり，そのため，それ以降にも生じる身体障害等のように人口の高齢化の影響を受けないためであると指摘されている（厚生労働省，

障害者福祉

121

2019)。さらに，既に高齢期を迎えている，あるいは今後高齢期を迎えつつある障害者のなかには，療育手帳非所持の知的障害者や発達障害者，未治療の精神障害者等，把握できていない層も含まれていることだろう。

障害者の高齢化は表面に現れている数字よりも進んでいる可能性があり，日本の障害者の福祉は，高齢障害者とその家族へのケアという新たな課題に直面している（吉村，2017；杉原ら，2018）。その一つとして**65 歳問題**という言葉で指摘される問題があげられる。65 歳問題とは，障害者が障害者総合支援法のもとで受けてきたサービスから介護保険制度のサービスに65歳を境にして移行することに伴い，それまで受けてきた馴染みのサービスが受けられなくなったり，サービスの質が低下したりする問題である。これは高齢障害者に対する公的なサービスの質の継続性の保障に関わる問題である。

1-2　家族ケアをめぐる諸問題

以上の問題と関連してくるのが，**家族ケア**の問題である。公的なサービスの質の継続性が保障されない場合，障害者の地域生活の継続性が保障されなかったり，家族のケア負担の増大に直結したりするからである。かつて障害児・者の家庭内のケアの担い手といえば，その親，特に母親であり，専門職の家族支援の対象は主に母親であった。実際，障害児を抱えている母親へのサポートや，成人中期や壮年期の障害者を抱えている高齢の母親へのサポートが実践現場の大きな課題であった。日本における障害児・者の家族への関心は，児童福祉や教育現場では親子関係，特に母子関係に注意が向けられ，障害福祉の分野では成人中期や壮年期の本人と高齢の親（母親）の関係，特に「親亡き後」問題に注意が向けられてきた。「親亡き後」に残された精神障害者の身辺ケアや財産管理をどうしていくのかは障害者の家族会での大きなテーマとなっている。

障害者とその家族の実態については，福祉サービス事業所の全国組織である「きょうされん」がその加盟事業所の障害者1万4,745人に対して2015年7月〜2016年2月に実施した報告書（きょうされん，2016）がある。それによると，生活保護世帯は11.4％，相対的貧困線の年収122万円以下の障害者は81.6％で

ある。これは，国民一般の生活保護率の6倍である。貧困には最低限の生存を維持することが困難な状態を指す**絶対的貧困**と，その国の文化水準，生活水準と比較して困窮した状態を指す**相対的貧困**があるが，このうち，相対的貧困線以下の者は8割である。また，40代前半までの親との同居が50％を超えており，50代前半でも3人に1人以上が親との同居となっている「親依存」状態である。

　現在の一般的なライフコースでは，子どもは成人期を過ぎると，仕事や結婚により，いずれ親元から独立したり，核家族を形成したりする。それに対して低所得の人が多い未婚の障害者は，経済的な理由から中高年になっても親と同居せざるを得ず，親の側も同居できる子どもは障害者しかいないという現実がある。その背景にはグループホーム等，住まいに関する社会資源が不足していることや，それらの社会資源の利用による経済的な負担を恐れて同居せざるを得ないという状況がある。このように，長年にわたって家庭内ケアの担い手であった高齢の親は，他人のケアに中高年の子どもを委ねることができないと思うに至ったそれなりの事情がある。そして以上の層の子も親も共に高齢化していくのである。障害のある子どもをもつ多くの親たちは「入院入所か」「在宅の家族ケアか」という究極の選択の結果として，家庭内でのケアの担い手にならざるを得なかったことを支援者は考慮するべきである。

1-3　ケアラーの多様化

　同居家族の場合，高齢の要介護者のケアラーは，要介護者と親子関係がある人や，その配偶者，なかでも女性である娘や嫁が主体で，壮年期の人がかつては多かった。しかし，一人暮らしの高齢者や高齢者世帯，子世代の親との別居と共稼ぎが増加するなかで，そのケアラーも同居している高齢の夫や妻，別居している娘や息子や孫，その配偶者やパートナーなどへと広がりを見せている。また，働きざかりや子育て期の子世代が，離れて暮らす高齢の親の介護を担う「遠距離介護」といった状況や，それまでほとんど交流がなかった親族が突然，一人暮らしの高齢の要介護者のケアラーになるといった状況も生じてい

る。加えて，40代から発症する若年性認知症では，壮年期だけではなく，10代から20代でケアラーになる事例もあり（青木，2017），なかには，孫がケアラーの役割を担う事例も生じている。

このように，ケアラーの年代が多様化しているなかで，高齢期の要介護者の三世代の家族親族のうち，障害の有無を問わず，誰もがケアラーになる可能性がある。心理職においても以上の背景をおさえたうえで，障害者福祉と高齢者福祉は関連がある課題であることを理解する必要がある。目の前のクライエントの心理的問題を扱うだけではなく，障害者や高齢者という縦割りを廃して，要介護者とケアラーの双方と，家族システム全体を視野に入れつつ，生活支援を必要とする人たちに対する支援が継続できるように，多領域，多職種との連携を深めていく必要がある。

2節　障害者の家族支援の実際

2-1　家族支援の留意点

旧来の家族支援モデルでは，障害者の家族成員について，「主たる介護資源」「専門職による介護の協働者」「家族ケアのストレスを抱える援助の対象者」と捉えていた。しかし近年のケアラーの権利を明記したイギリスの**ケアラー法**に代表されるような家族支援モデルでは，ケアを担うことによる家族の社会参加の機会の喪失は社会が解決するべき問題として，表9-1のとおり家族に介護の責任や義務を課さず，「家族のケアを拒否する」ことも家族の選択肢の一つとしている。このモデルは家族と要介護者それぞれを「社会に生きる一人の市民」として捉えている。

近年，日本の障害者の家族会においてもケアラー法の理念や，来所型の支援方法の適用が困難な家族に対する**訪問型の家族療法**も知られるようになっており，家族会としてケアラー法の制定と，家族全体への訪問型の支援を要望する動向がみられるようになっている。

少子高齢社会においては，子どもから高齢者まで誰しもが家族ケアの担い手

124

表9-1　家族支援モデル (Twigg & Atkin, 1994)

家族支援のモデル	家族への見方	特徴及び目的	典型例
「主たる介護資源」ケアの担い手としての家族	家族を無料の介護者とみなす。関心は要介護者におかれる。家族と要介護者に利害関係が起こり得る事は無視。	家族介護が当然。公的ケア対応に対する社会的，政策的な関心がない。	日本の伝統的な家族介護。特に女性が介護の当然の担い手とみなされる。
「介護の協働者」ケア協力者としての家族	専門職と協働してケアに従事する人とみなす。家族のケア負担も考慮されるが，目的の範囲内。	公的ケアとインフォーマルケアの統合の試み。要介護者の状態の改善が支援者と家族の共通目的。家族の意欲，モラールが重要とされる。	介護保険下の日本のサービス。
「援助の対象者」クライエントとしての家族	家族のストレス軽減を図る。家族のレスパイトケアの必要性を認識。	家族の高い意欲とモラールの下で継続的なケアを維持。主目的が家族援助にあるわけではない。	介護保険下のケアプランにショートステイやデイサービスが組み込まれることによって，実質的に家族の負担軽減になっている場合もあるが，それ自身が目的ではない。
「社会に生きる一人の市民」ケア義務を課されない家族	介護の責任や義務を課さない。要介護者と切り離して個人として個別的に支援。「ケアを受ける権利」「ケアを拒否する権利」を認める。	家族と要介護者との関係を従属的に規定しない立場。家族と要介護者を個人として個別的に支援する。家族の社会参加の機会の喪失は社会で解決するべき問題。	ケアラーの権利を法的に規定。ケアラ法：Carers (Recognition and Services) Act（英国，1995年）ケアラー貢献認識法：Carer Recognition Act（豪州，2010年）

になりうる。現代社会における家族支援については心理的問題のみならず，上述したようなケアに関連した社会的な問題が背景に存在することを，心のケアの専門家である心理職も認識して利用者に対応するべきである。そして，以上の背景を視野に入れつつ，要介護者や家族の心情に寄り添う姿勢と，要介護者とケアラーそれぞれの市民としての権利が保障されるように，関係者と協働して支援していく姿勢が求められる。

心理職はケアラーに対して「親子が相互密着している」「依存関係にある」といった批判を安易に行ったり，「家族の障害受容が不十分」「子どもが親の犠牲になっている」という10章で述べるような障害の個人モデルや，障害受容の価値転換論や段階論を安易に模した決めつけを行ったりするべきではない。ケアラーと障害者は障害や疾病に対して無知な存在としてではなく，障害や疾病と関連して生じてきた生活上の問題に独自の対処をしてきた固有の存在として扱うべきである。また，障害者とケアラーの個々の心情や意向を無視して，関係者や関係機関に対する不信の強い状態に対して，社会資源への橋渡しを強制したりするべきではない。障害者本人とケアラーの心情や意向に寄り添い，将来の解決像を協働して模索していく姿勢と，それらを関係者にわかりやすく説明したり，障害者やケアラーとの関係性をつないでいく具体的な方法や技術を支援チーム全体で共有できるようにしていく努力が必要である。

　ケアラーに対しては今までの暮らしとケアに対する正当な評価を行ったうえで，障害者とケアラーの心情や意向を尊重しつつ彼らとの関係を積極的につないでいく姿勢がとりわけ心理職には求められる。また，自助組織等の関係団体との連携を深めて，適切な時期にケアラーに対して情報提供を行う必要性も生じるだろう。そのためには心理職が生活支援のためのチームの一員として認めてもらう必要があり，生活支援のための多職種連携のチームアプローチに心理職が馴染んでいく必要がある。

2-2　きょうだいへの支援

　障害児の家族研究については親子関係，特に母子関係の心理に対する関心が医療，福祉分野では従来から強くみられる。しかし，親子関係や母子関係に関する研究に比して，その他の家族との関係，例えば，障害のある子ども（同胞）の兄弟姉妹（きょうだい）の存在に関心が向けられることや，きょうだいへの支援の必要性，特にきょうだいが同胞に対して行っているケアに焦点が当てられることは少ない。

　障害児・者を同胞にもつきょうだいのストレスと支援の必要性については

イギリスの小児科医のホルト（Holt, 1958）が最初に言及し，アメリカの小児科医のシュライバー（Schipper, 1959）や，カプランとフォックス（Kaplan & Fox, 1968）がきょうだい同士の対話を促すプログラムを実施したことが，きょうだい支援の最初だとされている（柳澤, 2007）。

　1960年代から1980年代は，きょうだいを障害児のセラピストとして養成する「きょうだい介入プログラム」が実施され（Miller & Cantwell, 1976），次いで，同じ立場にあるきょうだいが交流する場を設け，彼らの不安や悩みを緩和することを目的とした心理社会的な支援方法が開発されるようになり，欧米では既にきょうだい支援は公的事業として位置づけられている（阿部, 2013）。なかでもシブショップ（Sibling workshops：Sibshop）のプログラムは，「同じ立場の仲間と出会う機会」「悩みや喜びを仲間と話し合う機会」「きょうだい仲間の対処法を知る機会」「きょうだいについてのさまざまな情報を知る機会」を提供することを目的として，アメリカのシアトルを拠点に世界各国で展開されている（Meyer & Vadasy, 1994）。

　日本のきょうだい研究では，2000年を境として，特に発達障害のきょうだい研究が盛んとなっているが，障害をもつ同胞がきょうだいに与える影響，きょうだいの適応過程や，親子間や同胞感の愛情をめぐる葛藤，同胞の障害への気づき，両親のストレス，健常者のきょうだいとの相違等，さまざまな研究がみられる。

　以上の研究では，きょうだいが家庭内で担っている同胞に対するケアラーとしての役割に必ずしも焦点が当たっているわけではない。しかし，2012年頃から徐々に始まった主に貧困家庭の子どものためにさまざまな頻度で食事を無償や安価に提供するこども食堂やキッズキッチン等の実践では，貧困家庭に限らず，同胞の面倒をみると同時に，忙しい親に代わって家事をこなしている子どもたちの存在が報告されている。貧困やひとり親家庭の子どもたちにとって，同胞の障害の有無に関わらず，ケアの負担を軽減すると同時に，家事や育児の能力が発揮でき，かつ自分の能力を正当に評価される場として，こども食堂やキッズキッチンが果たしている役割は大きいと思われる。児童期にケア

障害者福祉

ラーとしての役割や責任を担っていることに対して周囲の大人から適切な承認や評価を受けることはきょうだいの孤立を防ぐことになる。周囲の大人との間に信頼関係が築けなければ、家庭に支援を導入することは困難だからだ。

また、不登校、虐待などの問題に対しては、家族システム全体に対する家族療法的な視点からの取り組みが存在しており、そこではきょうだいも家族システムの一員と捉えられている。さらに、発達障害者支援法が施行された2005年を境として、**発達障害**等、配慮を要する子どもへの支援が医療、福祉分野のみならず教育分野において大きく取り上げられるようになる。目に見えない障害は周囲からの理解が得られにくいが、発達障害は診断の確定までに時間を要する場合も多く、かつ年齢により状態が変化することに伴い、診断も変化することがある（吉村，2013）。そのため、発達障害の早期発見・早期支援を目的とし、発達障害のある人やその家族の日常生活のサポートを行っている**発達障害者支援センター**に相談に訪れる発達障害者が初めて診断を受けた時期は、思春期・青年期、成人期に及んでいる（近藤，2011）。

発達障害のきょうだい研究は、親子関係だけではなく、同胞との関係や、家族や学校のなかで生じるさまざまなきょうだいの葛藤に焦点を当てて、きょうだいも支援の対象であるという観点をもたらした。しかしながら、以上の観点にしても家事援助や介護負担の軽減といったケアの観点から子どもを支えようというものではなく、主に心理的な側面のサポートが重視されている。家事援助や介護負担の軽減のための社会サービスの導入とともに、心理的な側面からの支援は重要ではあるが、ケアラーの役割を担っている児童期の子どもに対しては一定の配慮を要する。ケアを担う子どもの親子関係における心理的な葛藤のみに焦点を当てて関わることは、親や同胞により心に傷をおった「かわいそうな子ども」「犠牲者」であるとの観点から介入されていると子どもに感じさせることがある。ケアを担う子どもは、「家族を悪者にしている／家族が悪者にされている」との思いを自分自身や周囲に感じてしまい、心を閉ざして自分だけで解決が難しい問題について他者に援助を求める**援助要請行動**（help-seeking behavior）をとらなくなる場合があるからだ。子どもであるケアラーた

ちは家族の苦労や努力を身近にみているため，家族をケアする子どもは犠牲者であるという一方的なニュアンスが感じられる見解と，それに基づいた介入に賛同しづらい場合がある。

2-3　ヤングケアラーへの関心

　前項で，子どもであるケアラーやケアを担う子どもという言葉を用いて家族介護を担う子どもたちのことに言及したが，近年は家族支援の対象として**ヤングケアラー**というカテゴリーも登場している。

　ヤングケアラーは，「疾病・障害を抱える親，きょうだい，祖父母などサポートを必要とする家族のケアを担う児童」（CARERS UK4：イギリス介護者協会）と定義される。1960年代から女性介護や家庭介護の問題に対して，メディアに訴えたり，政策への提言を行ったりしてきたイギリスの民間の介護者運動のなかで，ヤングケアラーは「見過ごされた存在」として再発見され，また，介護に関わる新たな児童福祉問題の課題として1980年代頃から着目されるようになった（柴崎，2006）。

　ヤングケアラーが担っている役割としては，イギリスでは介護（care），援助（assistance），支援（support），家事援助，身辺的介助，要援護者のメンタルサポート，服薬管理や金銭管理，年金や保険の受け渡し，通訳等とされており，日本の研究でも三富（2008）や，北山・石倉（2015）により，ほぼ同様の指摘がされている。

　このうち，**通訳**という役割についてだが，これは元来は聴覚障害のある「聞こえない親」をもつ「聞こえる」子どもたちという意味をもつコーダ（Children of Deaf Adults：CODA）と呼ばれる子どもの研究のなかで着目されたものである。「通訳」は**社会生活力**（Social Functioning Ability：SFA）と呼ばれている生活全般の事柄に関わってくる。社会生活力とは，さまざまな社会状況のなかで，障害者自身が自らのニーズを充足することに向かって行使される能力のことを元来は指す。例えば，自力では摂食，入浴，移動などができずとも，介助者に自己のニーズを伝え，介助時間や賃金を交渉し，契約して生存の条件

をつくる。もし制度的不足があれば，合法的な消費者運動を通じて生活条件を獲得していくといった自律的な能力である（小島，1990）。

　特に認知機能やコミュニケーションに障害がある親と暮らすヤングケアラーは，食事，トイレ，入浴等の**日常生活動作**（Activities of Daily Living：ADL）や買い物や服薬管理，電話の応対等の**手段的日常生活動作**（Instrumental Activities of Daily Living：IADL）に関わる介護や代行等，できないことを援助するだけではなく，できるように支援したり，話を聞いたり，話を切り替えたり，諭したり，教育的に関わったりするといった一連の役割のすべてを担っている例がある。まさに介護職や看護職，カウンセラーやソーシャルワーカー，リハビリテーション従事者等が果たしている社会的な役割でもある。

　ケアラーたちは，要介護者と周囲の意図と感情を察して双方の承認を得た形でできるだけスムーズに仲立ちを行う必要がある。要介護者と周囲の人がそれぞれ相手に「何を伝えたいのか」についてケアラーが把握して双方に適切に通訳できなければ，日常生活はスムーズに送れないし，社会福祉制度の利用も困難になる。それゆえ，通訳の役割を担うケアラーは，自分と要介護者や周囲の人たちとのコミュニケーションに配慮するとともに，要介護者と周囲の人たちとのコミュニケーションにも配慮しなければならない事態に陥る。

　上記の作業は子どもにとっては骨の折れるやりとりでいわゆる気疲れをもたらすが，周囲は「かわいそう」「えらい」といった「傷ついた親鳥に育てられる傷ついた雛」（Preston, 1994）に対するようなステレオタイプ的な見方で子どもを評価しがちである。ヤングケアラーは子どもであり，自身には障害がなくても，社会が親の障害をどのように見ているのかを周囲の自分に対する言動から感覚的に把握しており，社会の固定疑念に取り込まれてしまって期待に応える「良い子」「えらい子」として振る舞ったり，反発したり，自分との感覚のずれに悩まされたりすることとなる。

　ヤングケアラーの役割を担う子どもは，「親子関係の逆転」「不登校などの教育問題」「社会的な孤立」「低所得や貧困」「人格の形成」「就職問題」等の影響を受けるとされているが，最も深刻な問題はケアに費やす時間的な拘束により，

教育の権利が奪われることである（三富，2000）。しかし，介護を担うことによって障害や疾病に対する多くの対処法を学んだり，医療や福祉サービスを熟知したり，家族の長所や愛情に気づいたり，優しさを育んだりしているというプラスの側面があることにも注意を払うべきである。年齢に不釣り合いな責任や役割を長期間担うことで生じてくるマイナス面へのサポートは重要であるが，多くの識者が指摘するようにプラスの側面や，ケアを担わざるを得なかった障害以外の社会的な要因を無視するべきではない。

　では，学齢期のヤングケアラーに対してはどのような対応をすることが望ましいのであろうか。筆者は，以下の2点があると考える。

　まず，障害のある親と，そのケアを担っているヤングケアラーの双方が地域生活を継続するために行ってきた絶え間ない努力に敬意を払う必要がある。特に要介護者がひとり親家庭であったり，精神障害のように社会生活を営むうえでの差別や偏見を周囲から受けることが多い障害であったりした場合は，障害のある親とヤングケアラーの暮らしはチャレンジと立ち直りの連続で成り立っていることを理解する必要がある。そして，障害者や子どもに対するステレオタイプな決めつけをせず，時間をかけてケアの負担や障害や疾病に対する社会的な支援との橋渡しをするために，ケアラーである子どもと障害のある親の心情や意向を確認しつつ根気強く関わる必要がある。

　次に，ヤングケアラーが担ってきた「通訳」の役割を彼らから学ぶことである。「通訳」の役割をヤングケアラーから学ばない限り，障害のある親と社会的な支援との橋渡しは失敗する。ヤングケアラーは，親から全面依存されるほどにその技術を習得している場合があり，それらは支援者が親と接触する際の参考となるばかりか，親と社会資源との橋渡しをする際に有効な対処法となる。

　以上は，端的にいえばヤングケアラーから介護技術を学ぶということであり，そのためには学べる関係をつくることが先決である。何らかの理由で虐待や放置が生じた場合は子どもへの介入をためらうべきではないが，基本的には時間をかけて上記の態度で関わるべきである。

障害者福祉

2-4　アウトリーチによる家族支援

　障害者への生活支援とそのためのアセスメントは，障害者支援施設や福祉サービス事業所のサービス利用者だけではなく，未治療者や医療中断者，障害福祉サービスの中断者に対しても行うべきであるが，そういった人たちはどこにも通所していないことに加えて，来談に応じない人たちも多い。また，自室にひきこもって家族との接触をも避けている事例や，訪問しても本人との面談ができない事例もある。

　近年，若年層への就労支援やひきこもりへの支援に携わる心理職は徐々に増えてはいるが，以上の事例についても本人もしくは家族の来談形式の相談援助が主となっている。そのため，医療機関や障害者支援施設や福祉サービス事業所等の支援機関とつながりを既にもっている障害者たちへの相談援助ではなく，人間関係やラポールが形成できていない段階の障害者たちに対する**アウトリーチ**は，心理職にとっては依然として未知の支援方法である。

　アウトリーチに関しては，精神保健福祉分野のケースマネジメントでストレングスモデルに基づいた**包括型地域支援プログラム**（Assertive Community Treatment：ACT）の訪問活動がしばしば例示される。ACT は，精神障害者の継続した地域生活を可能にするために，10名程度のスタッフに100名程度の利用者というケースロード（担当件数）で，既存の精神保健医療，福祉サービスでは改善が図れなかった重度精神障害者に対して，精神科医，看護師，作業療法士，精神保健福祉士，就労支援の専門家，心理職等で編成される多職種アウトリーチチームが24時間対応を前提に，保健医療福祉，リハビリテーション等の包括的サービスを訪問により直接に提供するものである。

　アウトリーチが必要とされる対象者の特徴としては，未治療や医療中断，通所型サービスの中断に伴うさまざまな二次的な問題，例えばひきこもり，家族との接触の回避，行動障害，身辺処理や健康管理や金銭管理の問題等により同居している家族，特に親が困惑して相談に訪れるというかたちをとることが多いことがあげられる。これは，日本の障害者は家族，特に親と同居している人が多いという背景が影響している。また，家族以外の近隣の人たちからゴミ問

題等の不衛生や，家族のトラブルに伴う罵声や騒音等への苦情というかたちで相談が開始されることもある。そして，通院通所が中断した場合は，医療機関や福祉サービス事業所のスタッフが働きかけを直接行う場合や，行政やその他の関係機関が働きかけを行う場合もある。

　以上の訪問においては，家族や周囲からの情報収集を事前に行っておくことが重要である。また，訪問実施に際して役立つ情報は，本人の気分変動の波，本人の嗜好，ストレス対処法，以前の習慣等に関連した情報であり，以上の情報を認識する際のストレングスの視点である。家族や周囲からの情報を具体的に把握し，その際には，「なぜ（保健医療，福祉サービスを）中断したのか」「なぜ今まで放置したのか」といった，原因追求型のプロブレムトークではなく，家族が今まで相談できなかったことに対する「もっともな理由」「よくよくの理由」を問うという8章で述べたようなソリューショントークが必要である。

　以上の対話のなかでは医療機関や通所機関への不信感が語られることもあり，専門職として代弁や説明をしたくなる衝動に駆られるかもしれないが，まずは話を傾聴するべきである。これは家族の言い分を無条件に認めるということではなく，落ち着いてもらうことや，現在の支援者との関係づくりを最優先するためである。また，家族が問題だと感じていることについてもソリューショントークやチェンジトークを活用して，家族の意向や対処法や解決像を共に探求することが基本であることは本人面接の場合と同様である。

　そのうえで家族に訪問の同意をとることになるが，それに先立って相談に行っていることを家族自ら本人に告げる必要がある。その際，取り繕いやうそやごまかし，家族からの小出しの説明等はしばしば本人の猜疑心を刺激してしまう。時機をみて「どう対応していいのかわからずに相談に行ったこと」「（何を話したかを問われれば）今までにあったことをすべて話した」「家族として相談は継続していく」「家にも来てもらおうと思っている」と伝えると，たとえその直後は本人が不快になったとしても，その後本人にとって侵入的なことが起こらない限りは，それ以上の反発がないことや，次第に日常化していくことが多い。

さらに，家族が，いつ，どこで，どのように本人に家族相談のことを本人に告げるのかについて，家族と支援者が打ち合わせをしておくことも重要である。その際，それまでの重要な話をするときの家族の習慣，うまく話せたときの条件を聴き取って，本人への対応に生かすことが重要である。本人と会話ができない状態の場合は，メールや手紙やカードで告げるという方法もある。家族が言葉で説明する際には，本人の機嫌の悪いとき，例えば空腹時や月曜日や午前中，家族の誰かが説教した後等のタイミングを避けるべきであり，場合によっては事前に支援者と家族がロールリハーサルを行うべきである。そのほうが家族と本人の位置関係，話の切り出し方等が具体的に家族にイメージできる。

　また，事前の情報収集から，家族関係が良好だった時代の習慣を把握して，それを活用することもある。筆者が関わった事例では記念日にはカードを交換する習慣があったことや，交換日記をしていた時期があったこと，購読している雑誌があったこと，祖父の月命日に家族で墓参りに行く習慣があったこと等の情報が，家族から本人に何かを提案したりする際に役立っている。

　支援者が実際に初回訪問する際にも，本人の気分変動の波や行動パターンについて情報収集してから，気分が比較的良好な時間や曜日等を把握して訪問するべきである。特に初回は侵入的な関わりを避け，行くだけでも，挨拶だけの短時間の関わりだけでも十分であり，本人から反応がなくても「家族のみに面接しない」「許可を求める礼儀正しい態度と正直さ」を貫くことが望ましい。

　例えば，本人が自室にひきこもっていた場合でも「家族から相談を受けて来訪したことや，所属や職種や身分を名乗ること」は重要であり，「部屋の外に名刺を置いていいですか」「部屋の外でご両親と話をしていいですか」等の許可を求めるべきである。反応があれば「わかりました」と応じればいいだろうし，なければ「では，そうさせていただきます」と応じればいいだろう。また，「本日はご家族と○○のお話をしました」と端的に訪問結果を説明するとともに，本人が訪問を事前に予想できるように再来訪の日時を事前に伝えることは重要である。定期訪問から来談による面接へ，雑談から本人面接や家族面接へと発展させるためには，訪問を同一曜日の同一時刻にパターン化して話し合い

に慣れてもらうことが訪問の目的となる。

　訪問がパターン化，習慣化してくれば，上記のように「本人の嗜好や家族全員の習慣をおさえることを目的」として，家族や周囲から得た情報をもとに，積極的な関わりを試行することとなる。その際，会話による働きかけに固執しないことが重要である。ここでも本人が以前していたこと，習慣化していたこと，例えば，定期的に読んでいる趣味の雑誌があったり，夜間自動販売機でよく購入していたドリンクがあったというような情報があれば，雑誌やドリンクを渡したり，直接渡せない場合は部屋の外に「置いておきますね」と告げて置いておいたりする。その際もコミュニケーションをとろうとして，いたずらに会話による関わりを試みるのではなく，モノの受け渡し等の非言語的なコミュニケーションも相互交渉の入口であると捉えて関わるべきである。以上の段階を経て，雑談が可能となればソリューショントークやチェンジトークに移行して本人の希望やニーズを聞き出していけばいいだろう。

2-5　家族心理教育とソーシャルスキル・トレーニング

　医療やリハビリテーション，教育等の領域においては，心理職等の専門職は家族を治療協力者という位置づけを行い，かつ障害者の親が主なケアラーであるという前提で個別や集団でのカウンセリングや心理教育に関わり，障害者である子どもに対する親の態度変容を促してきた。この背景には主に親を対象とした心理教育の普及や感情表出研究等が存在しており，家族間のコミュニケーションの問題の解決を目指したモデルが存在する。

　感情表出研究とは，統合失調症の家族成員に向けられた家族の**感情表出**（Expressed Emotion：EE）についての研究である。感情表出評価尺度により評価された「批判的コメント」「敵意」「情緒的巻き込まれ過ぎ」が高い状態を**高EE**，低い状態を**低EE**と呼び，患者家族間の相互関係を測定したところ，「家族の感情表出が高EEほど統合失調症の再発率が高い」という仮説を実証する報告が1970年代に相次いだ。さらに1980年代には高EEの家族への介入を家族マネジメントのモデルとする実験的・実証的報告がみられるようになり，服

薬に加えて家族療法と，家族が抱える問題への効果的な対処法と社会生活技能に焦点を当てた家族介入により，再発率が有意に低下するとの知見が広まった。そして家族に情報を伝える「教育セッション」とソーシャルスキル・トレーニング（SST）等により家族が対処技能を身につける「グループセッション」の家族介入法の組み合わせに対して，**家族心理教育**という名称が使用されるようになった（Anderson et al., 1980; 1986）。

　家族心理教育は当初は統合失調症に適用されていたが，その後は他の精神疾患についても実証研究が進み，身体疾患や生活習慣にまで適用されるようになっている。日本においても三野ら（2009）が上記の研究結果を紹介するとともに，精神疾患や他の疾患についてのEE研究を行っているほか，鈴木と伊藤（1997）が精神障害者に対する家族心理教育の普及に貢献している。現代のEE研究では家族の関わりと再発率との関連が指摘されているが，それが病気の原因ではないことや，家族の高EEは家族の心理社会的なストレスと関係して生じているものとして，家族のパーソナリティに帰属させて直接的な因果関係があるとはみなされていない。

　日本における家族心理教育は，精神保健福祉行政を担う地域の保健所や，関係諸機関の職員を対象とする研修や，技術援助等を担っている都道府県や政令指定都市に設けられた精神保健福祉センター等の公的機関や，民間の医療機関において主に精神障害者の家族に対して行われている。家族心理教育の実施の頻度は実施機関によりばらつきがあるが，精神障害に関する知識の伝達を目的とした講義や，家族同士の交流会，SST等が実施されている。

　SSTは，「社会生活技能訓練」や「生活技能訓練」とも呼ばれる精神障害者を対象とした開発された認知行動療法であり，対人関係を中心とする社会生活技能のほか，服薬自己管理・症状自己管理等の疾病の自己管理技能，身辺自立（ADL）に関わる日常生活技能を高める方法が開発されている（SST 普及協会ホームページ）。実施対象は，統合失調症の当事者とその家族から，アルコールや薬物依存，触法者精神障害者へと広がり，それに伴い，実施場所も障害福祉サービス事業所，更生施設や障害者職業センター等へと広がった。また近年で

は発達障害の利用者も増えている。

　精神障害者の家族に主に実施されているのは，SSTのなかでも基本訓練モデルと呼ばれる対人技能に焦点を当てたモデルである。このモデルは元来は精神障害当事者のグループを対象として実施されてきたものであり，現在は精神障害者の家族グループや精神障害当事者とその家族の混合グループとして実施されている場合もある。

　家族教室のSSTにおいて参加家族から出される課題（チャレンジ課題）はさまざまであるが，例えば「本人が寝てばかりいてつい『ちゃんと働いたら』と言葉を荒らげて言ってしまった」「親戚から息子がどうして働かずに家にいるのかを聞かれて困った」等，家族や親族や近隣との人間関係に関連した課題が多く出される。基本訓練モデルでは，「チャレンジ課題提出者が『実際の場面＝対応に困難を感じる場面』をロールプレイで再現する（ドライラン）」，「チャレンジ課題提出者への参加者からのポジティブフィードバック」「より良い対応方法についての参加者からのアイディアの産出」「チャレンジ課題提出者がアイディアを選択」「参加者によるモデリング（ロールプレイで対応を実演）」「チャレンジ課題提出者によるロールリハーサル」「ホームワークの設定とシェアリング」というプロセスで進行する。

　さらに現在では，第三世代の認知行動療法といわれる**アクセプタンス＆コミットメント・セラピー**（Acceptance and Commitment Therapy：**ACT**）が誕生しており，アクセプタンスとマインドフルネスの方略にコミットメントと行動変容の方略をあわせて用いることで，心理的柔軟性の向上を目指している（ContextualPsychology.org）。

　最後になるが障害者の家族支援の現場においても障害者本人と家族の双方を生活支援の対象であるとみなして，多職種協働のチームアプローチが行われており，臨床心理学的グループアプローチの一つとして位置づけられているSSTの技術や方法も心理職だけが独占して行っているわけではない。各種のグループアプローチについても福祉職や医療職らと協働して行われていることや，時には当事者団体のなかでも行われていることはおさえておくべきである。その

障害者福祉

なかで心理職には，8章で述べているように，とりわけ個々の利用者の心情や意向に沿ったきめ細やかな対応と，利用者の特性や長所を生かせる環境調整のためのアセスメント技術が求められていることを認識するべきである。

 考えてみよう

- ケアを担う家族が現代社会のなかで抱えている困難にはどのようなものがあるでしょうか？
- ケアを担う家族が子どもだった場合の留意点をあげてください。

 さらに学びを深めたい人のために

澁谷智子 (2018). ヤングケアラー：介護を担う子ども・若者の現実　中公新書

高木俊介 (2017). ACT-Kの挑戦：ACTがひらく精神医療・福祉の未来　増補新版　批評社

鈴木丈編／伊藤順一郎 (1997). SSTと心理教育　中央法規出版

10章　障害者と社会やコミュニティ

1節　障害と個人や社会との関係

　障害者への生活支援には，障害者個人と，個人を取り巻く環境に焦点を当てた働きかけが必要であるが，近年は障害者と社会やコミュニティとの関係のあり方が重視されている。

　本節では，最初に障害者個人の心理的過程とみなされてきた障害受容が社会やコミュニティのあり方との関連で再考されるようになっていることや，社会やコミュニティがインクルーシブなものに変化することにより障害者のQOL（Quality of Life 生活の質）が高まるとした地域リハビリテーション概念について概説する。次いで，リハビリテーションや障害者福祉の効果判定が治癒率や就労率等の量的指標に基づく評価から，QOLに代表されるような障害者の生活の質的評価や，障害者が社会やコミュニティに対して自律した働きかけを行う過程と，それに伴う主体の変容に焦点を当てたエンパワメントやリカバリー概念を説明する。最後に支援をめぐるパラダイムの変換論を整理したうえで，その潮流のなかでの心理職の役割を整理する。

1-1　障害受容論とその再考

　障害受容という言葉を初めて用いたといわれるアメリカの精神科医のグレイソンは，「障害を受容するとは，身体的には患者が障害の性質や原因や合併症や予後をよく知ること，社会的には雇用や住宅や家族やその他の関係に対して現実的であること，心理的にはひどい情動的症状を示さないことである」として，身体，心理，社会の三つの側面から障害受容を捉えた（Grayson, 1951）。

また，障害受容には，受傷前の身体に関する「ボディ・イメージの再組織化」と，他者からの凝視，結婚，就職等，社会的な困難の解決に向けての努力が求められる「社会的統合」の2段階に至るプロセスがあるとした。

以上の研究を端緒として，1950年代には**価値転換理論**と呼ばれる障害受容概念が提唱されるようになる。価値転換理論は，デンボーとライトらが実施した，第二次世界大戦の戦傷による肢体不自由を対象とした調査研究から生まれたものであり，戦傷による肢体不自由を「価値あるものの喪失または欠損」（Dembo & Wright, 1956）とした。また，以上の調査結果に基づきライトは，障害受容を「障害を不便かつ制約的なものでありながらも，自分の全体を価値低下させるものではないと認識すること」と定義するとともに，障害受容概念を肢体不自由のみならず身体障害一般に拡大した（Wright, 1960）。

ライトの価値転換理論では，①障害受容は失った価値以外にも多くの価値が自身には存在していることを情動的に認識する「価値範囲の拡大」，②障害は自分の能力全体を制限したり，価値全体を低めたりするものではないと認識する「障害の与える影響の抑制」，③身体上の外見よりも内面的な価値が人間としては重要だということを悟る「身体の外見を従属的なものにすること」，④自分の価値を他人または一般的基準と比較して判断する（比較価値）のではなく，自分自身の価値自体に目を向けるといった「比較価値（comparative values）から資産価値（asset values）への転換」の，四つの価値の転換を提唱している。

次いで，1960年代には，障害受容の心理的プロセスに焦点を当てた**段階理論**が登場する。段階理論にはさまざまなものがあるが，代表的なものとしてはコーンとフィンクによるものがあげられる。コーンは障害を「喪失」として捉えて，その心理的な回復過程をモーニング・ワークをもとにして，「ショック」「回復への期待」「悲嘆」「防衛（健康的あるいは神経症的）」「適応」といったステージとして唱えた（Cohn, 1961）。一方，フィンクは，障害を「危機に対処（coping）する過程」と捉えて，「ショック」「防衛的退却」「現実認識（自認）」「適応」といったステージとして唱えた（Fink, 1967）。

　日本では障害構造論者として著名な上田が，7章に述べているICIDHの障害構造が「客観的な障害」しか扱っていないとして，障害をもつことにより生じる悩み，苦しみ，絶望感を「主観的な障害」や「体験としての障害」という言葉で表すとともに，障害受容をリハビリテーションのゴールとした。また，ライトの定義を基盤として，障害受容は「あきらめでも居直りでもなく，障害に対する価値観（感）の転換であり，障害をもつことが自己の全体としての人間的価値を低下させるものではないことの認識と体得を通じて，恥の意識や劣等感を克服し，積極的な生活態度に転じること」（上田，1980; 1983）であるとして，日本のリハビリテーション実践に大きな影響を与えた。上田は，ライトの四つの価値転換が達成された状態を「受容」とみなして，その過程には「ショック期」「否認期」「混乱期」「解決への努力期」「受容」の五つのステージがあるとしている。ただし，以上は直線的に進行するものではなく，行きつ戻りつしていく過程とみなされている（上田，1996）。

　障害受容理論は1950年代の価値転換理論，1960年代の段階理論へと変遷しているが，障害の社会モデルの立場からの障害受容論に対する批判的な再考も行われるようになっている。例えば，南雲（2002; 2008）は障害の社会受容を重視する立場からの批判を行い，受傷後の心の苦しみには「自分のなかから生じる苦しみ」と「社会（他人）から負わされる苦しみ」の二つに大別できるとして，前者の苦しみは，"私"と"私自身"の関係から生じるのに対して，後者の苦しみは"私"と"社会（他人）"の関係から生じる苦しみであり，「私ひとり（の努力）ではどうしようもない」「私の手の届かないところにある事柄である」とみなしている。そして従来の障害受容論はゆきすぎた個人主義であるとして警鐘を鳴らし，障害者がセルフヘルプ等の仲間との相互作用のなかで社会的なアイデンティティを獲得していく過程や，「人間関係（コミュニティ）に基づく援助」を重要視した。

　田村（2009）はリハビリテーション業界には，障害受容を支援の目的とする風潮や，障害受容の段階論に基づいて利用者が予定調和的に障害を受容する過程を当てはめようとする傾向があることに対して，質的研究に基づいた批判的

障害者福祉

な検討を行っている。そして，障害者に対して障害受容論に基づいた押しつけや決めつけを専門家が行うのではなく，「障害を意識せずにいられる時間」をもつこと，自分の障害に対して気持ちの「折り合い」がつけられ「楽に」なれることが障害へのとらわれから自由になることであり，すなわち**障害との自由**であるという趣旨の主張を行っている。また，「障害との自由」に至る価値転換は専門家主導の関わりからではなく，社会やコミュニティとの関係のなかで達成されることを示唆している。

1-2　地域社会と障害者の生活の質

　障害者と社会やコミュニティとの関係を表す理念にはさまざまなものがあるが，ノーマライゼーション理念を普及させた国際障害者年を契機として，1980年代には障害者の生活の質と社会やコミュニティとの関連についてさまざまな新しい概念が誕生している。そのなかから，地域リハビリテーション，生活の質，エンパワメントやリカバリーといった概念を紹介する。

地域リハビリテーション

　リハビリテーションでは受傷を個人の喪失体験とみなして，喪失を受容することを目的とするのが心理的アプローチだとみなす傾向があった。しかし，国際障害者年をひとつの契機として，1980年代にはノーマライゼーション理念が普及していくなか，**地域リハビリテーション**（Community-based Rehabilitation：**CBR**）が提唱されるようになる。

　CBRは1981年のWHOリハビリテーション専門家会議において「障害者自身やその家族，その地域社会のなかの既存の資源に入り込み，利用し，その上に構築されたアプローチ」と定義され，障害者の地域生活全般にアプローチするものとされている。

　また，1994年のWHO，ILO（International Labour-Organization），ユネスコ（United Nations Educational, Scientific and Cultural Organization）合同政策方針ではCBRは「すべての障害のある人の機会の均等と社会への統合を目指す地域

社会開発のためのひとつの戦略」であり，「障害のある本人，その家族，地域社会と適切な保健・教育・労働・社会サービスが一体となった努力のもとに実行されるものである」と定義された。

　CBRの目的は「地域に根ざしたインクルーシブ開発」（Community-based Inclusive Development：CBID）とされ，障害者を包括するコミュニティ全体のサポートの重要性が提唱されている。CBRには専門家がリハビリテーションを主導していくのではなく，社会やコミュニティがインクルーシブなものに変わることにより障害者やマイノリティグループのQOLが高まるという理念がある。これは障害を個人の喪失体験であるとみなして，障害受容に向けての個別の働きかけを行うという従来のリハビリテーションからの価値転換を求めるものである。

生活の質

　生活の質（Quality of Life：QOL）は，WHO（1995）によって，「個人が生活する文化や価値観のなかで，目的や期待，基準および関心に関わる自分自身の人生の状況についての認識」と定義されている。障害者のリハビリテーションの効果判定では治癒率，再発率等の医学的，量的指標を重んじる傾向から，障害者の生活の質的変化に着目する傾向が表れてくる。

　生活に関する情報は，雇用状態や外出頻度などの客観的指標で把握する部分と，生活に関する満足度などの主観的指標で把握する部分に大別できるが，障害者福祉分野では利用者主体の理念を背景として，主観的指標を重視するようになっている。しかし，障害者のQOLに対する支援者評価と利用者評価はしばしば乖離する。例えば，健康管理や金銭管理といった社会生活に関わる事柄に対する援助必要度については，各種専門職の判断と利用者の判断が異なる場合が多くみられる。以上の相違に対しては，専門職評価は客観的・科学的評価とみなされ，利用者評価は主観的評価に過ぎないとみなされる傾向があった。なかでもQOL評価については，専門職による評価と利用者による自己評価の相違をどのように扱うのかさまざまな議論がある（吉村，2003）。

障害者福祉

WHOの精神障害に関わるQOLプロジェクト（1995）は，「QOLは第一に個人の主観的理解を基本としており，精神病の患者であっても例外ではない」「インフォーマルまたは専門の援助による評価もQOL情報の補足として活用することはできるが，それをQOLと呼んだり，主観的QOLに混合するべきではない」として精神疾患の急性期以外の精神障害者の主観的評価を尊重するべきだとしている。これは人が発熱でうなされている，手術が行われている等の特殊な緊急事態を除けば，自身の社会生活のあり方に対する主観的評価と判断（どのように暮らしたいのか，どのように生きたいのか等）は尊重されるべきであるというのと同様の態度を障害者に対しても求めているものである。

　QOLに限らず精神疾患や脳損傷や認知機能障害がある人の主観的指標は否定的に扱われがちである。精神障害者は精神疾患の症状との関連から，知的障害者や発達障害者は認知機能との関連から，彼らの主観的評価については信憑性が乏しいとされることが多かった。

　そうしたなかでリーマンは，QOLの主観的評価と専門職による評価が異なる場合は，その違いを利用者と専門職が同定していくことが、より良いケアのための相互交渉となるとする実践上で重要な指摘を行っている（Lehman, 1983）。角谷もリハビリテーションの個別評価に主観的QOL評価尺度を位置づけ，利用者との協働作業によるリハビリテーションの目標設定に活用できるとしている（角谷，1995）。

エンパワメント

　エンパワー（empower）という単語は，もともとは「能力や権限を与える」という法的な意味があり，1950〜60年代にはアフリカ系アメリカ人の公民権運動や黒人解放運動の理念として**エンパワメント**（empowerment）が用いられ，1960年代以降は消費者運動や経済開発，教育，保健・医療，福祉領域やマイノリティグループの実践や理論として社会全般に影響を与えた概念である。

　福祉領域との関連では，1976年にアメリカのソロモン（Solomon, B）が『黒人のエンパワメント（Black Empowerment）：抑圧されている地域社会による

ソーシャルワーク』を著して，抑圧されてきた黒人を対象としたソーシャルワーク実践におけるエンパワメントの意義を指摘した。エンパワメントにはさまざまな定義がなされているが，ソロモンは「スティグマ化されている集団の構成メンバーであることに基づいて加えられた否定的な評価によって引き起こされたパワーの欠如状態を減らすことを目指して，クライエントもしくはクライエント・システムに対応する一連の諸活動にソーシャルワーカーが関わっていく過程」(1976) と定義している。また，WHOオタワ憲章は「人々や組織，コミュニティが自分たちの生活への統御を獲得する過程である」(1986) と簡潔に定義している。

　障害者福祉の分野でエンパワメントが用いられるようになったのは，ADA (Americans with Disabilities Act of 1990 障害のあるアメリカ人法) の父と呼ばれたダート (Justin Dart Jr.) がアメリカにおいて「障害者の権利とエンパワメントに関する調査委員会」を設けた頃からであるといわれている。また，精神障害者のリハビリテーションではモルガン (Morgan, S.) が，ケースマネジメント (米) ではストレングスモデル (strength model) を提唱したラップ (Rapp, C. A.) が，エンパワメントの意義を強調した。このようにエンパワメントは，社会的マイノリティや生活問題に関わる広範囲の援助職にも用いられる概念となっている。

リカバリー

　リカバリー (recovery) とは，1980年代に病を体験した当事者の手記や語りのなかからアメリカでつくられた概念である。1990年代に欧米に拡がって，日本においても主に精神保健福祉分野の当事者や関係者に大きな影響を与えた (野中，2005)，障害当事者のムーブメントでもある。

　リカバリーには統一的な定義はなく，さまざまな意味合いで使用されているが，臨床心理学者で障害者権利運動の活動家でもあり，10代で統合失調症を発病したディーガンは，リカバリーは「元の能力を回復すること」ではなく，「できないことを受け入れ，自分たちが誰であり，何ができるかを発見してい

くこと」であり，「その過程や生き方，態度，そしてその日の課題に取り組む方法」等をリカバリーとみなした（Deegan, 1998）。また，リカバリーは直線的なプロセスではなく，時に不安定であったり，たじろいだり，逆戻りしたりしながら，再構築していくプロセスであるとしている。

　支援者の立場からのリカバリーの意義への言及については，カリフォルニア州のリカバリー・コミュニティである「ビレッジ」の設立スタッフであるレーガンの論考がある。彼は，統合失調症などの重い精神の病をもっていても，人は立ち直ることができるとして，「人として尊重され，希望を取り戻し，社会に生活し，自分の目標に向かって挑戦しながら，かけがえのない人生を歩むこと」がリカバリーであるとした（Ragins, 2002）。また，リカバリーには，「希望」「エンパワメント」「自己責任」「生活の中の有意義な役割」という四つの段階があるとしている。

　精神科リハビリテーション分野では，イギリスのアンソニーはコミュニティサポートシステムにおけるリカバリーの意義を「自分の態度，価値観，感情，目標，スキル及び役割を変える，深くて個人的でユニークなプロセス」であり，「病気によって引き起こされる限界があっても，満足し，希望に満ちた，そして人生に貢献する方法」「精神疾患の壊滅的な影響を乗り越えて，新しい意味と目的をもち成長する過程」とまとめている（Anthony, 1993）。

　従来の回復概念が病からの生物学的，医学的な回復を目指す医学モデル的な概念であることに対して，リカバリー概念は，当事者自身がどう生きるかという実存的な問いに始まり，人生を創造的に生きることを目指した当事者中心のムーブメントも意味するようになっている（木村，2015）。このように，リカバリーは障害当事者の主観や感覚に基づいた価値転換プロセスを重視する概念であるが，現在では障害当事者，専門職や政策立案者等により多様な解釈と使用がなされる概念になっている。

1-3　パラダイムの転換論と心理職の役割

　8章に述べたソーシャルワークの統合化論の動向に並行するように，1981年

の国際障害者年をはさんだ1970年代から1990年代にかけて，CBR等に代表されるような社会やコミュニティの側に障害者の社会受容や包括を求めるリハビリテーション概念や，回復過程に生じるパワーの増大を重視するエンパワメントやリカバリーの概念がマイノリティとマイノリティへの取り組みから出てきている。

　以上の支援をめぐる概念と倫理や価値の転換は福祉領域や障害者福祉分野のみならず，保健・医療分野等，さまざまな領域で指摘されるようになったことから，**パラダイムの転換論**と呼ばれている。

　パラダイムの転換論とは，一言でいうと「専門家主導モデルから利用者主導モデルへの理念の転換」を意味する。例えば，「援助」から「支援」，「処遇」から「参加」「協働」といった，利用者と支援者のパートナーシップを強調した言葉が使用されるようになっている。また，「利用者」を行政や専門職の「処遇対象者」「要援護者」として捉える立場から，権利主体として「個別性と多様性をもった一般市民」，あるいは契約関係に基づくサービスの「利用者」「消費者」であると捉えるような変化が生じている。

　さらに，生活問題の深刻化により，マイノリティグループに対するアウトリーチ型のサービスやの必要性が指摘されるようになっている。これは，利用者を「ニーズをもって窓口に訪れる人々」（来談者）に限定するのではなく，認知障害等により，「ニーズの表明に困難を伴う人々」や，差別や貧困や社会的な孤立により「サービスの窓口に辿りつけない人々」へのサービスへのアクセシビリティを保障する必要性が指摘されているためである。

　ここで心理職をはじめとした専門職が留意するべき点として，エンパワメントやリカバリーといった概念は専門職評価に基づく指標ではなく，元来は利用者評価に基づく主観的な質的指標であるという点である。また，主観的な自己評価であり信憑性に欠けるとして軽視するべきではなく，まずはありのままに聴き取り，対話を通して整理していく姿勢が要求される。

　心のケアの専門家とされている心理職はとりわけ利用者の主観的評価や判断に触れる機会が多い職種であり，援助必要度に対する利用者判断と専門職判断

との相違に直面することも多い。その際，専門職評価や判断を科学的・客観的判断として利用者に押しつけるのではなく，双方の見解の相違をパートナーシップに基づいた対話を通してすり合わせていく姿勢が要求されている。また，多職種協働のチームアセスメントのなかで利用者の主観的評価や判断が軽視されたり，無視されたりすることがあれば，利用者が主観的評価や判断を表明できるような環境調整を行うとともに，利用者と専門職評価の相違を対話に基づいてすり合わせていくための調整役を務めるべきである。QOLやエンパワメントやリカバリーといった障害者と社会やコミュニティとのあり方に関わる指標は支援計画作成や効果測定に活かされるべき主観的評価であり，専門職による他者評価だけで支援計画に作成したり，効果測定の基準にするべきではない。

2節　障害者とセルフヘルプ活動

1960年代のアメリカの公民権運動，消費者運動等の市民運動の隆盛や，1970年代から80年代にかけてのノーマライゼーション理念の普及といったムーブメントのなかで1970年代に台頭してきたのが**セルフヘルプグループ**である。セルフヘルプグループとは「自助グループ・当事者組織・本人の会などともいわれ，病気，障害，依存や嗜癖，マイノリティグループなど，同じ状況にある人々が相互に援助し合うために組織し，運営する自立性と継続性を有するグループ」である（中田，1998）。

セルフヘルプグループの活動についてはさまざまなものがあるが，そのなかからは従来は専門職に独占されていた福祉サービスや住民への福祉教育，心理学的グループアプローチの分野に進出する障害者たちが現れるようになっている。以上の特徴をもつセルプヘルプ的な運動として，本節では自立生活運動や障害平等研修，WRAPや当事者研究を取り上げて，その特徴を概説する。

2-1　自立生活運動

前節で触れた「利用者主導」「利用者主体」というパラダイムの転換との関

連において特質するべき事柄として，支援をめぐる技術や方法や理念に対する障害当事者自身の動向があげられる。例えば，2000年前後から「当事者主体」「当事者主権」などの表記で**当事者**という言葉がしばしば出現するようになっている。以上の背景には従来のリハビリテーションからは除外されてきた重度障害者の**自立生活運動**や，既存の障害の捉え方に異議申し立てを行い，障害当事者の立場や社会との関係から障害を捉え直そうとする，イギリスで発展してきた「障害学」の影響等がある。

　障害当事者の主体性を明確に打ち出している具体的な取り組みとしては，自立生活運動（Independent Living Movement：IL運動）のなかから現れた**自立生活プログラム**（Independent Living Program：ILP）が存在する。

　自立生活運動とは，従来，リハビリテーションの対象から除外されていた重度身体障害者の当事者運動である。自立生活運動は，障害者の権利擁護のための運動体という性格のみならず，障害者自身が運営する障害者のための事業体という性格もあわせもつ。その目的は，専門家に指示を受けて行動するのでなく障害者の自己決定によって最大限の選択の自由（危険を冒す自由も含まれる）を行使し，自尊心を低めることなく地域での主体的な生活を確立することである。また，障害者自身が運営する**自立生活センター**（Center for Independent Living：CIL）という事業所運営も行い，介助者紹介，住宅斡旋及び自立生活の訓練等のピア・カウンセリング活動を実施する。

　自立生活運動の起源は，アメリカのカリフォルニア大学バークレー校に在学していた呼吸器つきの車椅子使用者でポリオによる全身性障害をもつエド・ロバーツ（Ed Roberts）と障害学生たちの活動にある。当初は，大学構内のアクセシビリティの問題や，障害学生に対する管理的なリハビリテーション・システム等に対して問題提起を行い，ピア・サポートを主としたサービスの構築を行っていた。その後は地域のなかに自立生活センターを設立して，やがて全米から世界に広がっていった。

　日本では1970年代に脳性麻痺の人たちを中心とする独自の自立生活運動が存在していたが，障害者福祉に多大な影響を及ぼすのは1981年の国際障害者

年にエド・ロバーツが来日して，アメリカを中心とする自立生活運動が紹介されてからである。自立生活運動には障害者の権利擁護の運動という性格に加えて「これまで福祉サービスの受け手であった障害者が福祉サービスの担い手となる」という性格がある。以上の理念は日本の障害者にも共感をもって受けとめられ，同理念の下で1986年には日本初の自立生活センターが東京都の八王子市に発足して全国に広がっていった（2014年で約130ヵ所）。

　自立生活プログラムは障害当事者を事業主体とする自立生活センターが実施する「自立した生活を援助するために，当事者が当事者のために行うプログラム」である。内容は対象者の目標によって決められ，「介助者との関係」や「制度を使いこなす」「指示を出して好きな料理をつくる」「金銭管理」「フィールドトリップ（外出プログラム）」等，自立生活に必要なことがプログラムとして提供されている（全国自立生活センター協議会，2001）。

2-2　障害平等研修

　障害当事者主導の教育研修では，1980年代からイギリスを中心に障害者運動とともに発展してきた**障害平等研修**（Disability Equality Training：DET）という普及啓発プログラムがある。障害平等研修は「障害をもつ人自身によって企画・立案され，運営される講義，事例検討やロールプレイ，行動計画作成等で構成される」「参加型のグループワークを中心としたプログラム」である（三島，2009）。

　障害平等研修の日本への紹介者たちは，日本の啓発教育では医療や福祉に従事する者が指導する場合が多いとの指摘を行うと同時に，従来からある「かわいそうな」「不幸な」障害者という先入観や，メディアなどで強調されている「障害を克服する」「差別や偏見に立ち向かう」といったステレオタイプなイメージを強化するという問題があるとみなす（久野，2005；岩田，2006）。また，日本で普及している車椅子体験等の障害擬似体験は，「多くの障害者が自立した生活を送っているにもかかわらず，擬似体験では『できない・困難』という負の側面ばかりが強調され，障害者に対して負の価値付けがなされることが多

い」「擬似体験でわかるのは物理的な障壁だけであり，単に『何が』障壁であるかを発見するだけで終わってしまう場合が多い」（久野，前掲）と批判する。

障害平等研修と従来の障害啓発との相違点は，「障害啓発の焦点が個人の機能（制限）であるのに対して，障害平等研修の焦点は「社会の差別」（Gillespie-Sells & Campbell, 1991）であり，障害平等研修の目的は「障害者と関わる人々が，社会の差別的な慣習の本質を理解し，何をなすべきであるのかを明らかにすること」（三島，2009）である。効果と意義としては，「障害者の自立生活を支える環境整備を行い」「障害者がトレーナーになることによって自活の道を切り拓くなどエンパワメントが二重に促進される」ことがあげられる。実際，イギリスの当事者団体の一部は障害平等研修を提供することで事業収入を得るようになっているという（三島，前掲）。

2-3　WRAPと当事者研究

精神障害者分野では，調子が悪いとき，体調を崩したときの対処方法であるWRAP（Wellness, Recovery, Action, Plan）と呼ばれる当事者自身が開発したセルフヘルプのプログラム（増川・藤田，2016）や，精神障害当事者による当事者研究（浦河べてるの家，2005）等が当事者組織とその支援機関により実施されている。

WRAPは自らも躁うつ病に悩んでいたメアリー・エレン・コープランド（Mary Ellen Copeland）が同様の悩みを抱える人たち約120人に「元気を保つ方法」を尋ねて，その結果をもとに考案した行動プラン作成のための手法である。WRAPは「自分の専門家は自分」という考え方を基本として，自分の「取り扱い説明書」を作成して自他の対応に活用するものである。

具体的には，元気を保つために毎日行うことをリストアップする「元気に役立つ道具箱」づくりと，「日常生活」「（体調を乱すきっかけとなる）引き金」「注意サイン」「調子が悪くなってきたとき」「クライシス（危機的状況）」「クライシス後」の6項目ごとに自分に合った対処プランをつくる。以上は一人でもつくれるが，グループで対話をしながら作成する方法が普及しており，日本でも取

障害者福祉

り組まれるようになっている。

　浦河べてるの家の取り組みとして知られる「当事者研究」は，精神障害者が自分自身の症状に，例えば「幻聴さん」等の愛称をつけて当事者と関係者たちが対話を通して協同で解決法を見出していく手法である。

　WRAPは生活上の問題について「取り扱い説明書」のような対処法リストの作成を，当事者研究は症状や問題に愛称をつけることを通して，問題を人格から切り離して客観視するという共通点がある。また，グループで実施する場合は，仲間同士の複数の視点から対処法についての検討を行えるということも共通している。以上は**ナラティブ・モデル**の**外在化**手法とも類似している。

　ナラティブ・モデルの家族療法家のマイケル・ホワイトの臨床例では，6歳の子どもの遺糞症に「スニーキープー」(Sneaky Poo) という愛称をつけて「プー」が子どもと家族をどのように困らせているのか，あるいは困らせていないときの特徴（例外さがし）をリストアップして（マッピング），対処法についての対話（研究）をセラピストと家族全員で行う例があげられている (White, 1989)。以上は日本では問題や症状に虫の名前をつける「虫退治技法」という手法として取り組まれている（東，2002）。

　近年，注目されるようになったフィンランドのケロプダス病院の**オープンダイアローグ**（open dialogue）も1980年代から統合失調症に対する訪問家族療法として実施されていて (Seikkula & Olson, 2003; Seikkula & Erik, 2006)，専門職や本人や家族が全員で対話する手法がとられている。

　社会やコミュニティとの関わりにおいて，障害者は福祉サービスや教育の対象としてのみ認識されがちだが，自立生活運動や障害平等研修は障害者がその特性を生かして福祉サービスや教育研修に貢献できることを立証している。また，WRAP，当事者研究，外在化，オープンダイアローグ等の実践は，ナラティブ・モデルの外在化の手法と同様に，受け身の治療対象や，それに振り回される周囲の人々が問題に協同して能動的に立ち向かう存在へと転換させるための手法であるという共通点がある。そこでは，利用者と利用者に関わる人々の家族やコミュニティの仲間や専門職といった枠組みを超えて，生活問題の解

決に向けた対話を継続して行うといった対等な形式でのパートナーシップが強調されている。つまり，専門職も利用者と利用者を取り囲むシステムの構成員とみなされるのである。このような性格をもつナラティブ・モデルは心理臨床のみならず，ソーシャルワークやケアワーク，文化人類学や社会学的なフィールドワーク的実践，セルフヘルプ活動や，近年の語りや対話を重視する試みの隆盛にも影響を及ぼしている。

2-4　セルフヘルプと専門職

　セルフヘルプには安心して参加できるコミュニティが地域社会のなかに築かれるという居場所的な意味と，生活に密着した個別具体的な問題への対応についての仲間同士の経験知が蓄積されているという治療的な意味がある。また，蓄積された経験知を社会に伝達していくことを通してインクルーシブなまちづくりに貢献するという社会的な意味がある。そのなかで，支援対象としての受け身の存在から社会に働きかける能動的な存在へと障害者たちの自己意識が変容するといった過程がしばしば生じている。

　以上はエンパワーやリカバリーの過程として捉えることが可能だが，自己に関わる意識の変化についての評価や判断を行うのは利用者自身であることを認識しないと，エンパワーやリカバリーをゴールに見立てた予定調和的な過程を利用者に押しつけるという逆説的な結果を招きかねない。セルフヘルプ活動が担っている機能のなかで，社会的な意味づけの強い活動のなかには，症状や問題に対する専門職評価や判断は常に利用者評価や判断よりも優れているという前提の下で支援目標を押しつけてくることに対する批判的な視点があり，それゆえ，セルフヘルプには脱専門職主義あるいは反専門主義的な傾向があるとされている。

　心理職をはじめとした専門職は，利用者を症状や問題を抱える受け身な存在とみなして無力化する傾向があることに対して自覚的になる必要がある。また，地域社会に存在するさまざまなセルフヘルプ活動を把握して，その特色にあわせて個々の利用者とセルフヘルプをつなぐ役割を担う必要がある。したがって，

障害者福祉

利用者の心情や意向に配慮しながら，必要と思われる場合は障害当事者活動等に利用者を紹介したり，まちづくり活動に障害当事者の個性を生かしたりするような支援を障害当事者とのパートナーシップの下で行うことが重要である。

2-5　心理職が行う環境への働きかけ

　利用者の主観的評価，障害者と社会やコミュニティの在り方，地域社会に存在するセルフヘルプグループを尊重することは，障害者福祉領域で利用者の生活支援に携わる専門職一般に要請されているものであり，心理職もその例外ではない。障害者福祉に従事する心理職は心のケアに携わる職種であり，環境調整の役割は福祉職に任せればいいという風潮があるが，本当にそうなのだろうか。環境といっても面接室のようなミクロの環境もあれば，社会やコミュニティや制度施策のあり方を包括したマクロな環境もある。どのようなレベルであろうと環境への関わりと心理職が無縁でいることは実際にはあり得ない。

　では，心理職の独自の環境への働きかけにはどのようなものがあるのだろうか。それは面接室のミクロレベルの環境のみを対象としたものであり，マクロレベルの環境とは全く関連がないものなのだろうか。最後にその点について以下に整理する。

　心理職は，姿勢運動機能の障害や認知機能障害やコミュニケーション障害がある利用者に対して，神経心理学や発達心理学的な知見に基づき，覚醒や注意保持，認知特性，情動や社会性等についての**アセスメント**を行い，日常生活におけるさまざまなルーチンやケア提供やアクティビティにおいて利用者の特性や能動性が発揮できるような人やモノの配置や，時間配分の最適条件を見極める必要がある。また，対話が可能な利用者については心情や意向を表現しやすくする**環境設定**の工夫を行う必要がある。いずれも活動空間にどのように人やモノを布置するのか，活動から離れて休憩したり，再参加できるような見学場所（トランジションスペース）をどこに設けるのか，混乱を起こすような感覚刺激を遮断する休憩場所をどのように確保するのかを見極める必要がある。また，対人関係においては注視や模倣しやすい位置関係の工夫や，交流しやす

い空間設定や時間配分を行う必要がある。

　神経心理学や発達心理学的なアセスメントにおいては単に状態像を評価判定するだけではなく，多職種や家族やコミュニティの環境整備に活かしていく必要がある。また，福祉サービスの利用者である障害者自身が自分の特性に合わせた環境条件を知っていき，周囲にそのための配慮や援助要請行動がとれるように支援していく必要もある。

　面接室等のミクロの場面や障害者支援施設や福祉サービス施設の環境整備のポイントと，障害者の日常生活や就業場面における環境整備のポイントには，システムレベルは異なるものの，密接な関連がある。参与観察や対話を通して環境調整のためのアセスメントを，障害者を取り巻く家族やコミュニティと協同して行うことと，障害者と社会やコミュニティの関係のあり方をインクルーシブなものに変えていくことや，障害者の社会的障壁を除去することにつなげるべきである。また，心理職の専門性に基づくアセスメントと，利用者自身と利用者を取り巻く人たちが蓄積している経験知に基づく対処法には上下関係はなく，パートナーシップの下でどちらも尊重するべきものとして対話のなかで扱うべきである。

　心理職が行うミクロの環境設定を社会やコミュニケーションにおけるマクロの場面の環境設定につなげて活かしていくことが地域援助モデルの実践においては必要である。

考えてみよう

- 障害受容という言葉からあなたが連想することはどのようなことでしょうか？
- 心理職が行う環境への働きかけの具体例をあげてみましょう。

さらに学びを深めたい人のために

中西正司 (2014). 自立生活運動史：社会変革の戦略と戦術　現代書館

森田ゆり (1998). エンパワメントと人権：こころの力のみなもとへ　部落解放研究所

斎藤環 (著・訳) (2015). オープンダイアローグとは何か　医学書院

右側縦書き：障害者福祉

11章　高齢者福祉の現場

1節　高齢者福祉分野における心理職

　高齢化がいっそう進むなかで，これまで子どもや成人（老年期を除く）が支援対象の中心であった心理職のあいだでも，高齢者支援への関心が広がりつつある。実際，老年精神医学分野を専門とする心理職の資格（老年精神医学会認定専門心理士・上級専門心理士）が新たに誕生したり，老年期の心理臨床に特化した学会（日本老年臨床心理学会）が発足されたりなど，高齢者の心理支援に対する関心やニーズの高まりを感じる出来事がここ数年の間に起きている。

　高齢者支援の中心は医療，そして福祉・介護分野であり，さまざまな専門職がこれらの分野で活躍している。だが，臨床心理士を対象とした調査（日本臨床心理士会第3期後期高齢者福祉委員会，2019）が示すように，高齢者支援に従事する心理職の現場は医療・保健分野が中心となっている。実際，これまで心理職は心理アセスメントや心理療法の専門性を活かし，精神科病院をはじめとした医療機関で高齢の外来患者に対する**神経心理学的アセスメント**や，高齢者病棟やデイケアにおける**回想法**などの集団心理療法を中心に，他職種と共に高齢者医療に貢献してきた。それに比べると，福祉・介護分野で実践にあたっている心理職はきわめて限られているのが実情である。

　高齢者福祉・介護の分野では，在宅・施設の違いを問わず，介護福祉士や介護支援専門員（ケアマネジャー），社会福祉士，看護師・保健師，作業療法士・理学療法士など，さまざまな職種が協働して高齢者の生活を支えてきた。一方，心理職は高齢者福祉サービスにおける役割や人員配置が法律で規定されていないこともあり，その実践は限られていた。だが，心理支援を専門とする国家資

高齢者福祉

157

格である公認心理師の誕生は，高齢者福祉・介護分野で心理職にどのような期待が向けられ，何が貢献できるのかをあらためて見直すきっかけとなっている。そこで，本書の高齢者福祉に関わる章では，現在一部で展開されている心理職の実践だけでなく，心理職に対する現場のニーズや期待，貢献しうる点も含めて述べたい。

　そのなかで本章は，高齢者福祉・介護分野に従事する専門職が共通して理解しておくべき，①高齢化が進行するなかで社会が直面している課題，②その解決に向けて現在わが国が構築を急いでいる地域包括ケアシステム，③高齢者福祉・介護の実践を規定している法律と制度の三点を述べる。

　ところで，保健・医療に従事する心理職も，高齢者福祉の制度や高齢者の生活を支えるさまざまな専門職の役割について理解しておくことは今後いっそう求められる。本章でも触れる地域包括ケアシステムのなかでは，高齢者のニーズを出発点に，医療と介護の連携をはじめ，高齢者の生活を支える人・機関・地域資源との連携がこれまでよりもいっそう求められるからである。例えば，外来患者の神経心理学的アセスメントを主な業務とする心理職も，診断の参考となる情報の提供に加えて，「生活はどの程度保たれているのか」「身の回りの世話をする人は身近にいるのか」「誰に対するどのようなフィードバックが生活を支えるのに役立つか」「生活しやすくなる上でどのような社会資源が必要なのか」など，検査室や面接室の外にある高齢者の日常生活を想像し，その生活を支える視点が求められる。

2節　高齢化が社会に及ぼす影響

2-1　加齢による心身の変化

　65歳以上の人を高齢者，またその発達段階を老年期と呼ぶ。これまでの生活習慣や疾病の有無によって自覚される時期や進行に個人差はあるものの，老年期では一般に感覚や身体，認知機能の低下が目立つようになる。五感は全て低下するが，特に視力・聴力の低下が顕著になると，読み書きや自動車運転，

周囲との会話など，日常生活に支障が及ぶ。身体面では，筋力やバランス能力，持久力，関節の柔軟性など，多くの面で低下がみられる。筋力とバランス能力が低下することで，歩行時の転倒リスクも高まる。認知機能では，結晶性知能や意味記憶，手続き記憶は晩年まで保たれる一方，流動性知能やエピソード記憶，作動記憶，注意機能は低下し，聞いた内容を忘れる，物をどこにしまったか忘れるなど，いわゆるもの忘れが起きやすくなる。また，白内障や動脈硬化，認知症などの加齢関連疾患も招きやすくなる。

　加齢とそれがもたらすさまざまな衰えは，人生の終焉が迫りつつあることを痛感させるものでもある。人の生涯発達のアウトラインをライフサイクル論として唱えたエリクソンは，老年期に直面する心理社会的危機として「統合 vs 絶望」をあげている。統合とは自らの人生を振り返り，そこに独自の意味や価値を見出すことで，自分の人生やその先に迎える死と折り合いをつけることを指す。一方，絶望とはこれまでに重ねてきた失敗や未解決な課題が後悔とともに思い出され，人生や死を受け入れ難く感じることを指す。

2-2　平均寿命と健康寿命

　わが国は世界有数の長寿国であり，男性の平均寿命は約81歳，女性は87歳に及ぶ（2019年現在）。この値は今後も伸び続けると予測されている（内閣府，2020）。高齢者の多くが望む最期の迎え方として，「ピンピンコロリ」がある。元気で自立した生活を晩年まで続け，ある日突然亡くなることを指す言葉だが，そこにはなるべく周囲の世話にならずに天寿を全うしたいという望みが含まれていると思われる。

　平均寿命に対して，介護を必要とせず健康に生活できる期間を**健康寿命**と呼ぶ。わが国の男性の健康寿命は約72歳，女性は75歳である（2016年現在）（内閣府，2020）。単純に計算すれば，健康寿命から平均寿命までの10年前後の間，高齢者は疾病や障害を抱え，周りの援助を受けながら生活を続けていることになる。また同じ老年期でも，加齢とともに周囲の支援を必要とする人の割合は増加する。日常生活に何らかの支障があり生活の支援を必要とする高齢者

（「要介護」または「要支援」の認定者）は，前期高齢者（65歳以上75歳未満）に限れば約4%程度と非常に少ない。だが，後期高齢者（75歳以上）では約32%，超高齢者（85歳以上）に限ると約60%を占める（厚生労働省，2020を元に算出）。これらは当然のことであるが，「ピンピンコロリ」の理想と現実の隔たりは大きい。

2-3　人口の高齢化と認知症高齢者の増加

　わが国では平均寿命が延びる一方，出生数の低下で生産年齢（15～64歳）人口は減少し，少子高齢化が急速に進んでいる（図11-1）。戦後復興への道を歩み始めた頃の高齢化率は5%に満たなかったのが，2019（令和元）年には約28%となり，今後も上昇することが予測されている。高齢者のなかでも近年

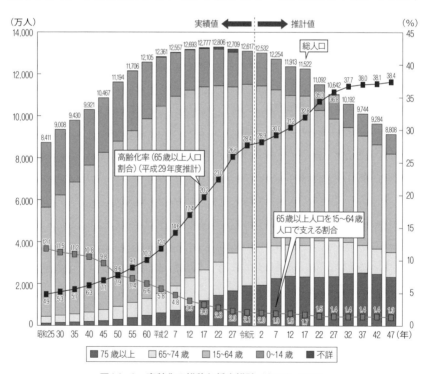

図11-1　高齢化の推移と将来推計 （内閣府，2020）

は特に後期高齢者の人口増加が目立ち，2054（令和36）年まで増え続けること
が予測されている（内閣府，2020）。高齢化は先進諸国に共通する特徴であるが，
諸外国と比べても日本の高齢化は群を抜いており，**超高齢社会**の最前線に立っ
ている。

　高齢化が進むと，認知症を抱えた高齢者の数も必然的に増加する。認知症
高齢者の推定者数は2012年時点で約462万人，高齢者の約7人に1人を占める。
認知症の前段階とされる**軽度認知障害**（Mild Cognitive Impairment：**MCI**）の推
定者数約400万人を含めれば，高齢者の約4人に1人が認知症またはその前段
階に該当することとなる。認知症高齢者の数は今後も増加を続け，2025年に
は約730万人，高齢者の約5人に1人を占めるようになるとされている（図11-
2）。認知症を発症すると，症状の進行とともに買い物や料理などこれまで当た

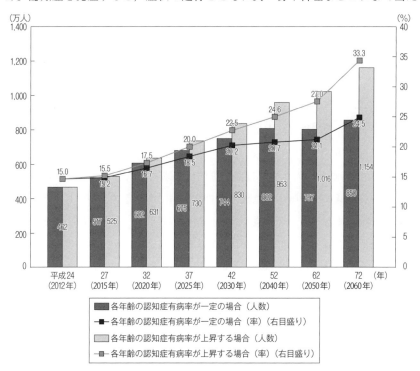

図11-2　認知症高齢者の推定者数と推定有病率（内閣府，2017）

高齢者福祉

り前にできていたことが次第にできなくなり，生活の自立が困難となっていく。現在，認知症を根本的に治癒する方法は確立されていないため，認知症高齢者に対する支援は衰えていく自立を支え，**生活の質**（Quality of Life：QOL）を維持するケアに比重が置かれる。

2-4　介護の問題

　高齢化や認知症高齢者の増加が社会に投げかける課題として，**介護の問題**がある。過去を遡ると，これまで高齢者の介護を担ってきたのは主として家族であった。特に，わが国では介護を女性の仕事とみなす性役割意識が根強く，嫁や妻，娘が中心に担ってきた。現在では男性介護者の割合の増加が示すように，性役割意識は相対的に和らぎ，また介護保険制度の普及によって介護サービスの利用が一般的になるなど，高齢者介護のかたちは少しずつ変わってきているように思われる。だが，認知症をはじめ障害を抱えた高齢者の介護家族が抱える困難の質それ自体は時を経ても変わるわけではなく，介護家族を支援する体制もまだ十分とは言い難い。

　介護の社会化により介護職の需要はいっそう高まっているが，供給が追いついていない。介護現場では人材不足が慢性化しており，団塊の世代が後期高齢者となる2025年には約38万人の介護人材の不足が予測されている（**2025年問題**）。認知症高齢者へのケアには高い専門性が求められるが，人材不足によって人材の質の低下や，限られた数の職員で業務にあたる必要が生じ，ケアの質の低下を招いてしまう。介護職が業務上抱えるストレスも離職につながる要因となるため，看過できない。いかに介護人材を確保するか，また現職者がやりがいをもって長く勤務できるか，対応が求められている。

3節　地域包括ケアシステム

3-1　地域包括ケアシステムとは

高齢化とそれがもたらす課題を背景に，国が2025年を目途に構築を目指し

ているのが**地域包括ケアシステム**である。これは，「重度な要介護状態となっても住み慣れた地域で自分らしい暮らしを人生の最後まで続けることができるよう，住まい・医療・介護・予防・生活支援が一体的に提供される」（厚生労働省，2021）システムのことを指す。ここで言及されている「地域」とはおよそ30分以内にサービスを届けられる日常生活圏域を指し，概ね中学校区に相当する。この地域のなかで高齢者のニーズに沿った各種サービスが相互の連携のもとで提供されることを目指している。地域間で医療機関や介護事業所の数が異なるように，サービスを提供する地域資源の実情は地域によりさまざまである。そこで，各市町村では2025年までに地域の独自性を反映した地域包括ケアシステムの構築が求められている。

3-2　地域包括ケアシステムを構成する五つの要素

　地域包括ケアシステムのもとで提供される各種サービスとそれらの関係は，しばしば植木鉢の絵で表現される（図11-3）。

　植木鉢の鉢（「すまいとすまい方」）は生活の場となる住居を意味する。高齢者のなかには単身ゆえに賃貸住宅への入居を断られる者や，生活が困窮し家賃の支払いが困難なために住宅を確保できない者もいる。住居は私たちの生活の基盤にあり，自宅か施設かを問わず，本人のニーズや状態に合わせた適切な住まいの確保が求められる。

図11-3　地域包括ケアシステムを構成する五つの要素
（三菱UFJリサーチ＆コンサルティング，2016）

葉の部分（「医療・看護」，「介護・リハビリテーション」，「保健・福祉」）は専門職によって提供されるサービスであるが，同じ茎から伸びているように，利用者にとって一体感が感じられるような領域・事業所・専門職間の連携のもとでのサービス提供が求められる。

高齢者の生活は，食事の宅配，買物で外出する際の付き添い，日常的な見守りなど，日常の細々とした生活支援によって大きく支えられている。この部分は専門職だけでなく，家族や近隣，町内会などの地域住民，ボランティア，NPO，医療・介護以外の事業者など，多様な人々から提供されている。また，自立した生活を維持し，要介護状態に至るのを防ぐ・先延ばしするためには，高齢者自身のセルフケアも求められるだろう。医療・介護資源が限られるなか，こうした土の部分（「介護予防・生活支援」）が豊かになることで，葉の部分は専門性を必要とする領域に集中的に力を注ぐことが可能となる。

なお，これら五つの要素の前提となるのが植木鉢の受け皿（「本人の選択と本人・家族の心構え」）であり，サービスの選択・利用が高齢者本人の意思・判断に基づくことを意味する。これは，高齢者医療・福祉の現場では認知症の進行や病状の急変等により，本人の意思が不明確なまま家族や専門職主導で治療やケアの方針が決定されてしまうことへの問題意識も含んでいる。ただし，自宅では施設に比べて気ままな生活ができる一方，病状の急激な悪化にすばやく対応できない場合があるように，生活の場やサービスの選択にはそれによって予測される結果についての本人・家族の理解も求められる。

3-3 地域包括ケアシステムにおける四つの「支え」

このような高齢者に対する様々な支援・サービスは，その提供に伴う負担を誰が（どこが）担うのかという観点からみれば，次の四つに分類される（図11-4）。**自助**は自分の生活に必要なことを自ら行うことであり，運動や定期的な健康チェックなど，健康管理の活動も含まれる。サービスを自己負担で利用することも自助のひとつである。**互助**は，家族・親族や近隣，友人，ボランティアやNPOによる支援など，公的な制度とは異なる人・団体の支援を指す。**共助**

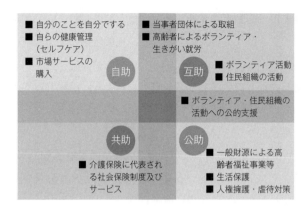

図11-4　地域包括ケアシステムにおける四つの「支え」（地域包括ケア研究会，2013）

は介護保険サービスのように被保険者の保険料を財源とする社会保険制度とそれに基づくサービスを指す。介護保険制度や公的医療保険制度などがその中心にある。最後の**公助**は，国民の税金を財源とした福祉制度を指す。生活保護制度や高齢者虐待への対応などがあげられる。特に近年は，各地域において自助と互助の強化が求められる傾向にある。その背景には，高齢者を地域全体で支えようとする地域包括ケアシステムが掲げる理念に加えて，保険料と税金を財源とする現行の共助・公助システムが国家財政を圧迫し，システムの維持が難しくなりつつあるという事情もある。

3-4　地域包括支援センター

　地域包括ケアシステムが上手く機能するには，高齢者をサービスと結びつけたり，地域資源同士の連携を促したりといった「つなぎ役」が必要である。それを担っているのが各日常生活圏域に設置された**地域包括支援センター**（以下「地域包括」）である。地域包括には保健師，社会福祉士，主任介護支援専門員（主任ケアマネジャー）が配置され，地域包括ケアシステムの中核機関として，以下の四つの役割を担っている。

①**総合相談支援**　高齢者や家族，地域住民からの相談に応じ，地域のネットワークを活かして必要な支援に結びつける。地域包括の業務の中心に位置づけられる。

②**権利擁護**　高齢者の生活と尊厳が守られるよう，高齢者虐待の予防・対応や成年後見制度の活用，公的権限に基づく救済的対応等を行う。

③**包括的・継続的ケアマネジメント支援**　地域のケアマネジャーが抱える支援困難事例に助言し，さまざまな地域資源・関係機関が集う連携の場を設ける。

④**介護予防ケアマネジメント**　心身の健康を維持し，要介護への移行を防ぐ介護予防に特化したケアプランの作成を行う。

3-5　認知症対策

　介護が必要となる要因として最も多いのが**認知症**であり，地域包括ケアシステムの実現には増加する認知症の人やその家族への支援策も求められる。2015年に策定された認知症施策推進総合戦略（「**新オレンジプラン**」）は，「認知症の人の意思が尊重され，できる限り住み慣れた地域のよい環境で自分らしく暮らし続けることができる社会の実現」（厚生労働省，2015）という，地域包括ケアシステムにも通じる理念を掲げ，「七つの柱」（表11-1）に沿って認知症施策を推し進めるものである。このうち「Ⅶ　認知症の人やその家族の視点の重視」は，他の六つの柱に通底する理念として位置づけられている。そこには，本人の意思を十分に汲み取ろうとせず，「問題行動」のコントロールに比重を置い

表11-1　新オレンジプランにおける七つの柱（厚生労働省，2015）

Ⅰ　認知症への理解を深めるための普及・啓発の推進
Ⅱ　認知症の容態に応じた適時・適切な医療・介護等の提供
Ⅲ　若年性認知症施策の強化
Ⅳ　認知症の人の介護者への支援
Ⅴ　認知症の人を含む高齢者にやさしい地域づくりの推進
Ⅵ　認知症の予防法，診断法，治療法，リハビリテーションモデル，介護モデル等の研究開発及びその成果の普及の推進
Ⅶ　認知症の人やその家族の視点の重視

た認知症の人に対するこれまでの関わり方に対する反省も含んでいる。そして，2019年に新たに策定された**認知症施策推進大綱**では，認知症の人が排除されず認知症のない人と同じ社会のなかで生活する**共生社会**の実現と，発症や進行の予防的取り組みの強化が提言されている。

4節　高齢者福祉を支える法制度

4-1　介護保険制度

介護を必要とする高齢者の増加に対応するため，新たに高齢者介護に関する社会保険制度として2000年に制定されたのが介護保険法に基づく**介護保険制度**である。本制度は40歳以上の国民（被保険者）が納める介護保険料を財源の一部として市町村（東京23区を含む）（保険者）が運用する。被保険者は65歳以上の第一号被保険者と，40歳以上65歳未満の第二号被保険者に分けられる。高齢者を対象とした制度であるが，老化に関わる特定疾病が原因で介護が必要となった者は40歳以上から受給できる（表11-2）。市町村で要介護認定の申請をすると，心身の状態や生活環境に基づき**要介護度**が判定される。要介護度の区分は「要支援」（1または2）と「要介護」（1～5）の計7段階あり，要介護度に応じた限度額内であれば一部の自己負担でさまざまな介護保険サービスを受けられる。このとき，ケアマネジャーは要介護認定を受けた被保険者の要望を聞いて必要なサービスを調整し，サービス利用計画書（**ケアプラン**）を作成す

表11-2　介護保険の被保険者

分　類	受給条件
第一号被保険者	65歳以上の者で，何らかの疾病によって要介護認定を受けた人
第二号被保険者	40歳以上65歳未満の者で，以下の特定疾病が原因で要介護認定を受けた人 がん末期／関節リウマチ／筋萎縮性側索硬化症／後縦靱帯骨化症／骨折を伴う骨粗鬆症／若年性認知症／進行性核上性麻痺，大脳皮質基底核変性症及びパーキンソン病／脊髄小脳変性症／脊柱管狭窄症／早老症／多系統萎縮症／糖尿病性神経障害，糖尿病性腎症及び糖尿病性網膜症／脳血管疾患／閉塞性動脈硬化症／慢性閉塞性肺疾患／両側の膝関節又は股関節に著しい変形を伴う変形性関節症

表11-3　介護保険サービスの種類

タイプ	対象	種類	内容
介護給付	要介護	居宅サービス	• 訪問系…訪問介護（ホームヘルプサービス），訪問入浴介護，訪問看護，訪問リハビリテーション，居宅療養管理指導 • 通所系…通所介護（デイサービス），通所リハビリテーション（デイケア） • 短期入所系（ショートステイ）…短期入所生活介護，短期入所療養介護
		施設サービス	特別養護老人ホーム，介護老人保健施設，介護医療院
		地域密着型サービス	• 訪問系…定期巡回・随時対応型訪問介護看護，夜間対応型訪問介護 • 通所系…地域密着型通所介護，認知症対応型通所介護 • 入所系…認知症対応型共同生活介護（グループホーム） • 多機能系…小規模多機能型居宅介護，看護小規模多機能型居宅介護など
予防給付	要支援	介護予防サービス	• 訪問系…介護予防訪問入浴介護，介護予防訪問看護，介護予防訪問リハビリテーション，介護予防居宅療養管理指導 • 通所系…介護予防通所リハビリテーション • 短期入所系…介護予防短期入所生活介護，介護予防短期入所療養介護など
		地域密着型介護予防サービス	• 通所系…介護予防認知症対応型通所介護 • 入所系…介護予防認知症対応型共同生活介護 • 多機能系…介護予防小規模多機能型居宅介護

る役割を担う。

　介護保険サービスは，要介護者（「要介護」に該当）を対象とした**介護給付**と要支援者（「要支援」に該当）を対象とした**予防給付**に分類される（表11-3）。内容の点からみると，居宅で生活しながら利用できる居宅サービスおよび介護予防サービス，施設入所した高齢者が利用する施設サービス，地域密着型サービスがある。地域密着型サービスは地域包括ケアシステムの理念に沿ったサービスであり，居宅・入所を問わず必要なサービスを一つの事業所から受けることができる。なお，介護保険サービスとは別に，各市町村が主体となって行う「地域支援事業」の一つに，要支援者や一般の高齢者等を対象とした**介護予防・日常生活支援総合事業**（総合事業）がある。専門職だけでなく，ボラン

ティアやNPO，介護保険事業所以外の民間事業所など，多様な担い手によって介護予防サービスや生活支援サービスが提供されている。その具体的な内容や費用は市町村で異なり，地域の特性や課題に合わせたサービスが展開されている。

4-2　高齢者虐待防止法

　介護の社会化が徐々に進むなか，家庭や施設における高齢者への虐待や不適切なケアの実態が明らかになりつつある。こうした**高齢者虐待**の予防・介入のために2006年に施行されたのが，「高齢者虐待の防止，高齢者の養護者に対する支援等に関する法律」（**高齢者虐待防止法**）である。本法では高齢者虐待の行為者として介護家族（「養護者」）と介護施設職員（「養介護施設従事者等」）を想定し，**身体的虐待，介護・世話の放棄・放任**（ネグレクト），**心理的虐待，性的虐待，経済的虐待**の五つを高齢者虐待としている。また，虐待発見時の通報に関する義務を定めており，特に医療・福祉等の専門職は早期発見の担い手となることが期待されている。具体的には，介護家族による虐待では，高齢者の生命・身体に重大な危険が及ぶ虐待の場合には通報義務を，その他の虐待の場合には通報の努力義務を負う。施設職員による虐待では，発見した同僚は危険性の程度を問わず通報義務を負う。その他の人が発見した場合，介護家族による虐待に準じた義務を負う。特に専門職の場合は通報にあたって守秘義務に抵触するおそれが生じるが，通報義務が優先されることも本法に明記されている。

　虐待の通報先は市町村や地域包括となる。介護家族による虐待の場合，通報後に市町村や地域包括はすぐに緊急性の判断を行い，安全確認と事実確認を行う。高齢者に重大な危険が及ぶおそれがある場合，必要に応じ警察の協力を得ながら住居への立入調査を行う。また，関係機関と対応を協議し，高齢者の分離・保護，介護家族への相談・助言等，介護家族への支援も含めた対応を行う。施設職員による虐待の場合，通報後は事実確認の上，都道府県に報告される。その後，老人福祉法や介護保険法に基づく権限（改善勧告，改善命令，事業制限，指定取消等）が行使され，虐待状況や措置内容が公表されることとなっている。

4-3 成年後見制度

認知症などによって認知機能の低下が進むと，適切な判断に基づいて財産管理や物の売買，サービス利用等を行うことが困難となり，また詐欺被害に遭うなど不利益を受けやすくなる。そこで，本人の意思決定を支援し，その生活を守るしくみとして民法を改正，2000年に制定されたのが**成年後見制度**である。本制度は法定後見と任意後見に大別される。**法定後見**（表11-4）は，家庭裁判所が選んだ代理人（成年後見人等）が本人の意思を尊重し，身の安全や生活を維持するための支援・保護を行う。代理人は本人の代わりに契約などの法律行為を行う代理権，本人が行う法律行為に同意を与える同意権，本人が行った法律行為を取り消す取消権等の権限をもつ。本人の判断能力の程度に応じて，補助，保佐，後見の三つに分類され，代理人の権限もこの順に大きくなる。**任意後見**は，まだ判断能力が保たれているうちに本人が支援・保護の内容について代理人（任意後見人）と契約を結び，判断能力が低下した時点から代理人の支援を受ける。支援開始後は家庭裁判所に選ばれた任意後見監督人が，正しく支援が行われているかどうかをチェックする。法定後見とは異なり，代理人がもつ権限は代理権のみである。

表11-4　法定後見の概要（法務省民事局，2020を一部改変）

	後　見	保　佐	補　助
対象者の判断能力	判断能力が欠けているのが通常の状態	判断能力が著しく不十分	判断能力が不十分
申立て可能な人	本人，配偶者，四親等内の親族，検察官，市町村長など		
成年後見人等（補助人，保佐人，後見人）の同意が必要な行為		民法13条1項所定の行為※）	申立ての範囲内で家庭裁判所が審判で定める「特定の法律行為」（民法13条1項所定の行為の一部）
取消しが可能な行為	日常生活に関する行為以外の行為	同上	同上
成年後見人等に与えられる代理権の範囲	財産に関するすべての法律行為	申立ての範囲内で家庭裁判所が審判で定める「特定の法律行為」	同左

※）借金，訴訟行為，相続の承認・放棄，新築・改築・増築など

認知症高齢者をはじめ，判断能力の低下した人の権利擁護を目的とした制度であるが，認知症高齢者の増加に比べて制度の利用は必ずしも進んでいない。2015年には「成年後見制度の利用の促進に関する法律」が施行され，成年後見人等を担う市民の養成・活用に力を入れるなど，制度の普及が進められている。

4-4　日常生活自立支援事業

成年後見制度とともに認知機能の低下した高齢者の意思決定や生活を支えるしくみとして，社会福祉法に基づく**日常生活自立支援事業**がある。社会福祉協議会によって運営され，判断能力にやや衰えのある人を対象に，支援計画に基づいて福祉サービスの利用手続き，日常的な金銭管理・支払い，重要書類の管理等を行う。利用には，支援内容を理解した上で利用契約が結べる程度の判断能力が保たれていることが前提となる。施設入所の代理権をもたない，悪徳商法に対する取消権をもたないなど，成年後見制度に比べて支援者の権限は限られているため，判断能力の低下と共に成年後見制度の利用に移行していくのが一般的である。

4-5　さいごに

核家族が当たり前となっている現在，多くの学生や若い世代にとって祖父母世代との接点は限られ，高齢者はあまり馴染みのない存在かもしれない。しかし，インフォーマルなサービスや地域住民の互助への期待など，地域包括ケアシステムが目指す方向を踏まえると，認知症高齢者の増加や介護，高齢者虐待といった高齢化の進展がもたらす問題は，世代を問わず誰もが関わる問題であるという認識が必要であろう。また，近年はヤングケアラーや若者ケアラーと呼ばれる，家族の介護に従事している若者の存在が注目されている。そのなかには，祖父母の介護をする者や，親が祖父母の介護で忙しいため親に代わって家事やきょうだいの世話をする者もいる。家族の介護に時間や労力を費やし，学業や進学，就労に影響が及ぶこともあることを踏まえると，高齢化は若

高齢者福祉

者世代の生き方にも直接関わる問題であるといえよう。高齢者の支援に従事する，公認心理師を含む保健医療福祉の専門職だけでなく，学生や若い世代もまた，超高齢社会を共に生きる市民の一人として，高齢者に目を向けることが求められている。

 考えてみよう

- あなたが住む地域において，高齢者が生活するうえで困ることや不便なことは何でしょうか？　またそれを解消するためには，どのようなサービスが必要でしょうか？
- 認知症の可能性がある高齢者に対して，地域住民の一人としてあなたができることにはどのようなことがあるか，考えてみましょう。

 さらに学びを深めたい人のために

田中滋（監修）／岩名礼介（編著）(2020). 新版　地域包括ケアサクセスガイド：「住み慣れた地域で自分らしい暮らし」を実現する　メディカ出版

佐藤眞一・高山緑・増本康平 (2014). 老いのこころ：加齢と成熟の発達心理学　有斐閣アルマ

12章　認知症がもたらす問題と高齢者虐待

　高齢者が要介護状態に至る要因として最も割合が高いのは**認知症**であり，高齢者福祉分野で働く援助職には認知症についての理解が求められる。認知症は疾患そのものの治療（cure）は難しいため，認知症を抱えつつ生活することを前提として，本人の**生活の質**（Quality of Life：QOL）の維持・向上を目指したケア（care）が求められる。そこで，1節では認知症の原因疾患と症状，そしてそれらが生活の問題としてどのように現れるのかに焦点を当てて述べる。2節では認知症の人の介護家族に焦点を当てる。これまで家族として関係を築いてきた親や配偶者が認知症を発症し，その世話をすることは，介護家族にさまざまな困難をもたらす。3節では高齢者虐待について述べる。高齢者虐待防止法の制定をきっかけに，家族や施設職員による高齢者虐待の現実が徐々に明るみに出てきた。本章を通して，認知症高齢者，さらには介護を担う人への支援の必要性について理解を深めたい。

1節　認知症が生活にもたらす問題

1-1　認知症の原因疾患

　認知症は，脳の病的変化が原因となって，それまで正常に発達し機能していた認知機能が低下し，日常生活や社会生活に支障が生じている状態を指す。つまり，脳の器質的障害，認知機能障害，生活障害という三つの側面が障害された状態の総称であり，単一の疾患や病名ではない。原因となる疾患（表12-1）によって，認知症はいくつかのタイプに分類される。

高齢者福祉

173

表12-1　認知症の原因疾患（栗田，2015を一部改変）

原因疾患	疾患の下位分類
変性疾患	アルツハイマー型認知症，前頭側頭型認知症，レビー小体型認知症，パーキンソン病，進行性核上性麻痺，大脳皮質基底核変性症など。
脳血管障害	脳梗塞，脳出血など。
正常圧水頭症	
頭部外傷	
神経感染症	クロイツフェルト・ヤコブ病，進行麻痺，脳炎後遺症など。
代謝性，内分泌性，欠乏性疾患	肝性脳症，アルコール関連障害，甲状腺機能低下症，ビタミンB_{12}欠乏症，葉酸欠乏症，無酸素あるいは低酸素症など。

　①変性性認知症　脳の神経細胞が脱落する変性疾患によって生じる変性性認知症は，病変の広がりとともに症状がゆっくりと進行していくのが特徴である。記憶を司る海馬を中心に病変が広がっていく**アルツハイマー型認知症**（Alzheimer's Disease：**AD**）が最も典型的であり，わが国の認知症患者全体の約7割を占める（朝田，2013）。その他，幻視やパーキンソン症状を特徴とする**レビー小体型認知症**（Dementia with Lewy Bodies：**DLB**），脱抑制や常同行動を特徴とする**前頭側頭型認知症**（Frontotemporal Dementia：**FTD**）も変性性認知症に含まれる。

　②血管性認知症　脳梗塞や脳出血，くも膜下出血など，脳の血管が詰まったり，破れて出血したりする脳血管障害によって発症する認知症は**血管性認知症**（Vascular Dementia：**VaD**）と呼ばれる。症状の進行は変性性疾患とは異なり，脳血管障害に伴うかたちで突然発症する。また，症状の経過は脳血管障害の再発に合わせて段階的に悪化する場合が多い。以前に比べてその割合は減少しており，わが国の認知症患者全体の約2割を占める（朝田，2013）。

　③その他の原因による認知症　変性性認知症と血管性認知症が認知症の大半を占めるが，これらは進行性であり，薬物療法による効果も症状の進行を緩やかにするなど限定的であり，根本的な治癒は見込めない。だが，なかには脳以外の原因から認知症と同様の症状が生じているもの（これも広義の認知症に含まれる）や，内科的・外科的治療により症状の治癒・改善が見込めるものも

ある。例えば，脳室に水分が溜まり，大脳を圧迫することで生じる**正常圧水頭症**は，外科的手術による症状の改善が期待できる。

④**軽度認知障害**　診断技術の進歩や発症予防・改善への期待から，近年は認知機能の保たれた健常な状態から認知症を発症するまでの過渡期に位置する**軽度認知障害**（Mild Cognitive Impairment：MCI）が注目されている。MCIは明らかな認知機能の低下が認められる一方，日常生活は自立している点が特徴である。1年間でMCIの5〜15%が認知症に移行するが，健常な状態に回復するケースも16〜41%と少なくない（「認知症疾患診療ガイドライン」作成委員会編，2017）。そこで，認知症への移行を防ぎ，症状の回復を目指す認知症予防の取り組みが活発になっている。

⑤**若年性認知症**　認知症は高齢になってから発症する場合がほとんどだが，近年は65歳未満で発症する若年性認知症の存在も知られるようになった。日本の有病者数は約35,700人と推定され，原因疾患としてはADが最も多い（東京都健康長寿医療センター，2020）。仕事や子育てなど，社会や家族のなかで重要な役割を担う最中での発症であるため，本人や家族の生活に与える影響はいっそう大きい。

⑥**高齢障害者の認知症**　高齢化が進むわが国では，高齢となった障害者が認知症を発症するケースも増えている。特に，知的障害者やダウン症の人では認知症の有病率が高く，また発症年齢も若い傾向にあるが，もともと抱えている障害特性と認知機能障害が重なるため，認知症の発症に周囲が気づきにくいという問題がある。また，多くの知的障害者施設では施設環境・支援方法ともに認知症高齢者を想定していないため，認知症の早期発見や施設の環境整備，支援技術の習得が急務の課題となっている。

1-2　認知症の症状

認知機能障害の種類と出現時期は原因疾患によって異なるが，いくつかの典型的な症状がある（表12-2）。これは脳の器質的な障害を直接反映した症状であり，**中核症状**とも呼ばれる。例えばADでは，初期に近時記憶障害（数分〜数

高齢者福祉

175

表12-2　認知機能障害

種類	内容
記憶障害	新しいことが覚えられない，以前のことを思い出せない。近時記憶障害，遠隔記憶障害，エピソード記憶の障害，意味記憶障害など。
見当識障害	いまの時間・季節や自分の置かれた場所，見慣れた人物が誰であるかがわからない。
遂行機能障害	段取りを立て，実行し，必要に応じて修正するという一連の行為ができない。
失語	聞く・話す・読む・書くという言語機能の障害。
失行	麻痺などの運動障害がないのに，目的に応じた動作ができない。観念運動失行，観念性失行，着衣失行，構成失行など。
失認	対象が何であるかを正確に把握できない。視覚性失認など。
視空間認知障害	見た対象間の位置関係や，自己と対象との位置関係を正確に把握できない。

日前の記憶）が生じ，その後視空間認知障害や時間の見当識障害が生じる。また，同時期に注意・作業記憶の障害や遂行機能障害が伴うことも多い。中期に進むと，場所の見当識障害や遠隔記憶障害（数週間以上前の記憶）が現れ，聞いた内容を理解することが難しくなり，判断能力の低下が目立ち始める。後期になると遠隔記憶障害はさらに進行し，家族など見慣れた人が誰かわからなくなり（人物の見当識障害），意思の疎通も困難となる（粟田，2015）。

　認知症では認知機能障害に加えて，行動障害や精神症状を伴うことがある。これは**認知症の行動・心理症状**（Behavioral Psychological Symptoms of Dementia：BPSD）（表12-3）と呼ばれる。同じ認知症疾患であれば認知機能障害の進行は概ね類似した経過をたどるのに対して，BPSDには個人差が大きく，**周辺症状**とも呼ばれる。BPSDの生起には認知機能障害を基礎に，パーソナリティ，生活歴，処方薬，身体疾患や身体状況，物理的環境，ケアや関わり方などさまざまな要因が関与している。ADの場合，初期の頃には不安や抑うつなどの精神症状が中心だが，中期には妄想や興奮，徘徊などの行動障害も目立つようになる。環境への不適応や何らかのストレスのサインであることも多く，BPSDの軽減のために服薬を調整する，生活環境を整える，日常の接し方を見直すなどの工夫が求められる。特に，興奮や易怒性が顕著である場合など，精神科等での入院治療が必要になることもある。

表12-3　認知症の行動・心理状態（BPSD）

種類	例
行動障害	易怒性，暴力行為，攻撃的言動，介護に対する抵抗，徘徊，収集癖，食行動異常，不潔行為，脱抑制，常同行動，性的逸脱行為など。
精神症状	妄想，幻覚，不安，焦燥，心気症状，抑うつ，アパシー，睡眠障害など。

1-3　認知症が生活にもたらすもの

　認知機能障害の進行に伴って日常生活動作（Activity of Daily Living：ADL）が低下し，それまで当たり前にできていたことができなくなる，失敗が目立つなど，さまざまな生活障害が生じる。ADLのうち，食事や排せつ，衣類の着脱，入浴，移動など，自分の身の回りに関わる習慣的行動は基本的日常生活動作（Basic Activity of Daily Living：BADL）と呼ばれる。一方，買い物，電話，料理，交通機関の利用，金銭管理や服薬管理など，独居生活に必要とされるようなより複雑な習慣的行動は手段的日常生活動作（Instrumental Activity of Daily Living：IADL）と呼ばれる。IADLは認知症の初期から低下するが，進行とともにBADLも低下し，後期にはADL全体が障害される。火の不始末，道に迷うなど，生活障害は認知機能障害よりも本人に自覚されやすく，「こんなことができないなんて」「この先自分はどうなってしまうのか」など，苦悩や不安を深める要因となる。

　また，認知症はこれまで築いてきた社会関係にも影響を及ぼし，さまざまな社会的困難をもたらすことがある（粟田，2015）。意欲が低下し，友人や近隣，家族との交流が乏しくなると，孤立が深まる。判断力が低下すると，詐欺や勧誘等による経済的被害も受けやすくなる。物の管理ができなくなり，自宅がいわゆる「ゴミ屋敷」となって近隣に影響が及んだり，被害妄想を背景に近隣とのトラブルが生じたりなど，近隣にとって「迷惑行為」（樫村ら，2018）と認識される事態も生じる。高齢者の独居が増え，地域とのつながりの希薄化が進む現在，このような困難は増加していると思われる。また，若年性認知症の場合，就労先での支援が十分に得られず退職せざるを得ない事例も多い。退職後に介護保険サービスを利用しても，高齢者を対象とした通所サービスには活動内容

や他の利用者との世代の違いから馴染みにくく，居場所を得にくい。これらは
ICFにおける「参加」に相当するが，認知症は社会参加においても困難をもた
らす。

2節　介護家族が抱える困難

2-1　家族介護の実態

　2000年に施行された**介護保険制度**は地域包括ケアシステムが目指す方向の
影響を受けながら，在宅介護を普及・推進する方向で改正が行われてきた。そ
の結果，在宅介護（居宅）サービスが充実する一方で，在宅介護期間は長期化
し，自宅で暮らす要介護高齢者の要介護度も重くなる傾向にある。在宅介護の
主な担い手は，今も昔も家族である。近年は高齢夫婦世帯が増加し，高齢者同
士のいわゆる**老老介護**が増え，同居家族による介護の約6割を占める。男性介
護者の割合も増えつつあり，同居家族による介護の約3分の1に及ぶ（図12-1）。
さらに，遠方にいる家族が継続的に足を運び身の回りの世話をする**遠距離介
護**など，介護のかたちは多様化しつつある。就労世代が介護を担う場合，仕
事との両立が課題となる。介護を理由に仕事を辞める**介護離職者**は毎年約10
万人を数え（内閣府，2020），労働力不足や人材流出の点からも社会問題となっ
ている。

2-2　介護家族の心理

介護負担

　要介護高齢者のなかでも認知症の高齢者を介護する家族の介護負担は大きい。
食事や入浴，排せつ，移動の補助といった身体介助に加え，薬の飲み忘れや火
の不始末などの生活障害を未然に防ぐ・補う工夫や見守りが必要となる。また，
家族は不安や妄想，介護の拒否，興奮，生活の昼夜逆転など，BPSDへの対応
に最も苦慮する。徐々に介護が生活の中心を占めるようになると，友人との付

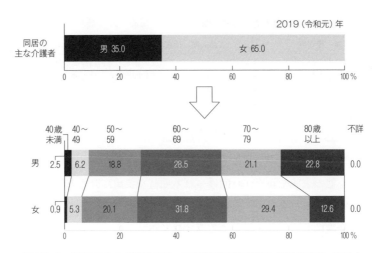

図12-1　同居の主な介護者の性・年齢階級別構成割合（厚生労働省，2020a）

き合いや趣味の活動など社会との接点が乏しくなり，孤立が深まる。介護者の注意・関心の多くは要介護者の状態に注がれ，自身の健康のセルフケアは軽視しがちになる。高齢の配偶者やきょうだい間の老老介護では，介護者自身も健康問題を抱えながら，必要な医療サービスを受けずに介護を続けていることもある。こうして介護負担が重くなると，家族は**介護うつ**などのメンタルヘルスの問題を抱えやすく，在宅介護が限界となって施設入所が早まったり，時には高齢者虐待に至ったりすることもある。医療現場でも家族の介護負担は認知症患者の診察でほとんど取り上げられず，患者への治療・ケアに比べて注目されにくい傾向がある。

　介護家族が背負うのは介護負担だけではない。日々の見守りや介護が必要になってくると，要介護者との関係はそれまでの互いに自立した夫婦関係や親子関係とは異なる，「世話をする－される」という関係へと変化を迫られる。そのなかでこれまで潜伏していた夫婦・親子間の葛藤が再燃し，介護をすることに躊躇する家族も少なくない。介護生活に疲弊し，要介護者の要求を無視したり，思わず感情的に応じてしまったりすることが増えてくると，そのような自分の反応に罪悪感を抱えることもある。介護家族の葛藤は要介護者との間だけ

表12-4　発達段階と介護がもたらす影響

思春期・青年期	成人期・中年期	老年期
• 学業の継続や進学の断念 • 就職の断念または選択肢の狭まり • 交友や恋愛の機会の減少 • 孤立（周囲との共有の困難）	• 離職またはキャリア形成の狭まり • 離職・未就労による経済的問題 • 結婚の断念 • 子育てとのダブルケアによる負担 • 他の家族の介護による負担 • 自身の健康問題の悪化	• 自身の健康問題の悪化 • 他の家族の介護による負担

ではない。他の家族や親族から向けられる期待や要望，介護方針への意見にいらだちを覚えることも多い。時には専門職の些細な言葉に傷つくこともある。

　家族の介護は多くの人が経験するライフイベントの一つでもあるが，直面する時期によって生活に及ぶ影響は異なる（表12-4）。介護者が比較的若い場合，学業や仕事，子育てなど，自己が担う重要な役割との両立が課題となる。思春期・青年期の介護者（ヤングケアラー，または若者ケアラー）は，親が若年性認知症の場合などで自ら介護役割を担っていることもあれば，親が家族の介護にかかりきりになるために手薄になる家事を中心的に担ったり，きょうだいの世話を担っていたりすることもある。

介護を続ける動機

　家族が介護を続けるのにはどのような動機があるのだろうか。家族としての義務感や他に介護者がいないなどの理由から，自分が引き受けるほか仕方がないと考え介護を続けている人は多い。一方，育ててくれた親への恩返しや，人生経験を豊かにするためなど，積極的な動機から介護を担う人もいる。実際，「親の介護をすることは親孝行」といった社会規範や要介護者への愛着などから，介護を担うことに高い価値が見出されることが指摘されている（山本，1995）。また，介護を通して得られた学びや見出した意義，介護生活で出会った他者から得たものなど，介護がもたらす「報酬」の存在も指摘されている（井上，1996）。介護の動機は家族によってさまざまであり，介護を続けるなかでも変化していく。

喪失体験

　認知症の進行とともに，穏やかな性格であった夫が粗暴になる，母親から
「どちらさま？」と尋ねられるなど，家族は要介護者の新たな姿に直面する。
こうした変化から，外見は変わらないのにこれまでの馴染みある要介護者の姿
が失われたように感じられることがある。「**曖昧な喪失**」（Boss, 1999/2005）と
も呼ばれるこの体験は，死別などの対象喪失とは異なる性質をもつ。大事な人
との死別に伴う悲嘆は喪失の事実を徐々に受け入れていく過程をたどるのが一
般的だが，認知症による変化の場合，要介護者が「いない」のかどうかが曖昧
であるため，このような受け入れが進みにくい。また，対象喪失を乗り越える
過程では，喪った痛みに共感しサポートする他者の存在が重要な役割を果たす。
だが，認知症の場合は客観的にみれば本人はそこに存在しているため，喪失に
伴う痛みが他者に理解されにくい。

2-3　介護家族の心理過程

　介護家族の心理は認知症の進行とともに変化し，一般的には次のような過程
をたどる。実際には個人差も大きく，要介護者との関係を含む家族関係の変化，
副介護者の有無，介護サービスの利用状況，専門職の支援や他の介護家族との
出会いなど，さまざまな要因の影響を受ける。家族に関わる援助職は一般的な
プロセスを踏まえながらも，介護家族を取り巻く状況を含めた個別的な理解が
求められる。

初期

　認知症の初期症状であるもの忘れが目立ち始めると，これまでとは異なる様
子に家族は気づく。だが，年齢のせいにしたり，「たまたま起きた」と考えた
りなど，家族には**否認**の心理が生じやすい。また，家族の一人が異変に気づい
ても，他の家族がそれを「たいしたことではない」と片づけ，流されてしまう
こともある。本人もまた，家族から深刻に受けとめられるのを避けようとして，
つじつまを合わせるような説明を試みる。その結果，最初の気づきから医療機

関への受診までには時間がかかることも多い。また，本人は納得しないまま家族の強い勧めに押されて受診するなど，受診に至っても本人の理解が得られていないことも少なくない。

認知症の診断による家族の反応はさまざまであり，衝撃や動揺をもたらすこともあれば，本人の様子の変化が客観的に裏づけられ，腑に落ちる場合もある。このような反応は，家族が認知症に抱くイメージや思い描く今後の見通しなどにも左右される。なかには，診断を受けとめきれず，誤診を疑って多くの医療機関を受診する家族や，認知症の治癒・改善を求めて記憶や計算課題を強いるなど，訓練的な関わりをする家族もいる。診断時やその後の専門職からの病気の説明は家族の受けとめを左右するため，専門職は家族の理解や心情に配慮した認知症の説明が求められる。

中期

認知機能やADLの低下の進行に加え，妄想や徘徊など対応に難渋するBPSDが出現することで，介護負担が高まりやすい。物盗られ妄想に「誰も盗ってはいない」と真正面から説得を試みたり，度重なるトラブルに思わず注意や叱責をしてしまうことも少なくない。こうした日々の介護や対応に手ごたえが得られないと無力感が高まり，本人に怒りをぶつけたり，その後の罪悪感から自責的になったりすることもある。また，病状の変化や日常生活の混乱によって将来への不安が強まり，悲観的な見通しを描きがちになる。介護の苦労が周囲に十分理解されず，被害感を抱えることもある。この段階で在宅介護が限界となり，要介護者の精神科入院や施設入所を選択することも少なくない。

一方で，日々のトラブルを認知症の症状と結びつけて冷静に理解し，対応のコツを会得し手ごたえが得られるようになってくると，介護生活は少しずつ安定してくる。認知症が進行し変化していく要介護者の姿と折り合いをつけ，また介護を自らの人生に意義あるものとして位置づける家族もいる。だが，このような変化は直線的に生じるのではなく，新たな問題の出現によって介護負担が再燃するなど，行きつ戻りつを繰り返しながら進んでいく。

後期

　認知症がさらに重度化すると，排せつや食事摂取などのBADLも低下する。身近な家族も含め人物の認識が困難となり，主体的な行動や応答も限られてくる。BPSDは軽減するが，周囲が本人の意思を読み取ることも難しくなり，家族は悲嘆を強く感じるようになる。**看取り**が意識され，施設入所が検討されることも多いが，十分介護をやり遂げたという思いから入所を決断できる家族もいれば，本人と離れることへの葛藤やこれまでの介護に対する悔いの気持ちから踏み切れない家族もいる。また，胃ろうの設置など，家族が重要な選択を迫られることもある。特に，本人が事前に明確な意思表示をしていない場合，選択に揺れる家族は多い。

3節　高齢者虐待とその背景

3-1　高齢者虐待とは

　かつての特別養護老人ホームや精神科病院などの施設では，食事・入浴・排せつの介助を主とする画一的な集団処遇が中心であった。介護の効率化や転倒等の危険防止が最優先され，必要性を厳密に検討せずに本人の意思に反した身体拘束を行うことも日常的であった。だが，こうした処遇は完全に過去のものになったわけではない。いわゆる「不適切なケア」が行われている施設は今でもみられ，利用者の尊厳を踏みにじる虐待行為がしばしばニュースで報道される。家庭のなかでも，家族や親族による虐待の報告は枚挙にいとまがない。

　こうした**高齢者虐待**は「高齢者が他者からの不適切な扱いにより権利利益を侵害される状態や生命，健康，生活が損なわれるような状態に置かれること」（厚生労働省，2018）などと定義される。また，**高齢者虐待防止法**では高齢者虐待を五つに分類している（表12-5）。施設での**身体拘束**もまた，①切迫性，②非代替性，③一時性の三要件（表12-6）をすべて満たす「緊急やむを得ない場合」を除き，身体的虐待と判断される。さらに，これらの三要件を満たすかどうかは個人ではなく組織として判断すること，本人や家族に説明し理解を得

表12-5　高齢者虐待防止法における高齢者虐待の定義

虐待の類型	定義
身体的虐待	高齢者の身体に外傷が生じ，または生じるおそれのある暴行を加えること。
介護・世話の放棄・放任（ネグレクト）	（介護家族の場合）高齢者を衰弱させるような著しい減食または長時間の放置，養護者以外の同居人による虐待行為の放置など養護を著しく怠ること。（高齢者施設職員の場合）高齢者を衰弱させるような著しい減食または長時間の放置その他の高齢者を養護すべき職務上の義務を著しく怠ること。
心理的虐待	高齢者に対する著しい暴言または著しく拒絶的な対応その他の高齢者に著しい心理的外傷を与える言動を行うこと。
性的虐待	高齢者にわいせつな行為をすることまたは高齢者をしてわいせつな行為をさせること。
経済的虐待	高齢者の財産を不当に処分することその他当該高齢者から不当に財産上の利益を得ること。

表12-6　身体拘束の三要件 （厚生労働省，2001をもとに作成）

① 切迫性	利用者本人または他の利用者などの生命または身体が危険にさらされる可能性が著しく高いこと。
② 非代替性	身体制限その他の行為制限を行う以外に代替する介護方法がないこと。
③ 一時性	身体拘束その他の行為制限が一時的なものであること。

ること等，身体拘束の適用には慎重な判断が求められている。

　虐待と類似するものに，**セルフ・ネグレクト**がある。これは「高齢者が通常一人の人として，生活において当然行うべき行為を行わない，あるいは行う能力がないことから，自己の心身の安全や健康が脅かされる状態に陥ること」（津村，2006）と定義される。例として，身辺のケアが必要な状態なのに家族のサポートや福祉サービスを拒む，自宅がゴミ屋敷となり管理が困難であるなどがあげられる。セルフ・ネグレクトは高齢者虐待防止法における高齢者虐待には含まれず，法律上の明確な位置づけはないものの，国の虐待対応マニュアル（厚生労働省，2018）では高齢者虐待に準じて支援すべき対象とされている。

3-2　介護家族による高齢者虐待

　厚生労働省（2020b）による高齢者虐待の全国調査（以下「全国調査」）によると，介護家族による虐待の相談・通報件数および虐待と判断された件数は，調

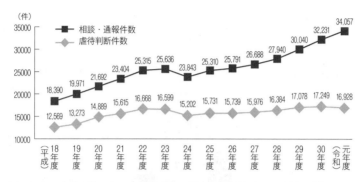

図12-2　介護家族による高齢者虐待の相談・通報件数と虐待判断件数の推移
(厚生労働省，2020b)

査開始以降一時的な減少もみられるが，全体として微増傾向にある（図12-2）。家族による虐待は虐待者・被虐待者ともに自覚に乏しい場合も多く，相談・通報に至っていないものも相当数あると考えられる。虐待の種別をみると，令和元年度のデータでは身体的虐待（67.1%）が最も多く，心理的虐待（39.4%），ネグレクト（19.6%），経済的虐待（17.2%），性的虐待（0.3%）と続く。心理的虐待やネグレクトは客観的な把握が難しく，他の虐待と比べて通報に至らないことも多いことから，実際の割合はさらに高いとの指摘もある（吉川，2010）。虐待者と被虐待者はほとんどが同居で，特に未婚の子との同居が最も多い。虐待者の続柄は息子が最も多く，夫，娘と続く。

　高齢者虐待は虐待者側の要因だけでなく，被虐待者側の要因，虐待者−被虐待者の関係とその歴史，環境的要因が絡み合って生じる（図12-3）。以下，主要な要因について説明する。

　家族が抱える**介護負担**が虐待の要因となることは，予て言われてきた。要介護者が認知症を抱えている場合，対応に苦慮することが多く，介護負担は増大する。うつや不安，アルコール乱用など**虐待者のメンタルヘルスの問題**も虐待を招く要因となる。メンタルヘルスの問題は，介護を担う以前から抱えていることもあれば，介護負担が蓄積した結果として生じることもある。また，生活保護受給を含め**生活の困窮**がうかがえる事例も多い。虐待者である

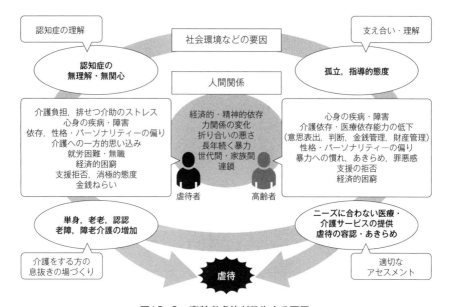

図12-3　高齢者虐待が発生する要因
（地域包括支援センター運営マニュアル検討委員会，2018を一部改変）

息子・娘が無就労で被虐待者の収入に依存しているなど，家族の自立の課題も
うかがえる。

　被虐待者側の要因としてまずあげられるのは**認知症**である。被虐待者の半
分弱に認知症が認められる（認知症介護研究・研修仙台センター，2017）。さらに，
興奮などのBPSDを伴う場合には虐待のリスクが高まる。

　虐待を招きやすい介護者−要介護者の関係として，いくつかのパターンがあ
る。要介護者が家族内で弱い立場にあり，他の家族からの支配や抑圧がこれ
まで続いてきた場合，要介護状態になることでそれがエスカレートし，虐待に
つながることがある（高崎，2002）。また，背景に**共依存関係**が認められるこ
ともある。配偶者に「自分にしか世話はできない」という強い信念から周囲の
手を頼らずに自己流の世話を続け，結果的に虐待に至るのはその典型例である。
介護者自身が葛藤や怒りを暴言・暴力など不適切なかたちで表出する家庭環境

で育った場合，要介護者との関係のなかでそれが虐待として再現されるといった，**虐待の世代間伝達**も指摘されている（Juma & Juma, 2005）。

　虐待の背景には**周囲からの孤立**もある。専門職や親族・近隣・友人等，外部との接触に乏しい閉鎖した環境では，家族に介護負担が集中しやすい。家族内の緊張も高まりやすく，閉鎖性ゆえに虐待の発見も遅れがちとなる。

　このように，高齢者虐待には多くの要因が関与している。高齢者支援に携わる他の専門職とともに，心理職は介護家族の心理的側面だけでなく，要介護者との関係性や，貧困・自立の問題など社会的側面も含め，幅広い視点から虐待に至る家族固有の背景をひも解いていくことが求められる。

3-3　施設職員による高齢者虐待

　全国調査の施設職員による高齢者虐待の相談・通報件数と虐待判断件数の推移をみると，介護家族による虐待に比べて増加が顕著である（図12-4）。被虐待者である高齢者が通報しにくいこともあり，表面化していないものも相当数あると推測される。虐待の種別は身体的虐待（身体拘束を含む）（60.1%）が最も多く，心理的虐待（29.2%），ネグレクト（20.0%），性的虐待（5.4%），経済的虐待（3.9%）と続く。虐待事例の一部ではあるものの，なかには「生命・身体・生活に関する重大な危険」が生じた事例（2.5%）や死亡事例もある。虐待のあった施設は特別養護老人ホームをはじめ入居施設が中心であり，訪問介護や通所介護での発生件数は少ない。

　施設内での虐待には，利用者と施設職員それぞれの要因に加え，組織の要因も関与している。虐待を受けた利用者に多い特徴として，BPSD，重度の中核症状，意思疎通の困難等があげられる。BPSDでは，特に暴言・暴力といった**攻撃的言動**や，**介護への強い抵抗**があがる（認知症介護研究・研修センター，2007; 2008a）。また，被害に抵抗できない・訴えられないといった**利用者の脆弱性**も虐待のリスクを高める（松本，2020）。施設職員の要因としては，家庭内での虐待と同様に介護負担やストレスがあげられる。特にBPSDをはじめとした利用者への対応に窮し，その反応として虐待が生じる場合が少なくない。

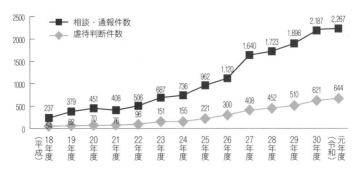

図12-4　施設職員による高齢者虐待の相談・通報件数と虐待判断件数の推移
(厚生労働省，2020b)

ストレスには利用者との関係だけではなく，上司や同僚など職場内の人間関係，業務の量と質，労働条件等も影響する。全国調査では，虐待の要因として職員の介護技術や知識不足，倫理観の問題も指摘されているが，これらを職員の自助努力に委ねるには限界があり，組織としての対策も求められる。

　組織の要因の一つに，**組織風土**がある。多くの虐待は突然生じるわけではなく，時間はかかるが食事の自立した利用者にも効率優先のために食事介助をする，同じ訴えを繰り返す利用者を叱責するなどの**不適切なケア**から始まる。それが虐待かどうかの判別が難しいグレーゾーンの行為や身体拘束へとエスカレートし，虐待に至ると考えられている（認知症介護研究・研修センター，2008b）（図12-5）。不適切なケアが横行し，それを気にも留めない組織風土であれば，利用者への関わり方を疑問に感じた職員がいたとしても同調圧力がはたらき，声をあげられずただ傍観するだけになりやすい。

　人材不足は介護業界全体が抱える悩みであるが，それが顕著な施設では職員の業務負担が増大する。また，業務負担と人員配置が適切にマッチしていなければ，一部の職員に負担が集中する。特に，職員数が少なく負担の大きい夜勤帯は虐待が生じやすいため，人員配置の配慮が必要である。また，組織としてのケアの理念・方針は，職員によるケアの質にも影響を及ぼす。利用者の意思を尊重する介護理念・方針に欠けているか，あったとしてもそれらが抽象論に

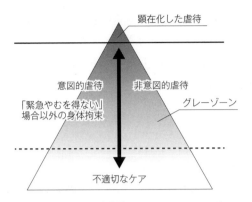

図12-5　不適切なケアと虐待との連続性（認知症介護研究・研修センター，2008b）

留まり現場のケアとかけ離れているならば，業務の効率性が優先され，不適切なケアが横行しやすい。組織としてのケアの理念は，教育や研修，人材育成にも表れる。新人教育や研修の機会が乏しく，日常業務を回すことが優先される職場では，ケアの質は自然と低下する。近年ではラインケアの一環として組織としてのストレスマネジメントが求められるが，介護リーダー（介護主任）やユニットリーダーなどの管理的立場にある職員への相談体制が整っていなければ，ラインケアは実現できない。

　施設職員による虐待は，対人援助の専門職にあるまじき行為として職員の倫理の問題に帰属されがちかもしれないが，職員個人を非難するだけでは問題の改善にはつながらない。今後，高齢者施設への心理職の関与が増えていくのならば，虐待を予防するための組織全体へのアプローチも求められるだろう。

3-4　さいごに

　本章では認知症の諸症状や社会生活への影響，家族や施設職員との間で生じる問題など，認知症がもたらす影響の全体像をいくつかの側面に整理して記述してきた。だが，実際の現場では事例の全体像がみえず，限られた情報のなかで手探りの支援にならざるを得ないことも多い。また，認知症の症状だけでなく精神障害や身体合併症，従来からの家族関係の問題などの要素が入り交じり，

複雑な様相を呈している事例もある。このような複雑な問題に心理職が単独で取り組もうとしても，できることはきわめて限られている。より幅広い視点から事例を理解するためにも，他職種と目標を共有し，支援チームの一員として機能することが求められる。

 考えてみよう

- 認知症における典型的な生活障害とBPSDを例にあげ，それぞれについて考えられる背景要因を説明してください。
- 家族として認知症高齢者を介護するのは，介護職による介護とどのような違いがあるか，考えてみましょう。

 さらに学びを深めたい人のために

介護福祉士養成講座編集委員会（編）(2019). 最新介護福祉士養成講座13　認知症の理解　中央法規出版

黒川由紀子・扇澤史子（編）(2018). 認知症の心理アセスメント　はじめの一歩　医学書院

渡辺俊之 (2005). 介護者と家族の心のケア：介護家族カウンセリングの理論と実践　金剛出版

13章　在宅における高齢者への支援

1節　認知症ケアの展開と地域での支援

1-1　認知症ケアの展開

　認知症の多くは進行性であり，原因疾患の治癒や認知機能の大幅な改善は期待できない。したがって，支援の焦点は進行する生活障害を補うこと，BPSDの緩和，社会的困難の軽減に向けられる。こうした認知症ケアのあり方は，わが国ではこの30年ほどで大きく変貌を遂げた。以前は，特別養護老人ホームを典型とする高齢者施設に多くの認知症高齢者が入居し，介護業務の効率性を優先した三大介護（食事・入浴・排せつ）中心の集団処遇が行われていた。入居者のプライバシーに対する配慮は乏しく，BPSDは「問題行動」として本人の意思に反した行動制限を行うなど，管理的ケアが一般的であった。

　だが，1990年代になると，入居者のリロケーションダメージ（14章参照）への配慮から施設内の環境をより家庭に近づける，「問題行動」の心理力動を含む背景に目を向けるなど，それまで軽視されていた認知症の人の心の存在を前提とした関わりが広がりを見せるようになった。介護保険制度が施行された後は，それまで医学的診断としても使用されていた「痴呆」という用語が侮蔑的で偏見を助長するとして，「認知症」に変更された。

　こうした土壌もあり，イギリスの臨床心理学者キットウッドが提唱したパーソン・センタード・ケア（Person Centered Care：PCC）（Kitwood, 1997/2005）はわが国でも急速に広がり，現在では認知症ケアの基本理念として位置づけられている。PCCでは，認知症の人の行動は脳の器質的障害だけでは説明できず，性格や生活歴，健康状態，他者や環境との相互作用の結果と

考える。そして，「くつろぎたい」「結びつきをもちたい」「他者と一緒にいたい」「主体的に関わりたい」「自分らしくありたい」という，認知症の人がもつ心理的ニーズを重視し，常に本人の視点に立ってケアを考える。本人の視点に立てば，BPSDは管理すべき「問題行動」ではなく，何らかのニーズが満たされていないことへの表現であり，現状のケアに対する見直しを促す。

　PCCが浸透するなかでもなお，これまでの認知症ケアでは本人が発する言葉に十分耳を傾けず，専門職をはじめ周囲が「これが本人の望んでいること」と考える支援を押しつけてきた面も否定できない。こうした反省のもと，本人の発するメッセージを丁寧に聴き取り，本人の意思決定を支援する関わりが重視されつつある。実際，近年は認知症の当事者が国際会議や講演，学会でのシンポジウムに登壇する，闘病経験をまとめた書籍を出版するなど（ボーデン，1998/2003；佐藤，2014など），自らの言葉で認知症の体験を語る姿がみられる。そこでは，就労継続への思いや社会のなかで役割を担いたい，他者の役に立ちたい，他者と悩みを共有したいなど，ケアの対象としてのみ捉えていたために見えなかった本人の思いが語られている。こうした当事者の声は，古くから周囲が認知症に対して抱いてきた「認知症の人は何もわからない」「病識がない」という認識を問い直し，「本人主体」の理念を掲げつつも「専門家主体」となりがちな認知症ケアをあらためて見直すきっかけとなっている。

　認知症ケアの潮流としてもう一点あげられるのが，地域でのケアの重視である。2012年に掲げられた国の認知症施策である認知症推進5か年計画（オレンジプラン）では，「認知症の人は精神科病院や施設を利用せざるを得ない」という考えを暗黙の前提とした「自宅→グループホーム→施設あるいは一般病院・精神科病院」という従来のケアの流れに対する反省に立つ（厚生労働省認知症施策プロジェクトチーム，2012）。そして，認知症の人が可能な限り住み慣れた地域で長く生活を継続できるよう，在宅介護・医療サービスを強化する方針を掲げている。また，先進諸国で「認知症の人にやさしい地域」の形成が進む現状を受け，介護・医療の充実だけでなく，認知症の人にとって暮らしやすい地域づくりを推進する方針も打ち出されている（粟田，2017）。このような在

宅ケアの重視と認知症の人との共生に向けた地域づくりの方針は，その後新たに掲げられた認知症施策にも引き継がれている。これらが示すように，認知症ケアの舞台は施設・病院から地域へと急速に拡大しつつある。

1-2　地域での支援

　ますます重視される地域での認知症ケアを踏まえ，本章では地域で暮らす高齢者に対する支援に焦点を当てる。もの忘れを初期兆候とする多くの認知症では，発症の始まりを明確に特定できず，健常と認知症との境界は曖昧となりやすい。さらに，近年は認知症の発症予防に期待が向けられていることもあり，診断を受けた高齢者や発症の明らかな高齢者だけでなく，もの忘れが気がかりな高齢者への支援も求められる。また，認知症の早期発見や発症後の暮らしの継続には地域の人々の気づきや支えも求められることから，町内会・自治会や事業者など地域に対する取り組みも必要となる。そこで2節では，地域で暮らす高齢者を幅広く想定し，地域でのさまざまな支援のあり方について述べる。

　3節では，高齢者の介護を担う介護家族への支援に焦点を当てる。介護保険制度は介護を必要とする高齢者本人の生活を支えるために設けられた制度であり，例えば通所介護や短期入所介護（ショートステイ）には介護家族のレスパイト（休暇）という副次的な効果はあるものの，家族支援自体を目的としたものではない。わが国は超高齢社会の先頭を歩む一方，高齢者の生活を支える介護家族に対する支援を規定する法整備が立ち遅れていることもあり，必要性は指摘されながら十分な支援には至っていない。こうした限界もあるなかで，現在行われている家族支援を中心に述べる。

　4節では，介護家族による高齢者虐待に焦点を当て，その予防と介入について述べる。高齢者虐待は加害者である家族個人のみに起因する問題ではなく，介護負担や貧困，未治療のメンタルヘルスの問題，介護者－要介護者の関係性，サポート資源からの孤立など，介護家族が抱える固有の困難が背景にある（12章参照）。虐待への介入では分離などの法律に基づく措置の必要性を踏まえつつも，家族支援を基礎とした関わりが求められる。

高齢者福祉

2節　地域で暮らす高齢者に対する支援

2-1　認知症の普及啓発

　進行性の認知症では早期発見と早期対応が重要であるが，その実現は必ずしも容易ではない。発症しても「痛み」のように鮮明な自覚症状を伴わず，また病識にも個人差が大きいため，本人がそれを周囲に明確に伝え，受診できるとは限らない。家族にとっても，特に初期には年齢相応に生じるもの忘れとの判別が難しく，進行も緩やかなため発症に気づきにくい。独居や高齢夫婦世帯で近隣とのやりとりも限られる場合，発見はいっそう遅れ，受診までの道のりも長くなる。こうしたなか，高齢者やその家族，地域の人々が認知症をよく理解することは，早期発見の一助となる。

　地域住民に対する認知症の普及啓発は，地域包括や**認知症疾患医療センター**（認知症に関わる専門医療の提供と介護サービス事業者・地域包括との連携を担う中核的医療機関）などを中心に各地域で展開されている。一般的にはレクチャー形式で，認知症の原因疾患や症状（特に，早期発見に役立つ初期症状），相談窓口，社会資源などの情報が提供される。こうした場に参加する高齢者からは，「認知症にだけはなりたくない」という声を聞くことがある。普及啓発では根本的治癒が難しいこと等正しい情報を伝えることが求められるが，一方で認知症への恐れや拒絶，偏見を助長しないような工夫も必要であろう。例えば，発症後も周囲のサポートを得ながら生活を営む認知症の人の姿や思いを伝え，発症した後の生活を具体的にイメージしてもらうことなどがあげられる。ともすると近年の高齢者に求められがちな，他者に頼らず自分のことは自分でやり遂げようとする「自立」ではなく，他者の支援を受けながらも自分の意思に沿った生活を続ける「自律」（牧，2018）した認知症の人の姿は，自分が認知症を発症した後の生活を思い描くうえでの一つのモデルとなる。

　普及啓発活動の一環として広く行われているのが，認知症サポーター養成講座である。**認知症サポーター**とは，認知症の人を偏見なく理解し，身近な地

域で見守りや声掛けなど，可能な範囲の支援をする人のことを指す。養成講座を受講することで，誰でも認知症サポーターになることができる。受講者は福祉・医療の専門職だけでなく，小・中学校の児童・生徒や民間企業，自治会など多様である。小学生対象の講座では人形劇を取り入れるなど，受講者が興味をもてるように工夫して実施されている。2020年9月末現在で1300万人近い認知症サポーターが養成されているが（地域共生政策自治体連携機構，2021），地域に合わせた認知症サポーターの有効な活用が課題となっている。

2-2　介護予防・認知症予防

　認知症発症の危険・防御因子が明らかとなり，認知症の予防可能性に期待が向けられている。また，**サルコペニア**や**フレイル**（虚弱）（表13-1）が自立から要介護状態に移行するまでの過渡期の状態として注目され，運動習慣や食習慣の改善，社会的交流の促進など，自立の維持・回復を目指した**介護予防**の取り組みが行われている。介護保険制度の改正経緯や認知症施策推進大綱からも，地域のなかで介護予防・認知症予防を推進していく方針を見出すことができる。**認知症予防**の活動は，地域包括や社会福祉協議会，介護（予防）事業所などでグループプログラムを中心に実施されている。プログラムの内容は，運動や認知トレーニング，またその両方を同時に行う**デュアルタスク**（二重課題）を取り入れたものが一般的である。だが，活動内容によっては関心が向かない人や，日常生活に取り入れて習慣化するには至らず，予防効果が期待できない人もいる。ゲーム性があり参加者間の交流を伴う活動や，高齢者の生活状況や関心を踏まえ，生活習慣に組み入れやすい活動を考案する工夫も求められる。

表13-1　サルコペニアとフレイル

サルコペニア	加齢によって筋肉量や筋力，身体機能の低下が進行した状態。加齢によって生じる一次性サルコペニアと，活動量の低下，疾病，低栄養を背景とした二次性サルコペニアとに分類される。ふらつきや転倒を招きやすい。
フレイル	身体機能の低下（身体的フレイル）に加えて，認知機能低下やうつなど心理的問題（心理的フレイル），社会的孤立や困窮などの社会的問題（社会的フレイル）を含む包括的な概念。

高齢者福祉

2-3 もの忘れ相談

　地域包括や保健所・役所等では認知症の発症が気がかりな本人や家族の相談を受け，必要に応じて医療機関につなげる支援を行っている。こうした**もの忘れ相談**（または認知症相談）では，面接や観察，また必要に応じ認知機能検査を用いて**認知症のスクリーニング**を行う。相談では，主訴となるもの忘れの内容や頻度・経過に加えて，買い物・洗濯・食事準備等の家事，薬や家計の管理，余暇活動など，IADLを中心とした日常生活に関する情報が判断の重要な手がかりとなる。本人と家族の双方と面接ができる場合，本人は「買い物も食事準備も自分の仕事」と話す一方，家族は「3年ぐらい前まではそうだった」と話すなど，両者の話に矛盾が目立つこともあり，それも判断材料の一つとなる。最近あった出来事やニュースについて話題にあげるなど，ADの初期から認められる近時記憶やエピソード記憶の障害が日常会話から推測できることも多い。さらに，歩行の様子や身なり，質問を受けるたびに家族の方に目をやる（振り返り現象）などの行動観察から得られる情報もある。認知機能検査では，**長谷川式認知症スケール**（HDS-R）や**Mini-Mental State Examination**（MMSE）など，短時間で実施可能なツールが用いられる（14章参照）。また，「もの忘れ相談プログラム」（浦上，2008）など，高齢者への侵襲性に配慮して開発されたタッチパネル式検査も普及しつつある。これらのスクリーニング検査には疾病の可能性を判断するカットオフ値が設けられているが，得点だけでなく誤答の内容など回答の質的側面も踏まえた判断が求められる。また，もの忘れの要因としてうつが疑われる場合には，**GDS**（Geriatric Depression Scale）などを用いて抑うつ症状を客観的に把握することも有用である。このように，正確な認知症のスクリーニングには神経心理学等を背景とした専門的なアセスメント技能が必要であり，心理職が相談対応を行っている自治体も少なくない。

　生活状況や検査からは認知機能低下が目立たなくても，認知症発症への不安が語られることも多い（川西，2017b）。「夫を介護している自分が認知症になるわけにはいかない」「頼るべき家族がいない」「認知症の義親の介護で苦労した。自分が義親のようになるのが心配」など，それぞれに不安を抱える事情がある。

加齢に伴い認知症発症に不安を感じるのはもっともだが，なかには「認知症になると暴力をふるう」「遺伝する」「徘徊して家族に迷惑をかける」など，やや極端な疾患イメージから不安を強めている人もいる。時には不安の背景を尋ね，より現実的な疾患イメージにつながるような**心理教育**が必要な場合もある。また，「もし認知症になったらどうなるか」「どんなサポート体制があるか」など，発症した場合の生活について具体的に話し合うことが不安軽減につながることもある。根本的な解決が難しい悩みも少なくないが，高齢者が抱えるさまざまな悩みに寄り添い，一緒に考え折り合いをつけていく姿勢が求められる。

　近年は医師によるインフォームド・コンセントが認知症診療にも浸透し，特に中年期や前期高齢者の患者では，家族だけでなく本人にも**病名告知**をすることが多いと思われる。告知は薬物療法への動機づけを高め，今後の生き方を考えるきっかけとなる一方，強い心理的衝撃をもたらす。生活を支える社会資源の紹介や症状の進行予防に向けた助言などの具体的支援の前に，診断直後の苦悩に対するケアが求められる。現状では告知後の本人への心理支援は確立しておらず，医療・福祉分野における心理職の貢献が期待される。

2-4　居宅サービスにおける支援

　介護保険制度の施行後，介護保険サービスの利用者数は年々増加している。特に，地域包括ケアシステムの構築を目指すなかで，在宅生活を支える**居宅サービス**の重要性はいっそう高まっている。居宅サービスは訪問，通所，短期入所サービスに大別され，作成されたケアプランに基づいて提供される。サービスのうち，介護サービスは主に**介護福祉士**等の介護職が，リハビリテーションは理学療法士・作業療法士・言語聴覚士が，健康観察や医療的処置は主に看護師が行う。サービスの内容によって関与する職種は異なるが，他職種や医師・ケアマネジャーと随時連携しながら支援にあたっている。

　現行の介護保険制度では心理職の業務は介護報酬として算定することができず，居宅サービスの現場に従事する心理職は限られているが，心理職の専門性を活かし現場に貢献できる点は大きい。例えば，行動観察や認知機能検査から

高齢者福祉

本人の能力をアセスメントし，失敗しがちな生活行為に対する必要な支援・環境調整を本人・家族に具体的に提案するといった実践もその一つである（桑田, 2018）。認知症の人が綴った書籍を読むと，介護家族だけでなく認知症の当事者もまた自らの生活障害を補おうと，「日記をつける」「物を定位置に置く」など，さまざまな工夫を試みていることがわかる（佐藤, 2014）。心理職には本人が感じる困りどころや試みている対処を聴き取りつつ，専門職だけでなく本人とともに生活障害を補う工夫を考えていく姿勢が望ましい（扇澤, 2015）。

　通所施設の場合，心理職は認知機能や情動機能の維持，全体的なQOLの維持をねらいとした集団プログラムやレクリエーションの運営に携わることも期待される（14章参照）。レクリエーション中や利用者同士の交流などの機会を捉えてコミュニケーションを重ね，そのなかで顕在化する本人の思いを汲み上げ，ケアプランに活用するなど，本人の意思とケアとを結びつける実践も可能であろう。また，援助職が準備したプログラムを提供するのではなく，利用者にプログラムの企画の段階から積極的に参画してもらうなど，より参加者の主体性を重視した運営を行っている施設もある（奥村・藤本, 2009）。プログラムの運営の際には，参加者の主体性や意欲を育んでいくような工夫も求められる。

2-5　支援につながらない高齢者へのアウトリーチ

　地域には，認知症の発症は明らかでBPSDや生活障害が相当深刻化しているのに，必要な医療やケアにつながっていない事例も少なくない。自宅のゴミ屋敷化による衛生問題，ペットの管理困難による悪臭などから，本人のQOLの低下に加えて近隣との間で軋轢を生む場合もある。こうした高齢者に対する支援として，専門職が自宅に出向き，ニーズを把握して自立を支えるのに必要な支援と結びつける**アウトリーチ**がある。これまでは主に地域包括や保健所が業務の一部として担ってきたが，近年はアウトリーチを専門に担う**認知症初期集中支援チーム**（以下「初期集中支援チーム」）の設置が全国の市町村で進み，その成果が報告されている。初期集中支援チームは，看護師や保健師，社会福祉士等の専門職（2名以上）と認知症専門医（1名以上）で構成され，訪問によ

るアセスメント（認知機能障害，生活障害，家族の介護負担等），医療・介護サービス等の社会資源への接続，家族支援等を包括的・集中的（6ヵ月が目安）に行う多職種協働のチームである。本来は認知症の初期にありながら支援につながっていない人を対象に開始された事業であるが，上記のようないわゆる**支援困難事例**への介入にも期待が向けられている。初期集中支援チームの一員としての心理職の実践はまだ一部の自治体に限られているが，国家資格の誕生を契機に今後拡大していくことが期待される。

3節　介護家族への支援

3-1　支援対象としての介護家族

　介護家族への支援は新オレンジプランや認知症施策推進大綱等の認知症施策でも柱の一つにあげられている。だが，現行の医療・福祉制度では支援対象としての位置づけが十分ではない。介護家族に対する公的支援として，各市町村が取り組む地域支援事業の任意事業の一つである「家族介護支援事業」がある。だが，本事業は介護用品の支給などを除いて実施率は低いのが現状である（倉田，2017）。こうした問題もあり，認知症の人本人に比べて専門職による介護家族への支援は進んでいない。時に，介護保険サービスの訪問支援やケアマネジャーによる定期訪問等の機会を利用して家族支援が行われることもあるが，そこでは主たる介護資源または専門職の協働者として家族を支えることに主眼が置かれており，援助を必要とする一人の人と捉えて家族の生活や人生を支える視点は不足している。

　諸外国をみると，イギリスでは介護者支援法（The Carers Act）があり，介護者がアセスメントを受ける権利を保障し，また介護者のアセスメントと支援を自治体の責務と位置づけている。こうした海外の動向も受けて，わが国では現在，**ケアラー支援法**の法整備に向けた市民活動が展開している。埼玉県では2020年3月に全国初のケアラー支援条例が可決されたところである（埼玉県，2020）。また，介護者に焦点化したアセスメントやケアマネジメントの必要性

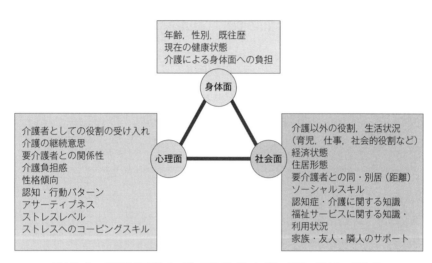

図13-1　介護者の支援ニーズ・アセスメント（原・深津，2018を一部改変）

も少しずつ意識されるようになってきた。現在では主として市町村や地域包括，
居宅介護支援事業所のケアマネジャーなどがその担い手となることが期待され
ている（厚生労働省，2018）。これらの機関における心理職の配置や業務は確立
されていないが，心理職による心理アセスメントの視点は多職種による家族支
援に活かせる面が大きいと考えられる。

　介護家族はさまざまな支援ニーズをもっており，心理面だけでなく，身体面
や社会面も含めたアセスメントが必要である。図13-1のようなアセスメント
モデルは，多職種で情報を収集して共通理解を図り，必要な支援を考えるのに
有用であろう。介護者のアセスメントは介護家族の話を聴き，またその様子を
観察することを通して行われるが，効率的に把握するためのツールも開発され
ている。その一つに，介護負担を短時間で把握するZarit介護負担尺度がある。
日本語版の短縮版であるJ-ZBI_8は，訪問介護サービス利用時や初期集中支援
チームによるアウトリーチの際などに広く活用されている。

3-2　家族支援の場

　介護保険外のサービスだが，介護家族が利用できるいくつかの社会資源もある。心理職による構造化された介護カウンセリングを実施している自治体もあるが，継続的なカウンセリングを受けられる機会は非常に限られている。ここでは，どの地域にも比較的普及している家族支援の場を紹介する。

　①**家族会**　**家族会**は，介護保険制度も家族が相談できる公的窓口もない時代から，介護家族の駆け込み寺としての役割を果たしてきた。その歴史は古く，1980年に京都に結成された「**認知症の人と家族の会**」（現在の名称）は，現在では全国に支部をもつ会となっている。また，本会以外にも各地域で家族会が立ち上がり，活動を続けている。家族会は専門職ではなく介護家族が運営する家族同士の相互支援の場であることから，**セルフヘルプグループ**に位置づけられる。活動の中心は家族が定期的に集う交流会である。そこでは，介護の近況報告と情報交換，互いの経験の分かち合いが行われている。セルフヘルプグループでは，専門職が提供する科学的・普遍的知識とは異なる，当事者の経験に根ざした「**体験的知識**」（Borkman, 1976）が共有される点に特徴がある。家族ならではの介助の方法や地域の介護サービスを実際に利用しての感想など，当事者の視点からの工夫や意見が交換されるのも，家族会の特徴である。

　②**家族介護教室**　介護家族への心理教育と介護者同士の交流を目的としたものに，**家族介護教室**がある。医療機関や地域包括，保健所など公的機関が運営し，専門職が講義・助言等で深く関わることから，**サポートグループ**として位置づけられる。定期的に開催され，前半に専門職からの心理教育，後半に介護者同士の交流の機会を設けることが多い。心理教育のテーマとしては，認知症の症状と対応，利用可能な社会資源・制度，介護者のストレスマネジメントが典型的である。

　③**認知症カフェ**　近年は介護家族だけでなく，認知症の人や専門職，さらには地域のボランティアが集い，交流する場である**認知症カフェ**が注目されている。オレンジプランで設置が推進されて以来急速に広がり，2018年度末時点

で全国7,000ヵ所以上に及んでいる（厚生労働省老健局認知症施策推進室，2019）。さらに認知症施策推進大綱では，2020年度末には全市町村に設置することを目標に掲げている。当事者だけでなく，ボランティアや地域の人々にも開かれた場であるという点で，認知症の人が包摂される**共生社会**の実現という理念を体現する支援の場といえる。一方，公的な設置・運営基準がなく，運営母体や運営形態，内容もさまざまであり，支援の場としての質が必ずしも担保されていないという課題も指摘されている（矢吹ら，2019）。

3-3　家族支援における心理職の役割

　これらの家族支援の場に心理職が関与する場合，次のような役割を担うことが考えられる。

　①**心理教育**　家族介護教室での**心理教育**は，心理職が貢献しうる役割の一つである。医療機関が主催する家族介護教室の場合，認知症の疾病教育を医師または看護師，社会資源・制度の情報提供を社会福祉士や精神保健福祉士，介護家族のストレスマネジメントを心理職が担当するなど，テーマに合わせて多職種で分担して取り組むことも多い。介護家族のストレスマネジメントを目的とした心理教育プログラムの一つに，介護者の不安・抑うつの軽減効果が示されている**START**（Livingston et al., 2013）がある。STARTは個別での実施を想定しているが，日本版（START-J）ではグループプログラムとして再編されたバージョンもある（樫村・野村，2017）。認知行動療法をベースとしており，セルフモニタリング，行動分析，認知再構成法，アサーショントレーニング，リラクゼーションなどの要素を含んでいる（表13-2）。

　②**支援の場のファシリテーター**　孤立した状況で介護を続けてきた家族にとって，同じ境遇にある介護家族の存在は大きな支えとなる。だが，介護家族が集まれば自然と支え合いの力がはたらくとは限らない。参加者は介護家族という点では共通するものの，診断や進行の程度，症状，要介護者との続柄，介護への動機や価値観，直面している困りごとなどは各々異なる。他の参加者と

表13-2　短縮版START グループ（樫村・野村，2017を一部改変）

回	タイトル	内容	リラクゼーション	ホームワーク
1	導入・目標設定	本プログラムの目的，概要説明。グループワークのルールを設定する。介護者のストレスに関する情報提供を行う。認知行動モデルを使って，ここでは特に気持ちと行動のつながりの理解を促し，個人の目標を設定する。	腹式呼吸1	気分のモニタリング（気分の点数付け）「引き金−気持ち−行動」のつながり
2	行動の見直し（行動分析・計画）	最初に前回のホームワークの振り返りを行う。要介護の家族が示す困った行動，繰り返されてしまう家族との嫌な関わりなどを「引き金−行動−結果」の連鎖で理解し，いつもと異なる行動パターンの可能性を探る。	腹式呼吸2	「引き金−行動−結果」のつながり
3	考え方の見直し（認知再構成）	前回のホームワークの振り返りを行う。要介護の家族や介護者自身に対するネガティブな考えを見直し（セルフトーク），別の見方，考え方ができないかを検討する。	イメージ法（草原と川の風景）	「状況−考え−気持ち−考え直し−結果」のつながり
4	コミュニケーション（アサーション）	前回のホームワークの振り返り。攻撃的・受身的・アサーティブなコミュニケーションの3タイプを紹介し，自分がしがちなコミュニケーションを同定し，改善を試みる。「状況−相手の立場−自分の立場−調整」の枠組みで，伝え方を検討する。	イメージ法（海の見える風景）	コミュニケーションの見直し
5	自分を大事にする・まとめ（行動活性化）	前回のホームワークの振り返り。自分を大事にするために時間の作り方，趣味や特技などを日常生活に積極的に取り込んでいく提案をする。最後に全セッションの内容をまとめる。	ストレッチ法	楽しい活動の記録表　これまでのセッションで用いたシート

高齢者福祉

の違いから，グループ内で孤立を感じる参加者もいる。近年は体験を共有しやすいように，息子介護者やDLB，若年性認知症など，要介護者との続柄や診断を絞った家族会も立ち上がっている。だが，条件を絞った会でも経験や困りごとは多様で，他の参加者とのギャップを感じる参加者がいるとの指摘もある（松井，2015）。参加者同士の経験の違いはありながらも会の自助機能が発揮されるには，参加者間の共通点に着目する，孤立しそうな参加者をフォローするなど，グループの力動を把握しながら交流を促進する役割が求められる（川西，2012）。このようなファシリテーターの技能はグループワークや集団心理療法

でも求められ，家族介護教室などで心理職が発揮できる専門性の一つであろう。

　③支援者を下支えする　筆者が以前フィールドワークを行っていた家族会では，気持ちが混乱し話がまとまらなくなる参加者や，時間枠や他の参加者に意識が向かず長時間話し込んでしまう参加者もいた。また，自身の介護観を強く主張する参加者がいたために場の雰囲気が重くなることもあり，こうした場面でのフォローの難しさが世話人（家族会を運営する立場のメンバー）から語られることもあった。深刻な事例では会の終了後に声をかけて個別相談を受けるなど，柔軟な対応が必要になる場面もあるが，世話人だけでそれを抱えるのは負担が大きい。こうした点を踏まえると，世話人もまた日々の支援や運営上の苦労・困難を振り返り，支えられる場が必要であろう。例えば，世話人同士の情報交換や交流，必要なときに利用できる地域資源とのパイプづくりなど，家族会を下支えするネットワークがあげられる。こうしたネットワークづくりもまた，心理職が意識すべき役割の一つである（川西，2017a）。

　④その他の活動　地域での家族支援は制度上の位置づけに乏しいこともあり，専門職の役割も曖昧になりやすい。心理職が地域に出向いて活動をしようにも何をすればいいのか，何が期待されているのかがわからず，戸惑うこともあるだろう。このような場では，まずはそこに参加する人々や他職種とつながり，心理職の役割かどうかにあまりこだわらず，地道に活動を共にすることから始めたい。そのなかで彼らと顔なじみの関係が築けてくると，介護家族や支援の場がもつ困りごとやニーズ，必要な支援が明らかとなることも多いだろう。

4節　養護者による高齢者虐待の予防

4-1　高齢者虐待の対応機関と高齢者虐待防止ネットワーク

　介護家族による高齢者虐待には家族の抱えるさまざまな困難が背景にあることから（12章参照），家族支援は虐待の予防にもつながる。虐待の予防は，虐待発生前の予兆を察知して未然に防ぐ一次予防，虐待が発生した際に早期発見・対応を行う二次予防，介入後の再発防止を図る三次予防に分類される

表13-3　高齢者虐待防止ネットワーク（厚生労働省老健局，2018を参考に作成）

種類	構成員	はたらき
早期発見・見守りネットワーク	民生委員，社会福祉協議会，人権擁護委員，自治会，老人クラブ，民間事業者，家族会，NPO／ボランティアなど	虐待の未然防止，虐待や生活の異変の早期発見，見守り
保健医療福祉サービス介入ネットワーク	介護サービス事業者，医療機関，市町村の他課（障害課，生活保護課），保健センターなど	虐待の早期発見，虐待事例への対応
関係専門機関介入支援ネットワーク	警察，弁護士，保健所・精神科等を含む医療機関，権利擁護団体，消防，消費者センターなど	通常の相談の範囲を超えた専門的対応が必要とされる事例への助言・支援

（矢吹，2015）。いずれの場合も通報先となっている市町村や地域包括が中心となり，主として**高齢者虐待防止法**を根拠に関係機関と連携しながら行われる。虐待予防には通報先の機関が迅速に動くだけでなく，地域の虐待に対する意識や感受性が高まり，虐待が疑われる事例に遭遇した際に通報すること，また関係機関を結ぶネットワークが有機的に機能することが求められる。そこで，市町村や地域包括は高齢者虐待に関する知識や通報・相談窓口の普及啓発，関係者・機関からなる高齢者虐待防止ネットワーク（表13-3）の構築も担っている。

4-2　高齢者虐待の一次予防

　高齢者虐待の一次予防のためには，高齢者虐待防止法という法律や虐待発見時の対応の周知，高齢者の権利擁護についての普及啓発などが求められる。高齢者虐待は地域住民だけでなく専門職の間でも「家庭内の問題」と捉えられ，適切な通報につながっていないケースも少なくない。一般住民だけでなく，医療・福祉・法律等，高齢者と関わる専門職を対象とした研修や教育が求められる。

　介護家族への心理支援は，高齢者虐待のリスクを低減するのにも寄与する。介護生活上の困りごとや認知症の症状に対応するスキルを高め，社会資源の情報提供と活用を促す心理教育的アプローチもその一つである。介護家族の不安と抑うつが強まると虐待のリスクも高まることが指摘されていることから（Cooper et al., 2010），介護者の情緒的問題に焦点化したストレスマネジメント

205

も有効であろう。高齢者支援の現場だけでなく，心理職が学校や医療機関で出会うクライエントが介護家族である場合もある。必ずしもクライエントが自ら介護について話すとは限らないため，時には心理職から尋ねてみることも必要であろう。

4-3　高齢者虐待の二次予防・三次予防

　心理職の活動の現状を踏まえると，高齢者虐待が疑われる事例では介入よりも虐待の発見・通報に関わることのほうが多いと思われる。高齢者虐待の全国調査（厚生労働省，2020）によると，相談・通報元が虐待の当事者（虐待者または被虐待者）や家族・親族であった事例は全体の2割にも満たない。ケアマネジャーと警察からの相談・通報が最も多く，合わせて約半数を占める。全体に占める割合は比較的少ないものの，医療機関や介護事業所からの相談・通報もある。そこで，心理職には他職種と同様に日常の業務のなかで高齢者虐待のサインに気づき，通報する役割が期待される。

　だが，虐待が発生していても，その発見は必ずしも容易ではない。家族・要介護者ともに虐待の自覚に乏しい場合も多く，特に要介護者が認知症の場合，虐待の記憶が曖昧になったり，報告が不明瞭になったりすることも多い。さらに，要介護者には家庭内のことを外部に知らせることへの恥意識や，明るみに出るのを恐れて虐待を否認する傾向も指摘されている（橋本ら，2009）。虐待が疑われる事例に直面した専門職側にも，「しかたない」という諦めの感情が生じやすい（津村，2008）。災害時などに生じやすい「これぐらいなら大丈夫」と現実を歪めて捉える**正常性バイアス**は，虐待のサインを発見した専門職にも起こりうるものであろう。心理職は自身も含めた専門職側に生じるこのような傾向も踏まえて虐待のサインを客観的に捉え，発見・通報につなげていく必要がある。「虐待予防・発見チェックシート」（表13-4）など，虐待のスクリーニングに利用可能なツールもあり，多職種で共通理解を得るためにも活用したい。

　通報を受けた市町村や地域包括が関係機関と対応を協議し，生命や身体に関わる危険性から積極的な介入が必要と判断された場合は，要介護認定の有無に

表13-4　虐待予防・発見チェックシート
（東京都老人総合研究所，2017より項目の一部を抜粋）

虐待の種別	項目例	項目の詳細
身体的虐待	あざや傷の有無	頭部に傷，顔や腕の腫脹，身体に複数のあざ，頻繁なあざ
	あざや傷の説明	つじつまが合わない，求めても説明しない，隠そうとする
	行為の自由度	自由に外出できない，自由に家族以外の人と話すことができない
ネグレクト	住環境の適切さ	異臭がする，極度に乱雑，ベタベタした感じ，暖房の欠如
	衣服寝具の清潔さ	着の身着のまま，濡れたままの下着，汚れたままのシーツ
	身体の清潔さ	身体の異臭，汚れのひどい髪，皮膚の潰瘍，のび放題の爪
心理的虐待	体重の増減	急な体重の減少，やせすぎ，拒食や過食が見られる
	態度や表情	無気力な表情，なげやりな表情，無表情，急な態度の変化
	話の内容	話したがらない，自分を否定的に話す，「ホームに入りたい」「死にたい」などの発言
性的虐待	出血や傷の有無	生殖器などの傷，出血，かゆみの訴え
	態度や表情	おびえた表情，怖がる，人目を避けたがる
	支援のためらい	関係者に話すことをためらう，援助を受けたがらない
経済的虐待	訴え	「お金をとられた」「年金が入ってこない」「貯金がなくなった」などの発言
	生活状況	資産と日常生活の大きな落差，食べるものにも困っている，年金・預貯金通帳がない
	支援のためらい	サービス利用負担が突然払えなくなる，サービス利用をためらう

かかわらず，分離・保護を目的に**老人福祉法**に基づいた緊急ショートステイや特別養護老人ホームへの入所，医療機関への入院等の措置がとられる。一方，支援ネットワークで対応可能と判断された場合は，家族相談や継続的な訪問，見守りなどの予防的支援や，介護保険サービス等の社会資源の導入やケアプランの修正，成年後見制度等の制度利用，介護の助言等が行われる。また，虐待の背景に家族のメンタルヘルスの問題や困窮・自立の問題がある場合，医療機関や生活困窮者自立支援制度・生活保護につなげるなど，家族の医療・福祉的ニーズに合わせた複合的な支援が行われる。

　家庭での高齢者虐待への介入事例をみると，施設入所や入院等の分離支援によって終結と判断される事例が大部分を占め，約3割の事例で虐待の消失・終結後の家族支援が行われていないとの報告もある（日本高齢者虐待防止学会研究

高齢者福祉

207

調査委員会・朝日新聞大阪本社，2013）。再発防止のためにも，分離支援後の継続的な家族支援や家庭復帰後の環境調整が望まれる。

4-4 さいごに

　一般住民を対象とした普及啓発から医療・福祉サービスへの接続，家族支援や虐待予防など，地域における認知症への取り組みはきわめて幅広い。また，地域によって課題や優先すべきニーズが異なり，その地域固有の課題もあるだろう。心理職は目の前の認知症の人や介護家族に寄り添うとともに，彼らが暮らす地域の特性や課題を理解し，インフォーマルサービスを含むさまざまな社会資源とつながることで，支援の幅はいっそう広がりをもつだろう。

考えてみよう
- 「認知症を抱える」とはどのような体験か，当事者が綴った書籍を読んで考察しましょう。
- 介護家族に求められる心理支援とはどのようなものか，考えてみましょう。

さらに学びを深めたい人のために
北村伸・野村俊明（編）(2017).　これからの対人援助を考える　くらしの中の心理臨床
　　5　認知症　福村出版
日本心理学会（監修）／長田久雄・箱田裕司（編）(2016).　超高齢社会を生きる：老い
　　に寄り添う心理学　誠信書房
矢吹知之（編著）(2015).　認知症の人の家族支援：介護者支援に携わる人へ　ワール
　　ドプランニング

14章　高齢者施設における支援

　本章では高齢者施設における支援について述べる。

　1節では，高齢者施設の特徴と施設入所が高齢者に与える影響に焦点を当てる。施設にはさまざまな種類があり，位置づけや目的，入居者の自立の程度，医療的ケアの必要性などの点で異なる。特に，認知症を抱える高齢者は環境の変化に脆弱であり，生活の場が施設に移ることによる影響は少なくない。そこで，高齢者にとっての環境変化をなるべく小さくし，認知機能や身体機能に配慮した環境づくりが求められる。

　2節では，施設における高齢者のアセスメントに焦点を当てる。年齢や障害を踏まえると，高齢者がそれまでできていたことが徐々にできなくなることは避けられないが，その過程で混乱がみられることも多い。認知機能を中心としたアセスメントは失敗や混乱の背景についての理解を提供し，介護職をはじめとした他職種との連携を通してケアの工夫に役立てられる。

　3節では，入居者への心理支援について述べる。施設では認知機能障害に配慮したコミュニケーションや，認知面や情動面にはたらきかける非薬物療法が広く行われている。これらの実践は入居者をより深く理解し日常のケアに活かす手立てとしても活用できる。

　4節では入居者の家族や介護職への支援に焦点を当てる。施設を一つのコミュニティとみなすならば，面会等で顔を見せる入居者の家族に対する支援や，介護職へのコンサルテーションなど，入居者の生活を支える周囲の人々へのアプローチも求められる。

1節　高齢者施設とその環境

1-1　高齢者施設の種類とその特徴

　高齢者が生活する施設にはさまざまな種類がある。そのうち，社会福祉法人や医療法人が運営する介護保険施設（介護保険サービスとして利用できる公的施設）として，特別養護老人ホーム，介護老人保健施設，介護医療院がある。一方，民間事業者も参入している施設は，グループホーム，有料老人ホームをはじめ，多様な形態がある。施設職員は入居者の身体介護や生活援助を専門に行う介護福祉士などの介護職を中心に，医学的な治療や処置を行う医師および看護師・准看護師，リハビリを担当する機能訓練指導員（看護師，理学療法士，作業療法士等），ケアマネジャー，入居者・家族の相談や外部との連携・調整を担う生活相談員等が勤務している。心理職は施設の人員配置基準に含まれてはいないが，介護老人保健施設や特別養護老人ホームで勤務する心理職もいる。以下，各施設の特徴を説明する。

　①特別養護老人ホーム（特養）　要介護3以上の常時介護を必要とする高齢者を対象とした生活施設である。治療やリハビリよりも，残存機能をなるべく保ち日常生活を送るのを支援することに主眼が置かれており，そこで余生を過ごすことを前提とした終の棲家と位置づけられる。以前の特養は施設規模が比較的大きく，4人部屋や6人部屋などの多床室が中心であったが，近年では個室化やユニット化が進み，また定員30人以下の小規模な地域密着型特養も新設されている。費用負担が相対的に小さいために入居を希望する人が多く，空きを待つ入居待機者が多いことが課題となっている。

　②介護老人保健施設（老健）　要介護1以上の高齢者を対象とした，病院と自宅の中間施設として位置づけられている。入所期間が定められており（3ヵ月ごとに退所可能かどうか判断），在宅復帰に向けたリハビリに力を入れている。だが，リハビリを終えた後も在宅介護の態勢が整わないことも多く，在宅復帰

率は必ずしも高いわけではない。入所期間の長期化や医療機関への再入院も多く，特養の入居待機者の一時的な受け入れ先の一つとなっている現状がある。

③介護医療院（旧・介護療養型医療施設）　2017年度末で廃止（2023年度末までの猶予期間あり）される介護療養型医療施設に代わり創設された，医療と介護の両方の機能をもった施設である。病状は安定しているが日常的に高度な医療的処置（経管栄養，痰吸引など）を必要とする高齢者や，認知症に加えて身体合併症を抱えているために，他の介護保険施設では受け入れ困難な高齢者が対象となる（要介護1以上）。看取りやターミナルケアにも対応している。

④認知症対応型共同生活介護（グループホーム）　要支援2以上の認知症高齢者を対象とした生活施設である。地域密着型サービスの一つであり，入居者は住み慣れた地域にあるグループホームで，日常の調理や掃除など個々の能力に応じた役割を担いつつ，比較的少人数の入居者・施設職員と共同で生活する。居住環境や生活は自宅に近いため，入居者の自立の保持という点でメリットが大きい。一方，提供できるケアには限界があり，重度の認知症高齢者や高度な医療的処置を要する高齢者は利用できない。

⑤有料老人ホーム　主に民間が運営する高齢者の生活施設であり，施設内のサービスとして介護が受けられる介護付き有料老人ホームと，要介護となったときには外部の介護事業所と契約し介護サービスを受ける住宅型有料老人ホーム等がある。入居可能な条件は施設によって異なり，特養のように在宅生活の継続が困難となってから入所する場合もあれば，自宅での生活を不安視し，自立が比較的保たれたうちから居住する場合もある。介護保険施設に比べて初期費用や生活費は高額となるが，希望すれば早く入居が可能である。

1-2　施設入所に伴う体験と施設環境

特養や老健の入居者の大半は，家族にかかる介護負担や介護を期待できる身内がいないなどの理由から在宅生活が困難となり，施設入所せざるを得なかった高齢者である。必ずしも施設入所を主体的に選択したわけではないこともあり，入所にあたっては慣れ親しんだ生活や環境から離れることへの不安や喪失

高齢者福祉

感を抱えやすい。また，入所をめぐって家族と折り合いがつかず，家族に見捨てられたという思いを抱えている場合もある。さらに，施設の生活環境は自宅とさまざまな点で異なる。施設の種類による相違はあるが，食事内容や就寝時間，余暇の過ごし方など生活の自由度は狭まり，他の入居者や職員との人間関係のなかで気を遣ったり，葛藤・緊張が生じたりすることもある。間取りや置いてある物も自宅と異なるため，勝手がわからないこともある。こうしたことから，入所して間もない時期には適応に困難を抱えることが少なくない。特に，記憶障害や見当識障害のある認知症高齢者の場合，環境のギャップが混乱を招き，リロケーションダメージをもたらす可能性がある。そのため，高齢者施設では入居者を取り巻く環境への配慮がいっそう求められる。

　施設環境は，**社会的環境**（施設職員や他の利用者など，利用者を取り巻く人々やその関わり），**物理的環境**（居住空間の間取りや広さ，バリアフリー，物の配置などの生活空間の特徴），**運営的環境**（施設の運営方針や介護方針，提供するプログラムなど）の三つの側面から捉えることができる（Cohen & Weisman, 1991/1995）。施設環境が認知症高齢者に適したものになっているかどうかを検討する際には，PEAP（Professional Environmental Assessment Protocol）（表14-1）のような環境整備の指針も役立つ。入所当初は慣れない環境に苦労することも多いが，入居者の多くは徐々に施設生活になじんでいく。その過程では，飾られた草花から故郷を連想するなど，施設内に自身の生活史に通じるものを見出し，能動的に環境を意味づけようとする入居者の姿も報告されている（小倉，2002）。心理職は他職種とともに入居者の視点に立ち，施設生活に対する入居者の思いや適応状況を把握しながら，**環境調整**を通して望ましい施設環境を追求していくことが求められる。

2節　心理アセスメント

2-1　認知機能のアセスメント
　在宅・施設を問わず，移動・食事・入浴・家事などの高齢者の生活行為は，

表14-1　PEAP日本版3（児玉，2015を一部改変）

指針	定義	例
Ⅰ. 見当職への支援	時間・空間・そこで行われていることをわかりやすくする環境支援	• 環境における情報の活用 • 時間・空間の認知に対する支援 • 空間や居場所のわかりやすさ • 視界の確保
Ⅱ. 機能的な能力への支援	日常生活動作や日常生活の自立を支え，さらに継続していくための環境支援	• セルフケアにおいて，入居者の自立能力を高めるための支援 • 食事が自立できるための支援 • 調理，洗濯，買い物などの活動の支援
Ⅲ. 環境における刺激の質と調整	適応や感性に望ましい良質の環境の刺激を提供する 環境の刺激が混乱やストレスを招かないように調整する	• 意味のある良質な音の提供 • 視覚的刺激による環境への適用 • 香りによる感性への働きかけ • 柔らかな素材の提供 • 生活の妨げとなるような騒音を調整 • 適切な視覚的刺激の提供 • 不快な匂いの調整 • 床などの材質の変化による危険への配慮
Ⅳ. 安全と安心への支援	安全を脅かすものを最小限に留めるとともに，認知症の人や介護者の安心を最大限に高める環境支援	• 入居者の見守りのしやすさ • 安全な日常生活の確保
Ⅴ. 生活の継続性への支援	慣れ親しんだ環境とライフスタイルを継続するための環境支援 生活歴のアセスメントとセットで活用することが効果的	• 慣れ親しんだ行動様式とライフスタイルの継続への支援 • その人らしさの表現 • 家庭的な環境づくり
Ⅵ. 自己選択への支援	認知症の人の自己選択が図られるような環境支援	• 入居者への柔軟な対応 • 空間や居場所の選択 • いすや多くの小道具の存在 • 居室での選択の余地
Ⅶ. プライバシーの確保	認知症の人がニーズに応じてひとりになれたり，他者との交流が選択的に図れるような環境支援	• プライバシーに関する施設の方針 • 居室におけるプライバシーの確保 • プライバシーの確保のための空間の選択
Ⅷ. 入居者とのふれあいの促進	認知用の人の社会的接触と相互交流の促進を図る環境支援	• ふれあいを引き出す空間の提供 • ふれあいを促進する家具やその配置 • ふれあいのきっかけとなる小道具の提供 • 社会生活を支える

高齢者福祉

認知機能や身体機能，心理状態，BPSD（行動・心理症状），周囲の環境などに左右される。したがって，できる行為とできない行為を見定め，できない行為についてその背景を探ることは，必要な介護や環境調整を考えるうえでも重要である。特に，高齢者施設では何らかの認知症の診断を受けている高齢者が多く，症状の進行に伴ってできないことや失敗が増え，それがBPSDにもつながるため，認知機能のアセスメントが必要になる場面は多い。認知機能のアセスメントでは標準化された検査を用いるが，高齢者施設が診断・治療を行う医療機関ではなく生活の場であることを踏まえると，比較的侵襲性が低く実施に負担をかけない**質問式の検査**か，日常的なやりとりや観察から評定する**観察式の検査**を利用することが望ましい。

　質問式の検査は検査者が習得しやすく，短時間で客観的な評価ができるという利点がある。一方で，認知症の進行が明らかな被検者の場合，検査実施の目的について十分な理解と同意を得るのが難しいことも多い。また，現在の年月日や今いる場所を尋ねるような質問から，「馬鹿にされている」と感じることもある。さらに，高齢者施設では検査者と被検者がふだんから顔を合わせることが多いため，検査の実施が日常の関係に負の影響をもたらす可能性もある。こうした点から，観察式の検査による評定が望ましい場合もある。以下，いくつかの代表的な検査を紹介する。

　①Mini Mental State Examination：MMSE　認知症のスクリーニングを目的とした国際的にも利用頻度の高い質問式の検査であり，短時間で幅広い認知機能を査定できる。見当識（時・場所），記銘，注意・計算，遅延再生，物品呼称，文の復唱，口頭指示，文の読解，書字，図形模写の項目から構成される。いくつかの日本語版が存在するが，近年は原版との等価性が確かめられたMMSE-Jが標準化され（杉下ら，2018），利用することが推奨されている。23/30点以下は認知症の可能性が高いと判断する。

　②長谷川式認知症スケール（Hasegawa Dementia Scale Revised：HDS-R）（表14-2）　長谷川和夫らによって認知症のスクリーニングを目的に開発された質問

式の検査であり，MMSEとともにわが国で広く利用されている。MMSEとの違いとして，すべて言語性の課題であること，遅延再生課題の配点が大きいことなどがあげられる。20/30点以下の場合，認知症の可能性が高いと判断する。

③臨床的認知症評定法（Clinical Dementia Rating：CDR）　国際的にも広く普及している観察式の検査である。本人の観察，または日常の様子をよく知る家族や介護者への面接から認知症の重症度を評価する。記憶，見当識，判断力と問題解決能力，地域社会の活動，家庭および趣味，身の回りの世話の6項目から評価し，0＝認知症なし，0.5＝認知症疑い，1＝軽度認知症，2＝中等度認知症，3＝重度認知症の5段階で総合判定を行う。

④日常会話式認知機能評価（Conversational Assessment of Neurocognitive Dysfunction：CANDy）　同じことを繰り返し質問する，会話の内容が広がらな

表14-2　HDS-R（加藤ら，1991を一部改変）

	質問項目	得点範囲
1	お歳はいくつですか？（2年までの誤差は正解）	0，1
2	今日は何年の何月何日ですか？　何曜日ですか？（年月日，曜日が正解でそれぞれ1点ずつ）	0，1
3	私たちがいまいるところはどこですか？（自発的にでれば2点，5秒おいて家ですか？病院ですか？　施設ですか？　のなかから正しい選択をすれば1点）	0-2
4	これから言う3つの言葉を言ってみてください。あとでまた聞きますのでよく覚えておいてください。（以下の系列のいずれか1つで，採用した系列に○印をつけておく）1：a）桜　b）猫　c）電車　2：a）梅　b）犬　c）自動車	0-3
5	100から7を順番に引いてください。（100-7は？　それからまた7を引くと？　と質問する。最初の答えが不正解の場合，打ち切る）	0-2
6	私がこれから言う数字を逆から言ってください。（6-8-2，3-5-2-9を逆に言ってもらう，3桁逆唱に失敗したら，打ち切る）	0-2
7	先ほど覚えてもらった言葉をもう一度言ってみてください。（自発的に回答があれば各2点，もし回答がない場合以下のヒントを与え正解であれば1点）a）植物　b）動物　c）乗り物	0-6
8	こらから5つの品物を見せます。それを隠しますのでなにがあったか言ってください。（時計，鍵，タバコ，ペン，硬貨など必ず相互に無関係なもの）	0-5
9	知っている野菜の名前をできるだけ多く言ってください。（答えた野菜の名前を記入する。途中で詰まり，約10秒待ってもでない場合にはそこで打ち切る）0-5＝0点　6＝1点　7＝2点　8＝3点　9＝4点　10＝5点	0-5

いなど，認知機能の低下はコミュニケーションにも現れる。CANDyはこうしたコミュニケーション上の特徴を踏まえて開発された，高齢者との日常会話から認知機能を評価する新しいタイプの検査である。認知機能低下が顕著で広範に及ぶほど得点は高くなり，6/30点以上で認知症の疑いありと判断する。得られた結果は入居者とのコミュニケーション場面など，日常のケアの工夫に活用しやすい利点がある。

検査実施の際の工夫と留意点

被検者が難聴を抱えている場合，検査者の質問や指示がうまく聞こえないことや，一生懸命聴き取ることに認知資源の多くを費やすことで検査課題に対するパフォーマンスが低下し，実際の能力よりも低く評価されることもある。MMSEでは一部の検査課題について，口頭で伝えると同時に視覚呈示も行うバージョンも開発されている（大森ら，2013）。また，難聴を補うさまざまな補助器具もあり，これらを活用することでより正確な評価が可能となる。

検査は総得点から認知症の可能性や重症度を判断するだけではなく，失点パターンから低下した機能を推測し，介護やコミュニケーションの工夫に活かすことができる。例えば，遅延再生課題での大幅な失点は近時記憶障害が疑われ，生活場面でも伝えたことが記憶に残りにくい可能性がある。そこで，必要なことはそのつど繰り返し伝えたり，紙に書いたり，視覚的な掲示物を活用したりなどの工夫につなげることができる。

2-2　生活障害のアセスメント

生活障害のアセスメントではADL（12章参照）を評価する尺度がよく用いられる。尺度には各生活動作を評価場面やリハビリ時に「できるかどうか」で評価するもの（できるADL）と，自宅や施設での日常生活場面で「しているかどうか」で評価するもの（しているADL）があるため，結果の解釈には注意を要する。ADLの評価は作業療法士や理学療法士等のリハビリ職が行うことが多いが，認知機能障害とも深く関わるため，他職種と協働するうえでも踏まえて

おきたい。

　①バーセルインデックス（Barthel Index：BI）　短時間で簡便に実施できるBADLの尺度として広く利用されている。食事，車椅子とベッド間の移乗，整容，トイレ動作，入浴，歩行，階段昇降，更衣，排便コントロール，排尿コントロールの10項目から，総合的な自立度を評価する。「できるADL」を評価するため，リハビリ場面でできたとしても実際にはあまりしていないなど，評価結果が日常生活と乖離している場合もある。

　②機能的自立度評価表（Functional Independence Measure：FIM）（表14-3）BIとともに広く普及しているBADLの評価尺度であり，リハビリの効果測定などで活用されている。運動機能に関するADL（運動FIM）13項目と認知機能に関するADL（認知FIM）5項目から構成される。「しているADL」を評価し，総合得点や運動FIM，認知FIMを算出する。結果からは自立の程度に加え，どの程度の介助を受けているかがわかる。

　③手段的日常生活動作尺度（Instrumental Activities of Daily Living Scale：IADL）　ロートンらによって開発されたIADLの評価尺度であり，国際的に広く普及している。電話の使い方，買い物，食事の支度，家事，洗濯，移動・外出，服薬の管理，金銭の管理の8項目について，「しているADL」を評定する。なお，男性の場合は食事の支度，家事，洗濯の3項目は評価しないこととしている。

高齢者福祉

表14-3　FIM（千野ら，2012を一部改変）

運動項目	セルフケア	①食事　②整容　③清拭　④更衣（上半身）　⑤更衣（下半身）　⑥トイレ動作
	排泄	⑦排尿コントロール　⑧排便コントロール
	移乗	⑨ベッド・椅子・車椅子　⑩トイレ　⑪浴槽・シャワー
	移動	⑫歩行・車椅子　⑬階段
認知項目	コミュニケーション	⑭理解（聴覚・視覚）　⑮表出（音声・非音声）
	社会認識	⑯社会的交流　⑰問題解決　⑱記憶

1点：全介助　2点：最大介助　3点：中等度介助　4点：最小介助　5点：監視　6点：修正自立　7点：完全自立

表14-4　老研式活動能力指標（古谷野ら，1987を一部改変）

	項目	評価
1	バスや電車を使って一人で外出ができますか	手段的自立
2	日用品の買い物ができますか	
3	自分で食事の用意ができますか	
4	請求書の支払ができますか	
5	銀行預金，郵便貯金の出し入れが自分でできますか	
6	年金などの書類が書けますか	知的能動性
7	新聞などを読んでいますか	
8	本や雑誌を読んでいますか	
9	健康についての記事や番組に関心がありますか	
10	友達の家を訪ねることがありますか	社会的役割
11	家族や友達の相談にのることがありますか	
12	病人を見舞うことができますか	
13	若い人に自分から話しかけることがありますか	

　④老研式活動能力指標（表14-4）　東京都老人総合研究所（現　東京都健康長寿医療センター）が開発したIADLの評価尺度である。手段的自立，知的能動性，社会的役割の3領域13項目から「できるADL」を評定する。

2-3　BPSDのアセスメント

　BPSDはケアの工夫による軽減も期待できるため，的確な評価が求められる。その際，症状そのものに加えて，症状が生じる時間・場所・状況に着目することで，要因や背景が明らかになることも多い。例えば，介護に対する抵抗が，介護者が業務に追われ多忙な状況で生じるのならば，身体介助の際に慌ただしく行うために入居者が「何をされるのかわからない」と感じ，抵抗につながっている可能性もある。一方，BPSDの包括的把握を目的とした尺度も開発されている。一回のアセスメントだけでなく，介入前後で評価したり，継続的な評価を行ったりすることで，ケアの効果を判断する材料にもなる。

　Neuropsychiatric Inventory（NPI）は国際的に広く用いられているBPSDの評価尺度で，介護者（家族，介護職）からの情報に基づき評価する。12項目版で

は，典型的なBPSD（妄想，幻覚，興奮，うつ，不安，多幸，無関心，脱抑制，易怒性，異常行動，夜間行動，食行動）の有無と頻度，重症度を評定する。介護者が記入する質問紙形式のもの（NPI-Q）や，高齢者施設での利用に特化したもの（NPI-NH）など，いくつかのバージョンがある。

3節　入居高齢者への心理支援

3-1　コミュニケーションの技法

　認知症の進行は，他者の話を理解するのが難しくなったり，意思を的確に伝えられなくなったりなど，コミュニケーションにも影響を及ぼす。援助職や家族もまた，認知症の人の言いたいことがわからず，理解や説明に苦労する。認知症の人と意思を交わし合うコミュニケーションの技法は心理支援に限らず，身体介助やリハビリ場面でも必要となるため，職種を越えて身につけたいスキルである。ここでは，近年注目されている技法としてバリデーションとユマニチュードを紹介する。

表14-5　バリデーションの技法（Feil, 1993/2002をもとに作成）

1	センタリング（精神の統一，集中）
2	事実に基づいた言葉を使う
3	リフレージング（本人の言うことを繰り返す）
4	極端な表現を使う（最悪，最善の事態を想像させる）
5	反対のことを想像する
6	思い出話をする（レミニシング）
7	真心をこめたアイコンタクトを保つ
8	曖昧な表現を使う
9	はっきりとした低い，優しい声で話す
10	ミラーリング（相手の動きや感情に合わせる）
11	満たされていない人間的欲求と行動を結びつける
12	好きな感覚を用いる
13	タッチング（ふれる）
14	音楽を使う

表14-6　ユマニチュードの技法（本田ら，2014をもとに作成）

四つの柱	1	見る	相手との目線の高さを水平に保ち，正面から近く，長く見る。
	2	話す	ケアの最中は低めで落ち着いた声のトーンで，途切れることなく話しかける。
	3	触れる	広い面積でゆっくり優しく触れる。手を掴まずに下から支える。
	4	立つ	立位と歩行を可能な限り保つよう支える。
五つの手順	1	出会いの準備	来訪を告げ，相手のプライベートな領域に入ってよいか許可を得る。
	2	ケアの準備	ケアすることの合意を得る。
	3	知覚の連結	ケアの実施。その際，矛盾のない言語的・非言語的メッセージを届ける。
	4	感情の固定	ケアの後で共に良い時間を過ごしたことを振り返る。
	5	再会の約束	次のケアを受け入れてもらうための準備。

　①バリデーション　アメリカのソーシャルワーカーであるナオミ・フェイルが体系化した，特に見当識障害を抱えた認知症高齢者の体験世界や意思に接近するための技法である。バリデーションでは，客観的には妄想や誤認と呼ばれるような誤った現実認識や事実とは異なる言動をこれまでの人生で積み残した発達課題に奮闘する姿として捉える。そして，感情表出を促し，言動の背後にある体験への共感的理解を伝えながら会話を重ねていく。その際，認知症高齢者の体験に接近するためのいくつかの技法（表14-5）が考案されている。はたらきかける側が本人の立場になり，その思いが理解できるようになるなど，援助者側にも効果をもたらす可能性も報告されている（三田村，2015）。

　②ユマニチュード　フランスのジネストとマレスコッティが体系化した，知覚・感情・言語を媒介としたコミュニケーション技法である。実際には認知症に限らず，高齢者全般に適用可能な技法とされている。ユマニチュードでは，援助者が「あなたは大切な存在である」という言語的・非言語的メッセージを相手に届けるため，「見る」「話す」「触れる」「立つ」というケアの四つの柱，および五つの手順（表14-6）に沿って介護を提供する。

技法を用いる際の留意点

　技法の生まれた文化的背景が異なるため，わが国の高齢者施設でそのまま適用するには難しいと思われる技法もある。だが，高齢者や援助者自身の発する

非言語的メッセージに着目することや，触覚や視覚など複数の感覚モダリティからはたらきかける点など，これらの技法から学べる点は多い。

　なお，これらの技法を実践すれば必ず上手くいくというわけではなく，援助者の意図が伝わっていないことや予想外の反応が返ってくることもある。コミュニケーションとはその名の通り，相互の循環的なやりとりで進むものであり，「このように関わればこうなる」といった単方向のものではない。北村(2015) が指摘するように，技法以上に大切なのは，これらの技法の前提にある認知症の人から見た世界をわかろうとするPCCの姿勢や態度であろう。

3-2　非薬物療法

　認知症高齢者に対する構造化された心理支援は，**非薬物療法**やリハビリテーションと呼ばれる。高齢者施設や認知症病棟ではこれまでさまざまな非薬物療法が実践されてきたが，心理職も作業療法士や介護職とともに携わることが多い。非薬物療法の目的は認知機能の維持・改善と，意欲や気分など情動機能の安定化・活性化とに集約される（若松，2012）。さらに，全体的なQOLの維持・向上やBPSDの改善が期待されることもある。以下，実践されることの多い非薬物療法を紹介する。

　①**回想法**　アメリカの精神科医バトラーが，高齢者によくみられる過去の回想を現実からの逃避と捉えるのではなく，老年期の発達課題への取り組みとして積極的な意義を見出したことに端を発し，これまで発展してきた療法である。高齢者がこれまでの人生を振り返って語り，援助者がそれに傾聴して応答するという両者のやりとりを中心に展開する。時系列に沿って回想することで人格の統合を目指す**ライフレビュー**と，時系列にこだわらず自由な回想を通して残存機能の維持や情緒の安定を図る**レミニッセンス**とに分類されるが，両者を明確に区別せず実践していることも多い。わが国ではグループプログラムとしての**集団回想法**が普及し，施設の余暇活動（アクティビティ）としても広く実践されている。集団回想法では，互いの顔が見えるような位置に座り，「子

ども時代の思い出」「好きだった食べ物」「お世話になった先生」「戦後の苦労」「東京オリンピック」など，事前に定めたテーマについて回想を深め，互いの経験や思い出を語り合う。援助者であるリーダーとサブリーダーは，回想が促進されるよう質問をする，話を整理する，参加者同士の交流を促すなど，ファシリテーターとしてのはたらきが求められる。

②リアリティ・オリエンテーション（Reality Orientation：RO）　時間・場所・人物に関する見当識の維持・強化を図る，主として認知機能にはたらきかける療法である。見当識の低下は心理的混乱を招く要因にもなるため，ROはこれらの予防も期待される。日常の関わりや物理的環境の工夫を通して自然なかたちで正確な情報を伝える24時間ROと，時間・場所を構造化し，グループプログラムとして行うクラスルームROとがある。

③認知活性化療法（Cognitive Stimulation Therapy：CST）　ROを基礎にイギリスで開発された，回想法や五感を刺激するプログラム，記憶・推論・計算・言語流暢性など複数の認知機能にはたらきかけるプログラムを組み合わせた，構造化された療法である。認知機能やQOLへの効果が報告され，エビデンスに基づいた非薬物療法として近年注目されている。わが国の文化に合わせた日本版のCST-Jも開発され（山中・河野，2015），高齢者施設で実践されている。

④その他の非薬物療法　音楽療法は音楽鑑賞のほかに歌唱や楽器演奏，リズムに合わせた身体運動なども含まれ，技法の幅が広い。芸術療法は絵画や造形などの表現活動を伴う療法であり，ちぎり絵，コラージュ，塗り絵や粘土など，さまざまなツールがある。アロマセラピーは特定の香り成分をもつ精油を用いた療法であり，香りが認知機能や興奮などの過活動性のBPSDにもたらす効果が期待されている。認知症の進行によって言語機能が低下するなかで，このような感覚モダリティにはたらきかけるアプローチは比較的導入しやすい。

非薬物療法実施の際の留意点

非薬物療法を行う際には，聴力や記憶・理解力の低下に配慮し，会話でのやりとりに加えて，視覚刺激を導入するなどの工夫が求められる。実際，より重

度の認知症高齢者の回想を促すためには，具体性が高く五感にはたらきかける感覚刺激の提供が有効との報告もある（松田ら，2002）。また，集中力の低下や疲労に配慮して，プログラムの時間を調整する，小休止を入れるなどの配慮も必要である。さらに，参加者は非薬物療法に取り組むなかで予期せず自己の衰えに向き合い，傷つく可能性もある。対象者の能力に合わせてプログラムを設定することや，必ずしも課題の達成を優先しないなどの配慮も求められる。

　コミュニケーションの技法とも通じる点であるが，認知症高齢者との会話では，援助者にとって了解の困難な話が展開することもある。この時，ナラティブ・セラピーにおける治療者の構えの一つである**無知の姿勢**は，会話を重ねる際の一つの指針となる。無知の姿勢を認知症高齢者との対話に応用することで，客観的現実にこだわることで閉塞しがちな会話が，新たな方向に展開していく可能性も指摘されている（田中・野村，2004）。

　活動中，参加者はふだんの様子とは異なる生き生きとした姿を見せることも多い。また，活動を通して本人の人柄や生活史に関わる新たな情報が得られることもある。こうした新たな姿の発見は施設職員のケアに対する意識を高め，本人と周囲との良循環を生む可能性がある。この点は，認知症がかなり進行して自発性が乏しくなり，意思の疎通が困難になりつつある認知症高齢者の介護では特に重要である。心理職は本人の関心や能力を踏まえながら実施可能なプログラムを検討するとともに，介護職や家族に様子を報告する，同席のもとで実施するなど，周囲への影響を見立てながら実践することが望ましい。

4節　家族と介護職への支援

4-1　入居者の家族への支援

　家族介護に高い価値を見出す社会規範が根強いわが国では，施設入所を選択したことに家族が罪悪感を抱えることも少なくない。また，長い在宅介護の末に施設入所に至った場合，要介護者の不在に喪失感を抱く場合もある。入所後も様子が気にかかり，頻繁に施設に足を運び，食事介助や散歩をする家族もい

る。家族は施設入所によって身体的な負担から解放される一方，施設入所を決断したことやその後の生活と折り合いをつけ，入居者との新たな関係を模索する課題に向き合っているといえる。

　家族のなかには，入居者の様子が気にかかっても施設に対する遠慮から頻繁な面会を躊躇する家族もいる。また，施設でのケアに対する要望や不満があっても，本人の世話を任せているためにそれが言えないということもある。家族は施設にさまざまな思いを抱えているが，それらは必ずしも語られているとは限らない。施設の心理職は家族の面会の機会や入居者の家族が集う**家族会**の場などを利用し，入居者の様子や変化を適宜報告したり，施設入所後の家族の心情や施設でのケアに対する家族の思いを聴き取ったりなど，入所後の家族を支えることも必要である。また，入居者の興味関心や生活歴に関する情報など，ケアやコミュニケーションに活かせる貴重な情報が家族から得られることも多い。入居者と家族との関係に配慮しながら，家族と施設をつなげていくような動きが求められることもあるだろう。

4-2　介護職への支援

　介護職は本人のニーズやペースに合わせた介護をしようとする一方で，業務としての効率性も期待され，望ましいケアが困難な局面に直面することもある。特に，認知症高齢者の介護ではBPSDや入居者との意思疎通の難しさから手ごたえが得られず，バーンアウトの症状でもある**脱人格化**や**不適切な**ケアに至るなど，入居者の視点に立ったケアが難しくなる。入居者へのケアの質を保ち高齢者虐待を防ぐためにも，介護職への支援が求められる。

　心理職の専門性を活かした介護職への支援の一つとして，BPSDへの対応のコンサルテーションがあげられる。心理職のアセスメントの視点は，認知機能や欲求・動機，生活歴といった本人の要因に加え，本人と周囲との間の力動を理解し，BPSDが生起する背景を考えるのに役立つ。多職種でのチームアプローチを展開していくうえでも，日常のケアに活かせるコンサルテーションへの期待は大きい。実際，応用行動分析に基づいて先行事象－行動－後続事象の

　三項随伴性の観点からBPSDが維持・強化される仕組みを把握し，BPSD軽減に向けた介入計画を立てることも実践されており（図14-1），介護職へのコンサルテーションに活用されている（石川ら，2017）。

　対応の難しい入居者へのケアでは負の感情を抱えやすい。介護職へのコンサルテーションは入居者と情緒的な距離を保ち，視点の客観性を回復することにも寄与しうる。また，多職種で本人の思いやニーズを共有し，ケアを再考するのに役立つアセスメントツールもある。**ひもときシート**（認知症介護研究・研修センター，2011）は，対応の困難な入居者への援助職の視点を振り返るツールとして活用されている。シートへの記入を通して，「評価的理解」（入居者に対する自分の感情を把握する），「分析的理解」（入居者の行動の意味を考える），「共感的理解」（入居者の行動のもっともと感じられる部分を理解する）の考え方を学び，援助職を中心に置いた視点から本人中心の視点へと転換し，ケアに役立てられる。

　高齢者施設では職員を対象に，衛生管理や事故防止などさまざまな研修が実施されているが，研修に心理職が貢献できる点も多い。**ストレスマネジメント**もその一つであり，介護職が抱えるストレスの自己理解や，同僚への相談，リラクゼーション，アンガーマネジメントなどの適切な対処法の獲得により，バーンアウトや不適切なケアの予防も期待される。

　また，心理職には介護職だけでなく，組織や職場環境に対するアプローチも

高齢者福祉

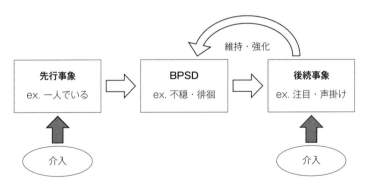

図14-1　応用行動分析に基づくBPSDの理解と介入

求められる。個々の介護職や職員間の関係，各ユニットや組織全体の特性など職場環境をアセスメントしながら，介護職が就労意欲を保てるような介入が望まれる。例えば，職員間のつながりづくりをねらいとしたグループアプローチや，職場環境の調整が可能な介護リーダーやユニットリーダー，管理職へのコンサルテーションが求められることもあるだろう。

4-3 さいごに

高齢者施設で勤務する心理職はまだ限られているが，国家資格の誕生や，認知症の人の意思を丁寧に汲み取ろうとする認知症ケアの潮流を踏まえると，心理職の関与は今後ますます増えていくことが期待される。高齢者施設の入居者のほとんどは，衰えが深まる発達段階の最後のステージを迎えている。心理職は徐々に見えにくくなる高齢者の思いを多職種とともに汲み取り，少しでも生活が充実したものになるようにケアを提供していく視点と，入居者を支える人を下支えする視点との両方が求められる。

 考えてみよう

- 高齢者を対象に心理検査を行う際に配慮すべき点について考えてみましょう。
- 高齢者施設の介護職が抱える困難にはどのようなものがあるか，またそれに対して心理職にはどのような支援ができるか，考えてみましょう。

 さらに学びを深めたい人のために

黒川由紀子 (2014). 認知症と回想法　金剛出版
桑田直弥 (2020). イラストで見る潤脳チャレンジ認知症実践介護：援助職のための脳が潤う高齢者ケア　福村出版

15章　福祉の現場に出る前に

1節　児童福祉領域

1-1　児童福祉領域でのマナーと心得

　児童福祉領域，特に児童福祉施設の心理職としての心得について述べたい。何よりも大切なのは，多職種と協働してチームで子どもを支援しているという意識をもち続けることである。心理職は児童福祉施設において新しい専門職であり，子どもの日常生活は心理職がいなくても成立する。そのため，子どもにとって心理職との関係よりも，生活を直接支えているケアワーカーとの関係のほうが重要である。しかし，間接的な関係だからこそできる支援もある。親代わりであるケアワーカーとのあいだには持ち込みたくない悩みが心理職だけに語られることや，子どもの処遇に直接的な決定権をもたない心理職だからこそ，子どもが本音を話せることもある。心理面接で話された内容が，数日後にケアワーカーにも語られ，心理職を話すための練習に利用したように感じることもある。また，子どもが悪いことをした際に，ケアワーカーがしっかりと叱ってくれるから，その背景にある心理や気持ちを心理職が聞くことができる。

　また，適切な心理アセスメントをするうえでも，子どもが多くの大人に支えられていることを意識するのが重要である。子どもの心理を心理職との二者関係だけから読み解こうとすると十分に理解できなくなる。子どもとケアワーカーの関係や子ども集団での立ち位置，日常生活の様子など，心理面接の場以外で起きていることも考慮して，子どものアセスメントをし，コンサルテーションを行い，心理療法をすすめていく必要がある。

　そして，そのような仕事が成立するのは，ケアワーカーが子どもの日々の生

活を支えているからであることを忘れてはならない。私が施設の心理職になって1年目の出来事である。小学校低学年3名のグループセラピーを担当しており，あるセッションで描画をするために模造紙と絵具を準備した。深く考えずに絵具を用意したのが失敗だった。絵具を使うことで子どもたちはどんどん退行していき，彼らの創作活動は模造紙を飛び出し，自分たちの顔や手にも絵具が塗られ当然のように部屋も服も汚れた。終了時間が近づき，絵具を洗うように促すと，「塩谷さんのせいで服が汚れた。（ケアワーカーに）怒られる。どうするの！」と一斉に責められた。どうしてよいか分からず，彼らの生活する小舎を一緒に訪ね，謝ることにした。絵具で汚れた子どもたちと申し訳なさそうな私を見てベテランの女性ケアワーカーは，「この子たちが絵具を使ってこんなもんじゃすまなかったっしょ」とあっけらかんと大笑いした。私も子どもたちと一緒にその大きな優しさに包まれているような気分になった。絵具の与える影響も考えずに無自覚に使った失敗談だが，そのおかげで自分の仕事がケアワーカーに守られて成り立っていることを実感できた。

　心理職は子どもを支援するチームの一員に過ぎない。多職種に支えられながら心理職の仕事ができていると自覚することが重要であり，心理職も他の専門職の仕事がよりよくできるようにサポートしなければならない。そのためには，多職種の専門性への尊重の気持ちをもち続けることが大事な心得であろう。

　次に大切にしてほしい心得は，子どもから学ぶという姿勢である。児童福祉施設の子どもの多くは虐待を受けている。3章で説明したように虐待による心理的影響について多くの知見が積み重なっており，そのフィルターを通して子どもを理解しようとしてしまう。しかし，まずは目の前にいる子どもを自分の目でしっかりと見て，どんな子どもなのか自分の頭で考えてほしい。彼らの言動を虐待の影響と安易につなげて，頭だけで分かったような気になってもよい支援にはつながらない。分からなければ子どもに聞こうと思うし，子どもが自分のことをうまく説明できなければ一緒に考えればよい。児童福祉領域の心理職は，子どもに正しいことを教える人ではなく，子どもと一緒に考える人でなければならない。そのためには，子どもの気持ちに共感的に寄り添う「熱い

心」と，子どもの心理について冷静かつ知性的に考える「冷たい頭」のバランスをとり続けることが大切である。

1-2　児童福祉領域のやりがい

クライエント中心療法を提唱したロジャーズ（Rogers, C.）は，若い頃に児童虐待防止協会で働き，非行少年や恵まれない子どもの面接を中心とした児童臨床に携わった。その経験を通して，子どもは自分自身のなかに成長する力をもっており，成長を促進する環境をつくり出すことによって健康が促進されるという考えを強く抱くようになる。その思想が，人間のもつ成長する可能性や自ら問題を解決していく力への信頼を基盤とした，ロジャーズの理論の萌芽となった。

児童福祉領域のやりがいは，子どもの成長する力に出会えることである。児童養護施設は，2歳から18歳まで在籍することができ，幼児期，児童期，そして思春期までの長期間の子どもの成長に寄り添うことができる。さらに措置延長やアフターケアも含めれば，青年期から成人期までの成熟する姿を見ることもできる。

私は児童養護施設でグループプレイセラピーを実施しているが，そこに小学校低学年から毎週のように参加し，お店屋さんごっこを続けていた男児がいた。本児なりに工夫して遊ぼうとするのだが，うまくいかずに他の子どもとトラブルになることも少なくなかった。その都度，彼の気持ちに寄り添い，内面に抱えている課題と対人関係の問題を結びつけながらサポートを続けた。日常生活でもいろいろとトラブルを起こしたが，ケアワーカーをはじめ多くの職員に支えられ，18歳で施設を退所した。その後は，カフェの店員として働いている。ある日，彼が施設に遊びに来たときに「塩谷さん，ゴミあげるよ」と声をかけられた。子どもの頃はそう言って本当にゴミの入った袋を渡してきたのだが，袋の中には彼が働いている店のドリップコーヒーが入っていた。お礼とともに「一つで10回はコーヒーいれるよ」と伝えると「いや，2回が限度だから」と返された。「子どものときのお店屋さんごっこは今の仕事に役立ってる？」と

冗談で聞くと「いや，レベルが違うから」と笑った。職場ではアルバイトから頼りにされ，休日には趣味の野球を続けており，自分の人生を主体的に生きている姿が頼もしかった。彼の他にも，自分で稼いだ給料で購入した車を自慢しに来る退所生や，出産して母親となり赤ちゃんを抱っこして連れてきてくれる退所生，毎年のクリスマスに入所児童のためにお菓子やケーキを送ってくれる退所生もいる。こんなふうに多くの子どもたちが，退所後も遊びに来て成長した姿を見せてくれる。施設で過ごした子どもたちが大人になり，それぞれの人生をその人なりに懸命に生きている様子を知ることができるのが児童福祉領域の醍醐味である。

　児童養護施設で16年間過ごしたとしても，それは長い人生のほんの一部に過ぎず，人生はその後も続いていく。子どもの支援の目的は，今だけではなく，将来，彼らが大人に成長したときに少しでも豊かな人生が送れるようにサポートすることである。子ども時代の一日一日が，一つ一つの出会いが，彼らの人生の礎になっていく。児童福祉領域では，子どもという限られた期間の支援しかできない。しかし，そこには全力で支援しなければならない意義とやりがいがつまっている。

2 節　障害者福祉領域

2-1　障害者福祉領域でのマナーと心得

　心理臨床では対象者をクライエントと呼ぶが，障害者は社会のなかで生きづらさを抱えた人ではあっても，病理を抱えた人という意味でのクライエントではない。クライエントという呼称はクライエント（来談者）中心療法の創設者のロジャーズ（Rogers. C）が最初に使用したと言われるが，後に彼はクライエント中心療法をパーソン（人間）中心療法へと発展させて，人種差別等の社会問題の解決に向けた取り組みを心理職として行っている。

　障害者福祉における人間中心の理念として「ピープルファースト」（People First）がある。「ピープルファースト」は，知的障害者の当事者グループの運

動のことを指し，1973年にアメリカオレゴン州の少女が「知恵遅れ」や「障害者」ではなく，「まず人間として扱われたい」(I want to be treated like people first) と障害者集会で発言したことが発端となって，世界の障害者運動のスローガンとして広まった。

　現在，福祉領域ではクライエントという呼称から，消費者（consumer）という意味合いを含んだ利用者（user）という呼称になっている。実施されているサービスにより，障害者への呼称は様々であり，例えば，病院でサービスを受ける人は患者（patient），メンタルヘルスの対象者はクライエント，自助組織（self help organizations）では消費者やサバイバー（survivors）や利用者（user）等と呼ばれたり，職業プロジェクトでは参加者（participants）と呼ばれたりする。

　利用者という呼称には，サービスの受け手は受け身の支援対象ではなく，サービス利用契約の権利主体であるといった側面を強調した意味合いがある。また，福祉領域の実践では，専門職主導（professional-led）と対比させて，利用者主体（client-centered, person-centered）や，利用者主導（user-led）といった表記が利用者の意向や主体性を重視する意味合いでしばしば使われている。

　従来から，臨床心理学的支援においても福祉領域では「利用者主体」「当事者主体」等の表記が使用される場合があるが，その背景にはパーソン（人間）中心療法の影響がある。それに対して，障害者福祉現場の障害者への呼称は，その時代の政策的な動向，実践の理論や理念，障害者の社会運動等の影響を相互に受けながら変遷しており，臨床心理学的な背景とは共通する部分と相違する部分があることを，心理職や心理職を志す人たちは認識する必要がある。

　そして，障害は医学的あるいは福祉制度上の法的なカテゴリーに過ぎず，障害者も他の市民同様の権利と自己実現の欲求をもつ存在であるという前提のもとで，障害者と向き合っていただきたい。

　障害者権利条約の合言葉として「私たちのことを私たち抜きで決めないで」(Nothing about us without us) という理念があるが，利用者の心情や意向に常に寄り添う姿勢が求められる心理職や心理職を志すものこそ，この理念を重視

するべきである。障害への先入観からではなく，人に関わる際に求められる当たり前のやりとりを重視してほしいという障害者の叫びとして受けとめていただきたい。

　ただし，何も腫れ物に触るような過剰な配慮が求められていると捉える必要はない。支援方法のバリエーションが多くあること，利用者の意向と心情に沿った支援方法の選択が保障されることは，障害者のみならず生きづらさを抱えて生活支援を求める多くの人たちが福祉サービスに対して望んでいることでもある。そして「分からないことはクライエントに聞け」という社会福祉実践上の名言を念頭において，障害者の意向や心情を理解しようとする姿勢と，障害者が社会との関わりのなかで得てきた障害や病とのつきあい方の知恵を学ぼうとする姿勢をもっていただきたい。

2-2　障害者福祉領域のやりがい

　筆者の知人の身体障害者の若い女性は「障害者福祉にはあまり多くの色はないなぁ」と言う。まさにそのとおりである。そして，「色のない」ところに「色をつける」という活動を障害者と一緒にできることが，障害者福祉現場のやりがいである。

　筆者は重度の心身障害児の母子通園施設の心理職として援助職のスタートをきり，8年間児童福祉領域に従事した後，その後は臨床心理士と精神保健福祉士という複合資格所持者として，精神障害者等に対する相談支援業務やデイケア業務に従事してきた。また，臨床心理士や精神保健福祉士を養成する大学教員としての15年のキャリアを重ねて，再び臨床活動に戻るとともに，障害当事者団体の事務局として障害者の社会参加に関わる地域活動をサポートしている。

　以上の職歴や活動を通して，児童福祉や高齢者福祉，障害種別に分かれた障害者福祉等の区分は制度的に設けられた人為的な線引きに過ぎず，生活者という視点から見ればシームレスなつながりをもつことや，職場や職種単位にものごとをみるのではなく，利用者が生活している場に中心を置いてものごとをみ

ていく必要があることを学んだ。

　かつて重度心身障害児の母子通園施設に勤務していた頃，「この子どもたち
は大人になった際にどのように生きていくのだろうか」「家族はどのように生
きていくのだろうか」という疑問が常に脳裏に浮かんだ。また，母子通園や広
域事業という形態に合わせるために，仕事を辞めざるを得なくなった母親や，
家族や地域社会との関係に悩む保護者の姿から，障害者のケアラーたちが社会
のなかで置かれている立場に対して感じるものがあった。

　そして，成人期の精神障害者とその家族に対する相談支援業務に従事するな
かで，児童福祉分野には多くの援助職が関わっているものの，成人期を境にし
て彼らをサポートする援助職の数が極端に減少してしまう現実や，障害種別間
に著しいサービスの格差が存在するという厳しい現実に直面した。同時に，一
時的にせよ，恒久的にせよ，心身の障害の問題は子どもから高齢者までに共通
する他人ごとではない我がことの問題であり，家族や地域社会のあり方と深く
関わっている問題であることや，それゆえに障害者福祉領域においては個人と
環境との関連を視野に入れた多職種連携のダイナミックなアプローチが展開で
きるという魅力があることを実感した。

　現代社会において障害をもつということは自分と社会との関わり合いについ
て常に自問する立場に置かれることであり，障害者に関わる援助職にも自分と
社会との関わり合い方についての自問が促される。恐らく援助職でなければマ
イノリティの立場に置かれている人たちの現状と生き方に触れる機会はなかっ
ただろうと思う。また，障害者とその家族から教えられることの重要性に気づ
けなかったと思う。

　人生における視野を広げてくれる存在，人が社会に主体的に働きかける存在
であり，その働きかけにより人と社会が変容すること教えてくれる人たちとの
関わり合いは文句なくスリリングで面白い。読者の皆さんにもそういった開拓
的な仕事に従事することの面白さを現場で感じてほしいと願っている。

3節　高齢者福祉領域

3-1　高齢者福祉領域でのマナーと心得

　心理職が勤務する高齢者福祉領域の現場には，地域包括や特養，介護老人保健施設などがあげられる。また，認知症疾患医療センターなど医療機関に所属しながら地域支援を担う場合もある。いずれにせよ，この領域で働く心理職はまだ限られており，新たに採用されてもモデルとなる同僚の心理職がいないことも珍しくない。また，他職種に比べて業務役割が確立されておらず，入職して間もない頃には戸惑うこともあるかもしれない。とはいえ，心理職に対する何らかのニーズや期待があって採用されたわけである。利用者や家族とよく関わり，同僚や運営者と話し合うなかでニーズや期待を把握し，心理職として役立てることを探索していきたい。

　学部や大学院での実習にも共通するが，入職の際には勤務する施設の特性をよく理解する必要がある。法人として採用された場合，法人内の複数の施設で兼務することもあるため，運営する各施設についても把握しておきたい。施設では多職種が目標を共有し，互いに連携しながら高齢者を支援する。円滑な連携のためにも，施設内の各部署や各職種の役割を理解することが求められる。また，医療機関をはじめ，地域包括や介護事業所，役所，社会福祉協議会など他機関との連携も多い。NPOや家族会，老人クラブ等とのつながりもあり，講演を依頼されることもあるだろう。地域にあるこうした機関・団体とその役割についても理解を広げていきたい。

　高齢者福祉領域の心理職は心理面接や心理検査のほか，レクリエーションや自宅訪問など，様々な状況で高齢者と関わる。施設内でも面接室に限らず，食堂や居室，ベッドサイドで話をすることもある。時には介助業務の補助を行うこともあるだろう。特に施設利用者の場合，認知機能や身体機能（感覚機能を含む）の低下を抱えた方が多い。コミュニケーションの際には目線の高さ，声の大きさ・トーン，話す速度，表情など，非言語的な側面にも注意したい。

非日常的な場こそ心理支援が成り立つ前提と考えるならば，面接室外での関わりや介助は極力控えることが望ましいのかもしれない。だが，生活場面の関わりで分かることもたくさんある。また，福祉分野では利用者の相談や介助など，多職種で業務をカバーし合う部分が大きい。そのなかで心理職が利用者と関わる場面や業務範囲を限定することが現場に馴染むのかという問題もある。むしろ，面接室，デイルーム，自宅など，各場面に合わせた心理支援のあり方を考えていきたい。

　心理職は心理アセスメントや心理支援を専門とするが，利用者と家族の心理状態を把握し，はたらきかけるのは心理職だけではない。介護職による介助場面やケアマネジャーの自宅訪問時など，どの職種も利用者や家族の思いを気にかけながら支援をしている。そのため，心理職の視点から理解したことを他職種に伝える・助言するなど，他職種による心の理解が深まるようなアプローチへの期待は大きい。特に，心理検査は心理職に任されることが多い。検査結果から推測される利用者の能力や生活障害を補う工夫を他職種に伝えることで，心理職の視点は具体的な生活支援に役立てられる。こうしたコンサルテーションがふだんから自然とできるよう，他職種との日常的なコミュニケーションも心がけたい。

　業務範囲が心理面接や心理検査に留まらず幅広いこともあり，現場の雰囲気や流れに知らず知らずのうちに巻き込まれていることもある。個別の心理面接や心理検査のスーパービジョンだけでなく，他の心理職とともに現場での自身の動きを振り返るような機会があるといい。同じ領域で働く心理職のネットワークにつながると，研修に関する情報が収集しやすくなる。学会もまた，自己研鑽や他の心理職との貴重な交流の場となる。職場内に心理職の同僚がいなくとも，外部でのつながりをもっておくと心強いだろう。

3-2　高齢者福祉領域のやりがい

　筆者と高齢者福祉領域との接点を振り返りながら，実践のやりがいを述べたい。修士課程在籍中，祖母の入院と認知症発症という個人的経験や，指導教官

が高齢者臨床を専門の一つとしていたことから，認知症高齢者に関する研究テーマで修士論文を書こうと考えた。支援の現場に触れるなかでテーマを絞ろうと思い，ある特養でボランティア活動を兼ねてフィールドワークをさせてもらうことになった。

　ある男性入居者とは居室で定期的にお会いして話をしていたのだが，以前の訪問を忘れているようで，「はじめまして」とお互いの自己紹介から始まるのが常であった。そのときは「これが記憶障害か」と，書籍で学んだことと結びつけて理解していた。だが，訪問を重ねるなかであるとき，帰り際に施設内の書道クラブで作った作品をくださることがあった。また別の訪問時には，「（筆者の顔を）忘れるといけないので，顔写真をくれないか」と尋ねられた。認知症の方とのやりとりでは，衰えた・できなくなった部分につい目が向きがちとなる。だが，何気ない会話のなかにある優しさや気配り，また認知症と向き合う姿に気づき，はっとさせられる瞬間がある。居室で筆者を出迎えてくれたのは「認知症患者」ではなく，認知症を抱えた「人」であるという当たり前のことに気づかされる体験であった。

　別の女性入居者は，戦時下の米の配給が「2合3勺」に限られ，おじやにして重増ししていたこと，普通の白飯は滅多に食べられず「硬いご飯」と呼んでいたことなど，訪問のたびに戦時下の体験を語られた。戦争を知らない若い世代に伝えたい思いもあったのだろう。筆者はこうした語りに引き込まれていくのを感じていた。私たちが知らない時代の体験に触れることができるのは，この領域で働く大きな魅力の一つである。

　その後勤務することになったもの忘れ相談機関では，地域の高齢者の相談を受け，必要に応じて医療機関につなぐ認知症の早期発見を主な目的としていた。だが，独居の方や認知機能の低下が顕著な方など，単独で受診・通院継続が可能なのか，またその後の生活がどうなるのか心もとなく感じられ，地域包括やケアマネジャー，家族等と連絡をとることも多かった。心理職が担うのは必要な支援全体からみると限られた部分だが，高齢者を支えるネットワークの一部として貢献できたとき，この仕事のやりがいを感じる。

　高齢者福祉領域の心理職は地域に出向き活動することも多い。そこでは専門職だけでなく，NPO，民生委員，家族会の世話人，ボランティアなど，様々な人たちが高齢者やその家族の支援に関わっている。筆者の場合，フィールドワークの一環として，あるいは心理教育の担当者やファシリテーターとして地域の家族会に参加する機会が多かった。そこでは，専門職の助言は頭では理解できるが，家族として認知症高齢者と向き合うとどうしても感情的になってしまうことが語られ，参加者の共感が広がる場面がたびたびあった。地域では専門職によるふだんの援助では見えにくい当事者の姿に触れることも多い。当事者を中心とした支援を追求していくためにも，地域に足を運ぶ意義は大きいと感じる。

　高齢者福祉領域は心理職にとって未開拓な分野であるがゆえの面白さもある。ぜひ飛び込んできてほしい。

文　献

1章

Caplan, G. (1964). *Principles of preventive psychiatry*. Tavistock.［キャプラン, G.　河村高信 (訳) (1970). 予防精神医学　朝倉書店］

福島哲夫 (編) (2018). 公認心理師必携テキスト　学研メディカル秀潤社

原裕視 (2001). スクールカウンセラー：コミュニティ心理学的アプローチ　山本和郎 (編)　臨床心理学的地域援助の展開：コミュニティ心理学の実践と今日的課題, pp.1-19.　培風館

厚生労働省 (2019). 令和元年 (2019) 人口動態統計の年間推計　https://www.mhlw.go.jp/toukei/saikin/hw/jinkou/suikei19/dl/2019suikei.pdf

厚生労働省 (2020). 2019年国民生活基礎調査の概況　https://www.mhlw.go.jp/toukei/saikin/hw/k-tyosa/k-tyosa19/dl/14.pdf

大迫秀樹 (2018). 第1章　社会福祉の展開と心理支援　中島健一 (編)　公認心理師の基礎と実践17　福祉心理学, pp11-22.　遠見書房

社会保障審議会 (2017). 生活保護制度の現状について　https://www.mhlw.go.jp/file/05-Shingikai-12601000-Seisakutoukatsukan-Sanjikanshitsu_Shakaihoshoutantou/0000164401.pdf

植村勝彦・高畠克子・箕口雅博・原裕視・久田満 (2012). よくわかるコミュニティ心理学 第二版　ミネルヴァ書房

山本和郎 (1986). コミュニティ心理学　東京大学出版会

2章

Ariès, P. (1960). *L'enfant et la vie familiale sous l'Ancien Régime*. Éditions du Seuil.［アリエス, P.　杉山光信・杉山恵美子 (訳) (1980).「子供」の誕生：アンシァン・レジーム期の子供と家族生活　みすず書房］

Heckman, J. J. (2013). *Giving kids a fair chance*. MIT Press.［ヘックマン, J. J.　大竹文雄 (解説) 古草秀子 (訳) (2015). 幼児教育の経済学　東洋経済新報社］

川松亮 (2020). 児童相談所における子ども虐待対応の現状と課題　住民と自治, *(684)*, 6-11.

国立社会保障・人口問題研究所 (編)　遠藤久夫・野田正人・藤間公太 (監修) (2020) 児童相談所の役割と課題：ケース記録から読み解く支援・連携・協働　東京大学出版会

国際労働機関 (2017). 児童労働の世界推計　推計結果と趨勢, 2012-2016年 (日本語訳)　https://www.ilo.org/wcmsp5/groups/public/---asia/---ro-bangkok/---ilo-tokyo/documents/publication/wcms_615276.pdf

厚生労働省 (2016). 児童発達支援の現状等について　https://www.mhlw.go.jp/file/05-Shingikai-12201000-Shakaiengyokushougaihokenfukushibu-Kikakuka/0000144238.pdf

厚生労働省 (2018). 児童相談所関連データ　https://www.mhlw.go.jp/content/11900000/000349860.pdf

厚生労働省 (2018). 平成30年度 福祉行政報告例の概況　https://www.mhlw.go.jp/toukei/saikin/hw/gyousei/18/dl/gaikyo.pdf

厚生労働省子ども家庭局保育課 (2020). 保育所等関連状況取りまとめ　令和2年4月1日　https://www.

mhlw.go.jp/content/11922000/000678692.pdf

厚生労働省雇用均等・児童家庭局家庭福祉課 (2014). 情緒障害児短期治療施設 (児童心理治療施設) 運営ハンドブック https://www.mhlw.go.jp/seisakunitsuite/bunya/kodomo/kodomo_kosodate/syakaiteki_yougo/dl/yougo_book_4.pdf

内閣府 (2002). 平成14年版 青少年白書 https://www8.cao.go.jp/youth/whitepaper/h14hakusho/top.html

3章

American Psychiatric Association (2013). *Diagnostic and statistical manual of mental disorders: DSM-5.* American Psychiatric Pub. ［アメリカ精神医学会　高橋三郎・大野裕 (監訳)　日本精神神経学会 (監修) (2014). DSM-5精神疾患の診断・統計マニュアル　医学書院］

Bowlby, J. (1969). *Attachment. Attachment and Loss. Vol.1.* Hogarth Press ltd. ［ボウルビィ, J.　黒田実郎・大羽蓁・岡田洋子・黒田聖一 (訳) (1976). 愛着行動 母子関係の理論Ⅰ　岩崎学術出版社］

Helfer, M. E., Kempe, R. S., & Krugman, R. D. (1997). *The battered child 5th ed.* University of Chicago Press. ［ヘルファー, M. E.・ケンプ, R. S.・クルーグマン, R. D.　坂井聖二監 (訳) (2003). 虐待された子ども：ザ・バタード・チャイルド　明石書店］

Herman, J. L. (1992). *Trauma and recovery.* Basic Books, Inc. ［ハーマン, J. L.　中井久夫 (訳) (1996). 心的外傷と回復　みすず書房］

Kolk, V., McFarlane, A. C., & Weisæth, L. (1996). *Traumatic stress: the effects of overwhelming experience on mind, body, and society.* The Guilford Press. ［コルク, V.・マクファーレン, A. C.・ヴァイス, L.　西澤哲 (訳) (2001). トラウマティックック・ストレス：PTSDおよびトラウマ反応の臨床と研究のすべて　誠信書房］

厚生労働省 (2015). 平成26年度 児童相談所における児童虐待相談対応件数の内訳 https://www.mhlw.go.jp/file/06-Seisakujouhou-11900000-Koyoukintoujidoukateikyoku/0000108127_1.pdf

厚生労働省 (2019). 平成30年度 児童相談所での児童虐待相談対応件数 (速報値) https://www.mhlw.go.jp/content/11901000/000533886.pdf

厚生労働省雇用均等・児童家庭局総務課 (2013). 子ども虐待対応の手引き　平成25年8月 改正版 https://www.mhlw.go.jp/seisakunitsuite/bunya/kodomo/kodomo_kosodate/dv/dl/120502_11.pdf

永井撤 (2021). 心理臨床の親面接：カウンセラーの基本的視点　北大路書房

西澤哲 (1999). トラウマの臨床心理学　金剛出版

奥山真紀子 (1997). 被虐待児の治療とケア　臨床精神医学, *26 (1)*, 19-26.

社会保障審議会児童部会児童虐待等要保護事例の検証に関する専門委員会 (2020). 子ども虐待による死亡事例等の検証結果等について 第16次報告 https://www.mhlw.go.jp/content/11900000/000533868.pdf

友田明美 (2006). いやされない傷：児童虐待と傷ついていく脳　診断と治療社

4章

厚生労働省 (2015). 平成26年度 児童相談所における児童虐待相談対応件数の内訳 https://www.mhlw.go.jp/file/06-Seisakujouhou-11900000-Koyoukintoujidoukateikyoku/0000108127_1.pdf

厚生労働省 (2017). 平成28年度 児童相談所での児童虐待相談件数対応数 速報値　https://www.mhlw.
　　go.jp/file/04-Houdouhappyou-11901000-Koyoukintoujidoukateikyoku-Soumuka/0000174478.pdf

厚生労働省 (2020). 体罰によらない子育てのために：みんなで育児を支える社会に　https://www.
　　mhlw.go.jp/content/11920000/minnadekosodate.pdf

厚生労働省政策統括官 (2017). 平成29年 (2017) 患者調査の概況　https://www.mhlw.go.jp/toukei/
　　saikin/hw/kanja/17/dl/kanja.pdf

明治安田生命ホームページ　https://www.meijiyasuda.co.jp/

日本行動分析学会 (2015). 日本行動分析学会「体罰」に反対する声明　行動分析研究, *29 (2)*, 96-107.

小倉清 (2012). 子どもの治療：雑感 子どもの治療とは何か　そだちの科学, *(19)*, 40-42.

セーブ・ザ・チルドレン・ジャパン (2018). 子どもに対するしつけのための体罰等の意識・実態調査結
　　果報告書：子どもの体やこころを傷つける罰のない社会を目指して　https://www.savechildren.
　　or.jp/jpnem/jpn/pdf/php_report201802.pdf

佐藤千穂子 (2004). 家族への心理的サポート 子ども虐待へのケアと支援　そだちの科学, *(2)*, 78-83.

滝川一廣 (2006). 子どもが育つということ　児童養護, *37 (2)*, 4-5.

田中優子 (2008). カムイ伝講義　小学館

東京都福祉保健局少子社会対策部 (編) (2006). 児童虐待の実態2：輝かせよう子どもの未来, 育てよう
　　地域のネットワーク　東京都福祉保健局少子社会対策部

Thomas, A., & Chess, S. (1977). *Temperament and development.* Brunner/Mazel.

Winnicott, D. W. (1964). *The child, the family, and the outside world Part1: Mother and Child.*
　　Penguin Books.［ウィニコット, D. W.　猪股丈二 (訳) (1985). 赤ちゃんはなぜなくの：ウィニコッ
　　ト博士の育児講義　子どもと家族とまわりの世界 上　星和書店］

5章

新たな社会的養育の在り方に関する検討会 (2017). 新しい社会的養育ビジョン　https://www.mhlw.
　　go.jp/file/05-Shingikai-11901000-Koyoukintoujidoukateikyoku-Soumuka/0000173888.pdf

児童養護施設等の社会的養護の課題に関する検討委員会 (2011). 社会的養護の課題と将来像　https://
　　www.mhlw.go.jp/stf/shingi/2r9852000001j8sw-att/2r9852000001j8ud.pdf

厚生労働省 (2020). 障害児入所施設の現状　https://www.mhlw.go.jp/content/12204500/000568914.pdf

厚生労働省子ども家庭局家庭福祉課 (2018). 里親制度 (資料集)　https://www.mhlw.go.jp/
　　content/11900000/000358499.pdf

厚生労働省子ども家庭局家庭福祉課 (2019). 社会的養育の推進に向けて　https://www.mhlw.go.jp/
　　content/000474624.pdf

厚生労働省子ども家庭局厚生労働省社会援護局障害保健福祉部 (2020). 児童養護施設入所児童等調査の
　　概要　平成30年2月1日現在　https://www.mhlw.go.jp/content/11923000/000595122.pdf

厚生労働省社会・援護局障害保健福祉部障害福祉課 (2012). 児童福祉法の一部改正の概要について
　　https://www.mhlw.go.jp/file/06-Seisakujouhou-12200000-Shakaiengokyokushougaihokenfukushibu/
　　setdumeikai_0113_04.pdf

社会保障審議会児童部会社会的養護専門委員会 (2016). 被措置児童等虐待事例の分析に関する報告
　　https://www.mhlw.go.jp/file/06-Seisakujouhou-11900000-Koyoukintoujidoukateikyoku/0000174951.

pdf

6章

Axline, V. M. (1947). *Play therapy: the inner dynamics of childhood*. Houghton Mifflin. ［アクスライン, V. M. 小林治夫 (訳) (1959). 遊戯療法　岩崎学術出版］

ブリッジフォースマイル (2013). 全国児童養護施設調査 2012 施設運営に関する調査　https://www.b4s. jp/_wp/wp-content/uploads/2013/05/3233127440685006bd003400b115bbc5.pdf

Gil, E. (1991). *The healing power of play: Working with abused children*. The Guilford Press. ［ギル, E. 西澤哲 (訳) (1997). 虐待を受けた子どものプレイセラピー　誠信書房］

Gil, E. (2006). *Helping abused and traumatized children: integrating directive and nondirective approaches*. The Guilford Press. ［ギル, E. 小川裕美子・湯野貴子 (訳) (2013). 虐待とトラウマを受けた子どもへの援助：統合的アプローチの実際　創元社］

伊藤嘉余子 (2007). 児童養護施設におけるレジデンシャルワーク：施設職員の職場環境とストレス　明石書店

厚生労働省子ども家庭局厚生労働省社会援護局障害保健福祉部 (2020). 児童養護施設入所児童等調査の概要　平成 30 年 2 月 1 日現在　https://www.mhlw.go.jp/content/11923000/000595122.pdf

永井撤 (2005). 子どもの心理臨床入門　金子書房

西澤哲 (1999). トラウマの臨床心理学　金剛出版

森田喜治 (2006). 児童養護施設と被虐待児：施設内心理療法家からの提言　創元社

村瀬嘉代子 (2003). 統合的心理療法の考え方：心理療法の基礎となるもの　金剛出版

才村眞理 (2009). ライフストーリーブック：生まれた家族から離れて暮らす子どもたちのための　福村出版

社会保障審議会児童部会社会的養護専門委員会 (2016). 被措置児童等虐待事例の分析に関する報告　http://seiboaijien.com/pdf/report5.pdf

塩谷隼平 (2014). 児童養護施設における心理職の役割の発展　東洋学園大学紀要, *(22)* , 19-29.

塩谷隼平 (2017). 児童養護施設における心理職の生活支援への参加に関する調査　東洋学園大学紀要, *(25)* , 37-49.

髙田治 (2012). 児童心理治療施設 (情緒障害児短期治療施設) における生活臨床と心理職の役割　増沢高・青木紀久代 (編著)　社会的養護における生活臨床と心理臨床：他職種協働による支援と心理職の役割, pp.116-130　福村出版

Wachtel, P. L. (1997). *Psychoanalysis, behavior therapy, and the relational world*. American Psychological Association. ［ワクテル, P. L. 杉原保史 (訳) (2002). 心理療法の統合を求めて：精神分析・行動療法・家族療法　金剛出版］

7章

地域の包括的な医療に関する研究会 (2012). 「多職種相互乗り入れ型」のチーム医療：その現状と展望, p.25.　ヘルス出版

中央教育審議会 (2015). チームとしての学校の在り方と今後の改善方策について (答申) (中教審第 185 号)　https://www.mext.go.jp/b_menu/shingi/chukyo/chukyo0/toushin/__icsFiles/afieldfi

le/2016/02/05/1365657_00.pdf

花村春樹 (1998). ノーマライゼーションの父 N・E・バンク - ミケルセン：その生涯と思想 福祉BOOKS ミネルヴァ書房

河東田博 (2009). ノーマライゼーション原理とは何か：人権と共生の原理の探究　現代書館

木村真理子 (2017). PSW という名称を考える：日本精神保健福祉士協会の英語名称の変更についての提案　PSW 通信, *(208)*, 6.

厚生労働省 (2016). 地域の実情に合った総合的な福祉サービスの提供に向けたガイドライン　平成28年3月　https://www.mhlw.go.jp/file/05-Shingikai-12201000-Shakaiengokyokushougaihokenfukushibu-Kikakuka/0000119283.pdf

厚生労働省 (2021). 障害福祉サービスについて　https://www.mhlw.go.jp/stf/seisakunitsuite/bunya/hukushi_kaigo/shougaishahukushi/service/naiyou.html

厚生労働省老健局高齢者支援課認知症・虐待防止対策推進室 (2012). 認知症施策推進5か年計画 (オレンジプラン)　平成 25 年度から 29 年度までの計画　https://www.mhlw.go.jp/stf/houdou/2r9852000002j8dh-att/2r9852000002j8ey.pdf

牧野高壮 (2012). 明らかになった課題：個人臨床が直面する限界の意味　下川昭夫 (編)　コミュニティ臨床への招待：つながりの中での心理臨床. pp.259-275　新曜社

丸山和昭 (2018). 多職種連携教育はいかにして国家資格カリキュラムに組み込まれたか：公認心理師カリキュラム等検討会の議事録分析　名古屋高等教育研究, *(18)*, 281-301.

松岡千代 (2019). 焦点EBP を根づかせていくための概念モデルと方略 (I)：概念・研究編 EBP の概念とその実行に向けた方略 EBP (evidence-based practice) の概念とその実行 (implementation) に向けた方略　看護研究, *43 (3)*, 177-216.

内閣府政策統括官共生社会政策担当 (2019). 生活状況に関する調査報告書　https://www8.cao.go.jp/youth/kenkyu/life/h30/pdf-index.html

日本臨床心理士会. (2019). 第3期後期医療保健領域委員会 2018年度医療保健領域に関わる会員を対象としたウェブ調査 (2017年度状況) 結果報告書.

Oliver, M. (1990). *The politics of disablement: A sociological approach*. Palgrave Macmillan. ［オリヴァー, M.　三島亜紀子・山岸倫子・山森亮・横須賀俊司 (訳) (2006). 障害の政治：イギリス障害学の原点　明石書店］

Rapp, C. A. (1997). *The strengths model: Case management with people suffering from severe and persistent mental illness*. Oxford University Press. ［ラップ, C. A.　江畑敬介 (監訳) (1998). 精神障害者のためのケースマネジメント　金剛出版］

佐藤久夫 (1992). 障害構造論入門：ハンディキャップ克服のために. pp.127-160　青木書店

社会福祉専門職団体協議会代表者会議 (2005). ソーシャルワーカーの倫理綱領 (日本ソーシャルワーカー連盟)　http://www.japsw.or.jp/syokai/rinri/sw.html

Wolfensbergcr, W. (1992). *A brief introduction to social role valorization as a high-order concept for structuring human service* (2nd ed.). Training Institute for Human Service Planning, Leadership and Change Agentry, Syracuse University.

吉村夕里 (2020). 精神保健福祉士，心理職からみた多職種チームケアの未来 特集多職種チームケアの未来　精神科 = Psychiatry, *37 (2)*, 129-135.

8章

Anderson, H., & Goolishian, H. (1992). The client is the expert: A not-knowing approach to therapy. In I. S. McNamee, & K. J. Gergen (Eds.). *Inquiries in social construction. Therapy as social construction.* pp.25–39. Sage Publications.

Becker, D. R., & Drake, R. E. (2003). *A working life for people with severe mental illness.* Oxford University Press.［ベッカー, D. R.・ドレイク, R. E. 堀宏隆 (監訳) (2004). 精神障害をもつ人たちのワーキングライフ：IPS：チームアプローチに基づく援助つき雇用ガイド 金剛出版］

Becker, S. (2000). 'Young carers'. M. Davies (Ed). *The Blackwell encyclopedia of social work.* p.378. Blackwell.

Bond, G. R., Drake, R. E., & Becker, D. R. (2012). Generalizability of the individual placement and support (IPS) model of supported employment outside the US. *World Psychiatry, 11 (1)* , 32–39.

Bondy, A., & Frost, L. (2001). *A picture's worth: PECS and other visual communication strategies in autism.* Woodbine House.

Das, J. P., & Naglieri, J. A. (1997). *DN-CAS Cognitive assessment system: Interpretive handbook.* Riverside Publishing.

Germain, C. B., & Gitterman, A. (1980). *The life model of social work practice: advances in theory and practice.* Columbia University Press.

片山 (高原) 優美子・山口創生・種田綾乃・吉田光爾 (2013). 精神障害者の援助付き雇用および個別職業紹介とサポートに関する効果についての長期的な追跡研究のシステマティック・レビュー 社会福祉学, *54 (1)* , 28-41.

Kaufman, A. S., & Kaufman, N. L. (1983). *Kaufman assessment battery for children.* American Guidance Service.

河野荘子 (2015). 第1章 多職種支援における心理士の役割：心理士独自の貢献とは 本城秀次 (監修) 心理臨床における多職種との連携と協働：つなぎ手としての心理士をめざして. p.6. 岩崎学術出版

厚生労働省 (2019). 令和元年 障害者雇用状況の集計結果 https://www.mhlw.go.jp/stf/newpage_08594.html

Naglieri, J. A. & Pickering, E. B. (2003). *Helping children learn: Intervention handouts for use in school and at home.* Paul H Brookes Publishing.［ナグリエリ, J. A.・ピッカリング, E. B. 前川久男・中山健・岡崎慎治 (訳) (2010). DN-CASによる子どもの学習支援：PASS理論を指導に活かす49のアイデア, p.16. 日本文化科学社］

岡崎慎治 (2017). 知能のPASS理論に基づく認知アセスメント 認知神経科学, *19 (3・4)* , 118-124.

大田晋 (研究代表者) (2010). 自閉症等発達障害児・者を支援する施設・事業所におけるTEACCHプログラム導入方策の調査・研究：施設・事業所, 教育・研究機関, 行政等の連携のあり方を含めて, p.2.

佐藤豊道 (2001). ジェネラリスト・ソーシャルワーク研究：人間：環境：時間：空間の交互作用 川島書店

津富宏 (2014). 地方の若者就労支援の現場からみる若者と家族の課題 家族社会学研究, *26 (1)* , 13-18.

横山佳奈・吉田翔子・永田雅子 (2020). 自閉スペクトラム症児への早期介入における現状と展望 名古屋大学大学院教育発達科学研究科紀要 心理発達科学, *(66)* , 7-16.

吉村夕里 (2009). 臨床場面のポリティクス：精神障害をめぐるミクロとマクロのツール. p.11.　生活書院

9章

阿部美穂子 (2013). Sibshop ファシリテーターに求められる資質とは：ファシリテータートレーニングの実際から　とやま発達福祉学年報, *4*, 3-10.

Anderson, C. M., Hogarty, G. E., & Reiss, D. J. (1980). Family treatment of adult schizophrenic patients: a psycho-educational approach. *Schizophrenia Bulletin 6 (3)* , 490-505.

Anderson, C. M., Reiss, D. J., & Hogarty, G. E. (1986). *Schizophrenia and the family: a practitioner's guide to psychoeducation and management. Guilford Family Therapy Series*. Guilford Publication.

青木由美恵 (2017). 介護を担う子ども (ヤングケアラー) 研究に関する文献検討　ヒューマンケア研究, *7 (2)* , 73-78.

Hayes, S. (2021). *Acceptance & Commitment Therapy (ACT)* . ContextualPsychology.org.　https://contextualscience.org/act

Holt, K. S. (1958). The home care of severely retardate children. *Pediatrics, 22 (4)* , 744-755.

Kaplan, F., & Fox, E. (1968). Siblings of the retardate: An adolescent group experience. *Community Mental Health Journal, 4*, 499-508.

北山沙和子・石倉健二 (2015). ヤングケアラーについての実態調査：過剰な家庭内役割を担う中学生　兵庫教育大学学校教育学研究, *(27)* , 25-29.

小島蓉子 (1990). 用語の解説　リハビリテーション研究, *(63)* , 34.

近藤直司 (研究代表者) (2011). 青年期・成人期の発達障害者へのネットワーク支援に関するガイドライン　http://www.rehab.go.jp/ddisonly/ 発達障害に関する資料 / ガイドブック・マニュアル / 保健・医療 /?action=common_download_main&upload_id=616

厚生労働省 (2019). 令和元年版 障害者白書　勝美印刷

栗林克匡・中野星 (2007). 大学生における社会的スキル・トレーニングの成果と評価　北星学園大学社会福祉学部北星論集, *(44)* , 15-26.

きょうされん (2016). 障害のある人の地域生活実態調査　https://www.kyosaren.or.jp/wp-content/themes/kyosaren/img/page/activity/x/x_1.pdf

Meyer, D. J., Vadasy, P. F., & Lassen, C. P. (1994). *Sibshops: workshops for siblings of children with special needs*. Paul H. Brookes.

Miller, N., & Cantwell, D. (1976). Siblings as therapists: a behavioral approach. *American Journal of Psychiatry, 133 (4)* , 447-450.

三野善央・下寺信次・米倉裕希子・何玲 (2009). カンバウェル家族面接による家族感情表出 (Expressed Emotion, EE) 評価の信頼性に関する研究　社会問題研究, *58 (137)* , 19-28.

三富紀敬 (2000). イギリスの在宅介護者, pp.394-481.　ミネルヴァ書房

三富紀敬 (2008). 介護を担う子どもと支援事業　静岡大学経済研究, *12 (3)* , 23-73.

南雲直二 (2008). 障害受容と社会受容　音性言語医学, *49 (2)* , 132-136.

Preston, P. (1994). *Mother father deaf: living between sound and silence*. Harvard University Press.［プレストン, P.　澁谷智子・井上朝日 (訳) (2003). 聞こえない親をもつ聞こえる子どもたち：ろう文化と聴文化の間に生きる人々　現代書館］

Schipper, M. T. (1959). The child with mongolism in the home. *Pediatrics, 24 (1)* , 132-144.

柴崎智恵子 (2006). 家族ケアを担う児童の生活に関する基礎的研究：イギリスの "Young carers" 調査報告書を中心に　人間福祉研究, *8*, 125-143.

SST 普及協会 (2021) SST とは http://www.jasst.net/

杉原努・吉村夕里・徳永一樹 (2018). 共同研究報告 65歳に達する障害者への支援に関する一考察：就労継続支援 B 型事業所「ワンハート」の現状を通して　心理社会的支援研究, *8*, 47-59.

鈴木丈・伊藤順一郎 (1997). SST と心理教育　金剛出版

Twigg, J. & Atkin, K. (1994). *Carers perceived: Policy and practice in informal care*. Open University Press.

柳澤亜希子 (2007). 障害児・者のきょうだいが抱える諸問題と支援のあり方　特殊教育学研究, *45 (1)* , 13-23.

吉村夕里 (2013). 発達障害をもつ人への支援の現状と「コミュニティ生成型」のグループアプローチの課題：SST への関与観察をとおして　心理社会的支援研究, *4*, 13-36.

吉村夕里 (2017). 報告 高齢者ケアをめぐる課題：障害者の高齢化と認知症ケアの問題　京都文教大学, *7*, 43-54.

10章

Anthony, W. A. (1993). Recovery from mental illness: the guiding vision of the mental health service system in the 1990s. *Psychosocial Rehabilitation Journal, 16 (4)* , 11–23.

Bruner, J. S. (1975). From communication to language: a psychological perspective. *Cognition, 3*, 255-287.

Cohn, N. (1961). Understanding the process of adjustment to disability. *Journal of Rehabilitation, 27 (6)* , 16-18.

Deegan, P. E. (1998). Recovery: The lived experience of rehabilitation. *Psychiatric Rehabilitation Journal, 11 (4)* , 10-19.

Dembo, T., Leviton, G. L., & Wright, B. A. (1956). Adjustment to misfortune: a problem of social-psychological rehabilitation. *Artificial Limbs, 3 (2)* , 4-62.

Division of Mental Health World Health Organization Geneva 1995 Meeting on Quality of Life in Schizophrenia WHO Headquarters Geneva21-22 September 1995 Report.

Fink, S. L. (1967). Crisis and motivation. A theoretical model. *Archives of physical medicine and rehabilitation, 48*, 592-597.

Gillespie-Sells, K., & Campbell, J. (1991). *Disability equality training. Trainers guide*. Central Council for Education and Training in Social Work, CCETSW. [ギャレスピー＝セルズ, K.・キャンベル, J. 久野研二 (訳) (2005). 障害者自身が指導する権利・平等と差別を学ぶ研修ガイド：障害平等研修とは何か　明石書店]

Grayson, M. (1951). Concept of "acceptance" in physical rehabilitation. *American Medical Association, 145*, 893-896.

東豊・吉岡伸一 (2002). 身体症状 (心身症様愁訴) を伴う不登校に対するシステム論的家族療法：虫退治を用いた構造的アプローチの有用性　九州神経精神医学, *48 (2)* , 83-94.

岩田直子 (2006). 障害擬似体験が伝えること：障害理解教育の比較を通して　沖縄国際大学社会文化研究, 9 (1) , 47-68.

角谷慶子 (1995). 精神障害者におけるQOL測定の試み：生活満足度スケールの開発　京都府立医科大学雑誌, 104 (12) , 1413-1424.

菊池哲平 (2010). 発達障害児における自己理解の発達プロセスの解明と臨床的援助に関する研究 (2008年度～2009年度)　研究課題番号：20830064. 2009年度 研究成果報告書

木村貴大 (2015).「リカバリー概念」を用いた精神障害者地域移行支援の検討：ピアサポートに焦点をあてて　北星学園大学大学院論集, (6) , 63-76.

久野研二 (2005). ワールドナウ なぜ差別や不平等が作られるのかを考える：障害平等研修という取り組み　ノーマライゼーション, 25 (10) , 60-63.

Lehman, A. F. (1983). The well-being of chronic mental patients: Assessing their quality of life. *Archives General Psychiatry, 40,* 369-373.

増川ねてる・藤田茂治 (2016). WRAPを始める！：精神科看護師とのWRAP入門：リカバリーストーリーとダイアログ リカバリーのキーコンセプトと元気に役立つ道具箱編　精神看護出版

Mead, G. H. (1967). *Mind, self and society: from the standpoint of a social behaviorist. Works of George Herbert Mead, Vol.1.* University of Chicago Press. ［ミード, G. H.　河村望 (訳) (1995). 精神・自我・社会 デューイ＝ミード著作集　人間の科学社］

三島亜紀子 (2009). 障害平等体験の実際：イギリスにおける個人や団体の取り組みを例に　第57回日本社会福祉学会 ポスターセッション1 (国際・医療・実習)

Moore, C., & Dunham P. J. (1995). *Joint Attention: Its origins and role in development.* Lawrence Erlbaum Associates.

Morgan, S. (1996). *Helping relationships in mental health.* Chapman & Hall.

中田智恵海 (1998). 各国のセルフヘルプグループ：セルフヘルプグループの役割　ノーマライゼーション, 18 (2) , 44-47.

南雲直二 (2002). 社会受容：障害受容の本質　荘道社

南雲直二 (2008). 障害受容と社会受容　音性言語医学, 49 (2) , 132-136.

野中猛 (2005). 展望 リカバリー概念の意義　精神医学, 47 (9) , 952-961.

Ragins, M. (2002). *A road to recovery.* The Mental Health Association of Los Angeles County.

Rapp, C. A. (1998). *The strengths model: case management with people suffering from severe and persistent mental illness.* Oxford University Press. ［ラップ, C. A.　江畑敬介 (監訳) (1998). 精神障害者のためのケースマネジメント　金剛出版］

Seikkula, J., & Erik, T. (2006). *Dialogical meetings in social networks: Systemic thinking and practice series.* Karnac Books Ltd. ［セイックラ, J.・エリック, T.　岡田愛・高木俊介 (訳) (2016). オープンダイアローグ　日本評論社］

Seikkula, J., & Olson, M. E. (2003). The open dialogue approach to acute psychosis: its poetics and micropolitics. *Family Process, 42 (3)* , 403-418.

Solomon, B. (1976). *Black empowerment: social work in oppressed communities.* Columbia University Press.

田島明子 (2009). 障害受容再考：「障害受容」から「障害との自由」へ　三輪書店

滝吉美知香 (2012). 自閉症スペクトラム障害者の自己に関する研究：自伝的記憶メカニズムの解明 (2010 ～ 2011年度) 研究活動スタート支援 研究課題番号：22830016 科学研究費助成事業 (科学研究費補助金) 研究成果報告書

上田敏 (1980). 障害の受容：その本質と諸段階について 総合リハビリテーション, 8, 515-521.

上田敏 (1983). リハビリテーションを考える：障害者の全人間的復権 青木書店

上田敏 (1996). リハビリテーション：新しい生き方を創る医学 講談社

浦河べてるの家 (2005). べてるの家の「当事者研究」シリーズケアをひらく 医学書院

White, M. (1989). *Selected Papers: Writings by Michael White*. Dulwich Centre Publications.〔ホワイト, M. 尾川丈・白川初美・福井尚和 (監訳) (2003). ナレイティブセラピー事例編：マイケル・ホワイト論文選集 亀田ブックサービス〕

The WHOQOL Group (1995). The World Health Organization Quality of Life Assessment (WHOQOL) : position paper from the World Health Organization. *Social Science of Medicine, 41 (10)* , 1403-1409.

Wright, B. A. (1960). *Physical disability: a psychological approach*, pp.134-137. Harper & Row.

吉村夕里 (2003). 精神障害をもつ人の生活世界のアセスメント：リハビリテーションにおけるソーシャルワークの視点 龍谷大学大学院研究紀要 社会学・社会福祉学, *(11)* , 73-90.

全国自立生活センター協議会 (編) (2001). 自立生活運動と障害文化：当事者からの福祉論 現代書館

11章

地域包括ケア研究会 (2013). 地域包括ケアシステムの構築における今後の検討のための論点整理 概要版 https://www.murc.jp/uploads/2013/04/koukai130423_gaiyou.pdf

法務省民事局 (2020). 成年後見制度 成年後見登記制度 http://www.moj.go.jp/content/001312918.pdf

厚生労働省 (2020). 介護保険事業状況報告 (暫定) 令和2年4月分 (第1号被保険者数, 認定者数等) https://www.mhlw.go.jp/topics/kaigo/osirase/jigyo/m20/2004.html

内閣府 (2017). 平成29年版高齢社会白書 (概要版) https://www8.cao.go.jp/kourei/whitepaper/w-2017/html/gaiyou/s1_2_3.html

内閣府 (2020). 令和2年版高齢社会白書 https://www8.cao.go.jp/kourei/whitepaper/w-2020/zenbun/02pdf_index.html

日本臨床心理士会第3期後期高齢者福祉委員会 (2019). 高齢者領域における臨床心理士の活動実態に関するWEB調査報告書 (2018) http://www.jsccp.jp/suggestion/sug/pdf/koureisya_WEBhoukoku.pdf

厚生労働省 (2015). 認知症施策推進総合戦略 (新オレンジプラン)：認知症高齢者等にやさしい地域づくりに向けて (概要) https://www.mhlw.go.jp/file/06-Seisakujouhou-12300000-Roukenkyoku/nop1-2_3.pdf

厚生労働省 地域包括ケアシステム (2021). https://www.mhlw.go.jp/stf/seisakunitsuite/bunya/hukushi_kaigo/kaigo_koureisha/chiiki-houkatsu/

三菱UFJリサーチ & コンサルティング (2016). ＜地域包括ケア研究会＞地域包括ケアシステムと地域マネジメント：地域包括ケアシステム構築に向けた制度及びサービスのあり方に関する研究事業 平成27年度厚生労働省老人保健健康増進等事業 https://www.murc.jp/uploads/2016/05/

koukai_160509_c1.pdf

12章

朝田隆 (2013). 都市部における認知症有病率と認知症の生活機能障害への対応　厚生労働科学研究費補助金認知症対策総合研究事業 平成 23 年度～平成 24 年度総合研究報告書

粟田主一 (編著) (2015). 認知症初期集中支援チーム実践テキストブック：DASC による認知症アセスメントと初期支援　中央法規出版

Boss, P. (1999). *Ambiguous loss: learning to live with unresolved grief*. Harvard University Press.［ボス, P.　南山浩二 (訳)　(2005).「さよなら」のない別れ　別れのない「さよなら」：あいまいな喪失　学文社］

地域包括支援センター運営マニュアル検討委員会 (編)　(2018). 地域包括支援センター運営マニュアル 2 訂　長寿社会開発センター

井上郁 (1996). 認知障害のある高齢者とその家族介護者の現状　看護研究, *29 (3)* , 189-202.

Juma, L., & Juma, B. (2005). Elder abuse. *Interdisciplinary Social Work Journal, 1 (1)* , 12-18.

樫村正美・野村俊明・川西智也・原祐子・北村伸 (2018). 地域在住高齢者にみられる迷惑行為に関する検討：地域包括支援センターを対象としたフォーカスグループ　老年精神医学雑誌, *29 (1)* , 65-74.

厚生労働省 (2020a). 2019 年国民生活基礎調査の概況．https://www.mhlw.go.jp/toukei/saikin/hw/k-tyosa/k-tyosa19/dl/14.pdf

厚生労働省 (2020b). 令和元年度「高齢者虐待の防止，高齢者の養護者に対する支援等に関する法律」に基づく対応状況等に関する調査結果　https://www.mhlw.go.jp/content/12304250/000708459.pdf

厚生労働省「身体拘束ゼロ推進会議」(編)　(2001). 身体拘束ゼロへの手引き：高齢者ケアに関わるすべての人に　https://www.fukushihoken.metro.tokyo.lg.jp/zaishien/gyakutai/torikumi/doc/zero_tebiki.pdf

厚生労働省老健局 (2018). 市町村・都道府県における高齢者虐待への対応と養護者支援について (平成 30 年 3 月改訂)　https://www.mhlw.go.jp/stf/seisakunitsuite/bunya/0000200478.html

松本望 (2020). 施設内虐待のリスクを高める利用者要因の影響力とその対策　日本認知症ケア学会誌, *18 (4)* , 811-819.

内閣府 (2020). 令和 2 年版高齢社会白書 (全体版)　https://www8.cao.go.jp/kourei/whitepaper/w-2020/zenbun/02pdf_index.html

認知症介護研究・研修仙台センター (2017). 高齢者虐待の要因分析及び調査結果の継続的な活用・還元方法の確立に関する調査研究事業報告書　https://www.dcnet.gr.jp/pdf/download/support/research/center3/283/sh28_gyakutai_doc.pdf

認知症介護研究・研修仙台・東京・大府センター (2007). 施設・事業所における高齢者虐待防止に関する調査研究事業 (概要)　https://www.dcnet.gr.jp/pdf/download/support/research/center3/104/104.pdf

認知症介護研究・研修仙台・東京・大府センター (2008a). 施設・事業所における高齢者虐待防止の支援に関する調査研究事業調査報告書　https://www.dcnet.gr.jp/pdf/download/support/research/center3/64/64.pdf

認知症介護研究・研修仙台・東京・大府センター (2008b). 高齢者虐待を考える：養介護施設従事者等に

よる高齢者虐待防止のための事例集　https://www.dcnet.gr.jp/pdf/download/support/research/center3/65/65.pdf

「認知症疾患診療ガイドライン」作成委員会 (編) (2017). 認知症疾患診療ガイドライン2017　医学書院

高崎絹子 (2002). 老年期の家族関係：家族類型と虐待の要因のタイプ　日本女性心身医学, *7 (2)* , 198-206.

東京都健康長寿医療センター (2020). わが国の若年性認知症の有病率と有病者数　https://www.tmghig.jp/research/release/cms_upload/20200727.pdf

津村智恵子・入江安子・廣田麻子・岡本双美子 (2006). 高齢者のセルフ・ネグレクトに関する課題　大阪市立大学看護学雑誌, *2*, 1-10.

山本則子 (1995). 痴呆老人の家族会介護に関する研究：娘および嫁介護者の人生における介護経験の意味 2.価値と困難のパラドックス　介護研究, *28 (4)* , 313-333.

吉川悠貴 (2010). 認知症者への虐待には適切に対応できているか　老年精神医学雑誌, *21 (1)* , 52-59.

13章

粟田主一 (2017). Dementia Friendly Communityの理念と世界の動き　老年精神医学雑誌, *28 (5)* , 458-465.

Boden, C. (1998). *Who will I be when I die?*. Harper Collins Religious. ［ボーデン, C. 桧垣陽子 (訳) (2003). 私は誰になっていくの？：アルツハイマー病者からみた世界　クリエイツかもがわ］

Borkman, T. (1976). Experiential knowledge: a new concept for the analysis of self-help groups. Social Service Review, *50 (3)* , 445-456.

地域共生政策自治体連携機構 (2021). 認知症サポーターキャラバン　http://www.caravanmate.com/

Cooper, C., Blanchard, M., Selwood, A., Walker, Z., & Livingston, G. (2010). Family carers' distress and abusive behaviour: longitudinal study. *The British Journal of Psychiatry, 196 (6)* , 480-485.

原祐子・深津亮 (2017). 認知症家族介護者の心理と支援. 北村伸・野村俊明 (編)　これからの対人援助を考える くらしの中の心理臨床 5認知症, pp.192-200.　福村出版

橋本和明・村木博隆・大橋稔子 (2009). 高齢者虐待が深刻化する要因についての研究：事例のメタ分析を用いた虐待のメカニズムの解明　花園大学社会福祉学部研究紀要, *(17)* , 23-50.

Kitwood, T. (1997). *Dementia reconsidered: the person comes first*. Open University Press. ［キットウッド, T.　高橋誠一 (訳) (2005). 認知症のパーソンセンタードケア：新しいケアの文化へ　筒井書房］

川西智也 (2012). 認知症者の家族介護者が集うセルフヘルプ・グループにおけるつながりの様相 グループ内でのつながり, グループ外とのつながり　下川昭夫 (編)　コミュニティ臨床への招待：つながりの中での心理臨床, pp.110-116.　新曜社

川西智也 (2017a). 地域臨床における家族会の役割と専門職に求められる支援：フィールドワークからの考察　小海宏之・若松直樹 (編)　認知症ケアのための家族支援：臨床心理士の役割と多職種連携, pp.48-55.　クリエイツかもがわ

川西智也 (2017b). 病気の発症, 老いることへの不安：認知症発症への不安を抱えた高齢女性. 青木紀久代・野村俊明 (編)　これからの対人援助を考える くらしの中の心理臨床 4不安, pp.106-110.　福村出版

樫村正美・野村俊明 (2017). 介護家族および介護準備家族を対象とした集団版認知行動的プログラムの

試み　家族療法研究, *34 (3)* , 281-290.

厚生労働省 (2018). 市町村・地域包括支援センターによる家族介護者支援マニュアル：介護者本人の人生の支援　https://www.mhlw.go.jp/content/12300000/000307003.pdf

厚生労働省 (2020). 令和元年度「高齢者虐待の防止，高齢者の養護者に対する支援等に関する法律」に基づく対応状況等に関する調査結果 (添付資料)　https://www.mhlw.go.jp/content/12304250/000708460.pdf

厚生労働省認知症施策検討プロジェクトチーム (2012). 今後の認知症施策の方向性について　https://www.mhlw.go.jp/file/06-Seisakujouhou-12300000-Roukenkyoku/0000079273.pdf

厚生労働省老健局 (2018). 市町村・都道府県における高齢者虐待への対応と養護者支援について　平成30年3月改訂　https://www.mhlw.go.jp/stf/seisakunitsuite/bunya/0000200478.html

厚生労働省老健局認知症施策推進室 (2019). 認知症施策推進大綱について　https://kouseikyoku.mhlw.go.jp/kyushu/caresystem/000122427.pdf

倉田あゆ子 (2017). 地域支援事業における家族介護者支援　名古屋短期大学研究紀要, *(55)* , 1-12.

桑田直弥 (2018). 福祉施設でのアセスメントと結果の伝え方・その後の支援への活かし方　黒川由紀子・扇澤史子 (編)　認知症の心理アセスメントはじめの一歩, pp.143-148.　医学書院

Livingston, G., Barber, J., Rapaport, P., Knapp, M., Griffin, M., King, D., Livingston, D., Mummery, C., Walker, Z., Hoe, J., Sampson, E. L., & Cooper, C. (2013). Clinical effectiveness of a manual based coping strategy programme (START, STrAtegies for RelaTives) in promoting the mental health of carers of family members with dementia: pragmatic randomised controlled trial. *BMJ, 347,* f6276.

牧陽子 (2018). 社会生活障害としての認知症とその支援：自律的相互依存支援の提案　認知症ケア研究誌, *2,* 66-77.

松井由香 (2015). 息子介護者が集うセルフヘルプ・グループ：同一化と差異化のはざまで　人間文化創成科学論叢, *18,* 147-155.

日本高齢者虐待防止学会研究調査委員会・朝日新聞大阪本社 (2013). 養護者の高齢者虐待に至る背景要因と専門職支援の実態・課題：平成24年度都市型市区自治体活動と専門職の取組み事例調査より. https://japea.jp/date/2013/10

扇澤史子 (2015). 認知症本人とともに考える生活障害へのアプローチ：認知症初期の記憶障害や見当識障害に起因する生活障害を中心に　老年精神医学雑誌, *26 (9)* , 973-981.

奥村典子・藤本直規 (2009). 若年・軽度認知症専用デイサービス「もの忘れカフェ」から認知症ケアを考える　現代のエスプリ, *(507)* , 116-131.

埼玉県 (2020). 埼玉県ケアラー支援条例　http://www.pref.saitama.lg.jp/a0609/chiikihoukatukea/jourei.html

佐藤雅彦 (2014). 認知症になった私が伝えたいこと　大月書店

東京都老人総合研究所 (修正) (2017). 虐待予防・発見チェックシート　副田あけみ (作成)　https://www.fukushihoken.metro.tokyo.lg.jp/zaishien/gyakutai/understand/teido/pdf/checksheet.pdf

津村智惠子 (2008). 家庭内における高齢者虐待の実態と対応　老年精神医学雑誌, *19 (12)* , 1317-1324.

浦上克哉 (2008). タッチパネル式コンピューターを用いた認知症検診と予防教室への取り組み　*Modern Physician, 28 (10)* , 1515-1518.

矢吹知之 (2015). 高齢者虐待の未然防止：一次予防　矢吹知之 (編著)　認知症の人の家族支援：介護者支援に携わる人へ, pp.193-209.　ワールドプランニング

矢吹知之・渡部信一・佐藤克美 (2019). 認知症カフェの目的を基軸とした体系的分類に関する研究　日本認知症ケア学会誌, *17 (4)* , 696-705.

14章

千野直一・椿原彰夫・園田茂・道免和久・高橋秀寿 (編著) (2012). 脳卒中の機能評価：SIASとFIM 基礎編　金原出版

Cohen, U., & Weisman, G. D. (1991). *Holding on to home: designing environments for people with dementia*. The Johns Hopkins University Press. [コーエン, U.・ワイズマン, G. D.　浜岡裕子 (訳) 岡田威海 (監訳) (1995). 老人性痴呆症のための環境デザイン：症状緩和と介護をたすける生活空間づくりの指針と手法　彰国社]

Feil, N. (1993). *The validation breakthrough: simple techniques for communicating with people with "Alzheimer's-type dementia"*. Health Professions Press. [フェイル, N.　篠崎人理・高橋誠一 (訳) 藤沢嘉勝 (監訳) (2002). バリデーション：認知症の人との超コミュニケーション法 第二版　筒井書房]

古谷野亘・柴田博・中里克治・芳賀博・須山靖男 (1987). 地域老人における活動能力の測定：老研式活動能力指標の開発　日本公衆衛生雑誌, *34*, 109-114.

本田美和子・ジネスト, Y.・マレスコッティ, R. (2014). ユマニチュード入門　医学書院

石川愛・大野裕史・山中克夫 (2017). 介護現場における認知症の行動・心理症状に関する行動コンサルテーションの効果：予備的介入　行動療法研究, *43 (1)* , 27-38.

加藤伸司・下垣光・小野寺敦志・植田宏樹・老川賢三・池田一彦・小坂敦二・今井幸充・長谷川和夫 (1991). 改訂長谷川式簡易知能評価スケール (HDS-R) の作成　老年精神医学雑誌, *2 (11)* , 1339-1347.

北村世都 (2015). 老年臨床心理学からみた認知症の人とのコミュニケーション　日本認知症ケア学会誌, *14 (2)* , 457-463.

児玉桂子 (2015). 認知症高齢者の生活環境支援の考え方と方法　大阪市立大学看護学雑誌, *11*. 57-64.

松田修・黒田由紀子・斎藤正彦・丸山香 (2002). 回想法を中心とした痴呆性高齢者に対する集団心理療法：痴呆の進行に応じた働きかけの工夫について　心理臨床学研究, *19 (6)* , 566-577.

三田村知子 (2015). 認知症高齢者とのコミュニケーション「バリデーション」に関する研究動向：文献レビューからの考察　総合福祉科学研究, *(6)* , 61-68.

認知症介護研究・研修センター (2011). ひもときテキスト 改訂版　https://www.dcnet.gr.jp/retrieve/info/pdf/book_honpen.pdf

小倉啓子 (2002). 特別養護老人ホーム新入居者の生活適応の研究：「つながり」の形成プロセス　老年社会科学, *24 (1)* , 61-70.

大森史隆・飯干紀代子・山田弘幸 (2013). 聴覚障害を持つ高齢者の認知機能測定：Mini-Mental State Examination (MMSE) 施行上の工夫　九州保健福祉大学紀要, *(14)* , 129-133.

杉下守弘・腰塚洋介・須藤慎治・杉下和行・逸見功・唐澤秀治・猪原匡史・朝田隆・美原盤 (2018). MMSE-J (精神状態短時間検査-日本版) 原法の妥当性と信頼性　認知神経科学, *20 (2)* , 91-110.

田中優子・野村直樹 (2004). 痴呆という"病い"へのナラティヴ・セラピー：「会話」をつくる治療的ア

　　プローチ　老年社会科学, *26 (1)* , 32-40.

若松直樹 (2012). 認知機能のリハビリテーションとは？：認知機能リハビリテーションの臨床的意義と適応　小海宏之・若松直樹 (編)　高齢者こころのケアと実践 下：認知症ケアのためのリハビリテーション, pp.10-19.　創元社

山中克夫・河野禎之 (2015). 認知症の人のための認知活性化療法マニュアル：エビデンスのある楽しい活動プログラム　中央法規出版

索　引

著者紹介

塩谷隼平 (しおや　しゅんぺい)
【はじめに】【1章〜6章】【15章1節】

　東洋学園大学人間科学部　教授／児童養護施設こどものうち八栄寮　非常勤心理療法担当職員

　東京都立大学人文学部心理学専攻卒業。東京都立大学大学院人文科学研究科心理学専攻修了（心理学修士）。東京都立大学大学院人文科学研究科心理学専攻博士課程単位取得満期退学。臨床心理士，公認心理師。専門は臨床心理学（児童養護施設の心理臨床）。

　著書は『集団精神療法の実践事例30：グループ臨床の多様な展開』（分担執筆，創元社），『笑って子育て：物語でみる発達心理学』（共著，北樹出版），『コミュニティ臨床への招待：つながりの中での心理臨床』（分担執筆，新曜社），『こころを見つめるワークブック：カウンセリングを知り，コミュニケーション力を磨く』（共著，培風館）など。

吉村夕里 (よしむら　ゆり)
【7章〜10章】【15章2節】

　武庫川女子大学大学院　非常勤講師／立命館大学生存学センター　客員研究員／京都国際社会福祉センター　講師

　同志社大学文学部文化学科心理学専攻卒業。龍谷大学大学院社会学研究科社会福祉学専攻修了（社会福祉学修士）。立命館大学大学院先端総合学術研究科先端総合学術専攻一貫制博士課程修了（学術博士）。臨床心理士，精神保健福祉士。専門は臨床心理学，社会福祉学（精神障害者の心理臨床とソーシャルワーク，社会福祉専門教育への障害者の参画）。

　著書は『多様な私たちがともに暮らす地域：障がい者・高齢者・子ども・大学』（分担執筆，ミネルヴァ書房），『質的心理学辞典』（分担執筆，新曜社），『日本の心理療法　国際比較篇』（分担執筆，新曜社），『臨床場面のポリティクス：精神障害をめぐるミクロとマクロのツール』（単著，生活書院）など。

川西智也 (かわにし　ともや)
【11章〜14章】【15章3節】

　鳴門教育大学大学院学校教育研究科　講師

　早稲田大学第一文学部総合人文学科卒業。東京都立大学大学院人文科学研究科心理学専攻修了（心理学修士）。首都大学東京大学院人文科学研究科人間科学専攻博士後期課程単位取得満期退学。臨床心理士，公認心理師，日本老年精神医学会認定上級専門心理士。専門は臨床心理学（認知症の人と家族への支援）。

　著書は『医療系のための心理学』（共著，講談社），『くらしの中の心理臨床4　不安』（分担執筆，福村出版），『くらしの中の心理臨床5　認知症』（分担執筆，福村出版），『認知症ケアのための家族支援：臨床心理士の役割と多職種連携』（分担執筆，クリエイツかもがわ），『コミュニティ臨床への招待：つながりの中での心理臨床』（分担執筆，新曜社）など。

公認心理師・臨床心理士のための
福祉心理学入門

2021年4月10日　　初版第1刷印刷
2021年4月20日　　初版第1刷発行

著　者　　塩谷隼平

　　　　　吉村夕里

　　　　　川西智也

発行所　　㈱北大路書房

〒603-8303　京都市北区紫野十二坊町12-8
　　　　　　電話　　（075）431-0361代
　　　　　　FAX　（075）431-9393
　　　　　　振替　　01050-4-2083

組版／Katzen House
印刷・製本／亜細亜印刷㈱

臨床心理フロンティア
公認心理師のための
「心理査定」講義

下山晴彦　監修・編著
宮川　純，松田　修，国里愛彦　編著

B5判・224頁・本体3100円＋税
ISBN978-4-7628-3155-3　C3311

心理的アセスメントの技法全体を包括的に学
ぶ。様々な心理検査法の概要と共に，知能検
査と神経心理学的検査の臨床的活用も解説。

多職種連携を支える
「発達障害」理解
ASD・ADHDの今を知る旅

土居裕和，金井智恵子　編著

A5判・248頁・本体2400円＋税
ISBN978-4-7628-3150-8　C3011

ASD・ADHDを中心に，発達障害の理解や支
援について各分野の最新情報をイラスト付で
解説。初学者や分野間連携を志す人に。

心理臨床の親面接
カウンセラーの基本的視点

永井　撤　著

四六判・208頁・本体2400円＋税
ISBN978-4-7628-3145-4 C3011

心理臨床の親面接で押さえるべき視点や関わ
り方について，流派にとらわれない基礎を説
き，実践の視野を広げる関係者必携の書。

行列のできる児童相談所
子ども虐待を人任せにしない社会と行動のために

井上　景　著

四六判・304頁・本体2300円＋税
ISBN978-4-7628-3084-6　C0036

児童相談所の「裏側」を，元児童福祉司の著
者が体験を交えてつぶさに描き出し，子ども
虐待という問題の本質に迫る。